중학생 독후감 필독선 91

논술 대비

중학생이 보는

JEAN HENRI FABRE

파브르의 곤충기

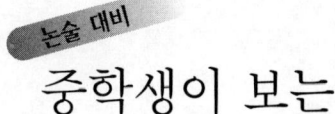

파브르 지음 | 이범수 옮김
성낙수(한국교원대 교수)·임현옥(부여여고 교사)·이승후(경주 감포중 교사) 엮음

좋은 책 좋은 독자를 만드는—
㈜신원문화사

책 머리에

　더 이상 언급할 필요도 없지만 요즘은 독서의 중요성이 더욱 강조되는 시대입니다. 첨단과학으로 이루어진 대중매체 덕분에 눈으로 읽는 것보다는 말초신경을 자극하는 동영상 쪽으로 관심이 모아지는 데 대한 우려 때문일 것입니다. 꿈과 희망을 가지고 자라나는 학생들에게는 올바른 사고력과 분별력을 키워 주어야 합니다. 그런 점에서 다른 사람들의 생각과 철학, 인생관과 세계관이 들어 있는 명작들을 많이 읽는 것이야말로 바람직한 학습 효과를 거둘 수 있는 지름길이라 생각합니다.
　명작은 오랜 세월에 걸쳐 많은 사람들이 읽고 크게 감동을 받은 인정된 작품들로서, 청소년들의 삶에 지침이 되어 주고 인생관에 변화를 주게 될 것입니다.
　이번에 중학생들에게 꼭 읽히고 싶은 명작들을 선정하여, 작품을 바르게 감상하고 독후감을 쓰는 데 도움을 주고자 이 시리즈를 기획하게 되었습니다. 작품들은 동서고금에 걸쳐 객관적으로 인정받은, 훌륭한 대상만을 선정하였습니다. 그리고 책의 구성을 다음과 같이 하여, 읽고 쓰는 데 도움이 되도록 하였습니다.
　하나, 삶에 대한 지혜와 용기를 주고 중학생이라면 꼭 읽어야 할 명작만을 골랐습니다.

　둘, 명작을 읽고 난 후의 솔직한 느낌을 논리적·체계적으로 쓸 수 있도록 중학생들의 독후감 작성에 따르는 부담을 덜어 주도록 구성하였습니다.

　셋, 작품 알고 들어가기, 내용 훑어보기, 작품 분석하기, 등장인물 알기를 통해 작품을 분석하는 힘을 기를 수 있도록 하였습니다.

　넷, 작가 들여다보기, 시대와 연관짓기, 작품 토론하기 등을 통해 작가의 일생을 알고 시대의 흐름을 파악하여 상상력과 창의력을 키워 주도록 하였습니다.

　다섯, 독후감 예시하기와 독후감 제대로 쓰기에서는 책을 읽는 방법과 독후감 모범 답안 실례를 제시함으로써 문장력을 길러주는 한편 독후감 쓰기의 충실한 길라잡이가 되도록 했습니다.

　아무쪼록 이 책들이 중학생들의 학습 능력 향상에 큰 도움이 되길 빌어 마지 않습니다.

엮은이　성 낙 수

차 례

작품 알고 들어가기 8

방투 산에 오르는 길 12

수술 잘하는 사냥꾼벌 22

알마스의 야외 연구소에서 38

돌아오는 길 46

붉은병정개미 이야기 62

벌레의 지혜 74

아름다운 조각가 쇠똥구리　96

매미 이야기　111

곤충 세계의 청소부 장관　152

멋진 그물을 짜는 거미들　184

독후감 길라잡이　239

독후감 제대로 쓰기　259

중학생이 보는
JEAN HENRI FABRE
파브르 곤충기

작품 알고 들어가기

《파브르의 곤충기》는 프랑스의 곤충학자인 파브르가 약 30년의 세월에 걸쳐 완성한 관찰기로서, 곤충의 행동과 습성이 기록되어 있습니다. 모두 10권으로 된 책인데, 1879~1907년에 걸쳐 발표되었으며, 날카로운 통찰력과 풍부한 경험을 통하여 관찰한 곤충의 생태가 세밀하고도 흥미롭게 표현되어 있습니다.

이 기록으로 이전까지 알지 못했던 자연계에서의 곤충의 역할이 어느 정도 밝혀졌고, 또 그 연구의 방향과 방법은 곤충학, 동물학에 큰 영향을 끼쳤습니다. 원제목은 《곤충학적 회상록》이라고 되어 있는데, 파브르 자신의 회상이 곳곳에 나타나 있어 문학적으로도 높은 평가를 받고 있습니다.

우리들은 항상 곤충들 함께 생활합니다. 그러면서도 이들에 대해서는 자세하게 알지 못하는 경우가 많습니다.

곤충학자들은 현재 지구에 살고있는 곤충이 실제로는 약 200만~500만 종일 것으로 추정하고 있습니다. 곤충의 이러한 다양성은 몸 크기가 작고 생식력이 왕성하며 알맞은 먹이 공급원이 충분해서 그렇게 왕성하게 퍼져 있는 것이라 할 수 있습니다.

곤충은 세균이나 균류(菌類), 다른 생물들을 도와 유기물 분해나

토양 형성에 기여하기도 하며, 많은 식물이 곤충에 의해 꽃가루받이가 되기도 하고, 어떤 곤충은 다른 곤충을 포식하여 특정 곤충의 개체군이 폭발적으로 발생하지 못하도록 억제해 주며, 해충을 생물학적으로 방제할 목적으로 이용되는 곤충도 있는 등 인간에게 유익한 일을 하기도 합니다.

그러나 어떤 곤충들은 우리 인간들에게 해를 끼치기도 하는데, 예를 들면 식물의 잎을 먹거나 줄기·열매·뿌리에 구멍을 뚫어 피해를 주기도 하고, 세균이나 바이러스를 농작물에 매개하여 간접적으로 피해를 주기도 합니다.

《파브르의 곤충기》는 파브르가 오랜 기간 다양한 곤충들의 삶을 연구한 끝에 우리 인간들에게 그동안 알지 못했던 곤충들의 신기한 삶을 알려주는 책이라 할 수 있습니다.

그럼, 이제 다 함께 곤충의 세계로 날아가 볼까요?

파브르 곤충기

방투 산에 오르는 길

 프로방스에 자리잡은 대머리처럼 벗어져 있는 방투 산은, 프랑스에서 가장 높은 산이다. 이 산은 광활한 평원 한가운데 우뚝 솟아 있으며, 드높은 하늘 아래서 대기를 마음껏 품고 있기 때문에, 온대나 한대식물의 경계가 명확하게 구분되어 자라고 있었다. 그렇기 때문에 식물을 연구하기에 아주 적합한 산이라 할 수 있었다.
 산기슭에는 지중해 지방에서나 흔히 볼 수 있는 식물, 즉 추위를 몹시 타는 올리브나무와 향기로운 냄새를 풍기는 사향초 따위의 식물들이 무성하게 자라고 있었다.
 반면 1년 중 반년 동안은 눈에 덮여 있는 산꼭대기에는, 멀고 먼 북쪽나라 끝에서 옮겨다 심은 듯한 한대 지방의 식물들이 숲을 이루고 있었다.
 이 산을 오르다 보면, 한나절 만에 남쪽에서 북쪽으로 긴 여행을 하는 기분이 드는데 그 까닭은 가지각색의 형태를 가진 식물들이 잇달아 한눈에 들어오기 때문이다.

이처럼 다양한 꽃과 나무를 바라보는 것은, 언제나 신기하고 재미있는 일이 아닐 수 없었다. 그래서인지 내가 이 산에 오르는 것은 벌써 스물다섯 번째이지만, 단 한 번도 싫증을 느껴 본 적이 없다.

1865년 8월, 나는 스물세 번째 등산길에 올랐다. 일행은 모두 여덟 명으로, 그중 세 사람은 식물학을 연구하기 위해서이고, 나머지 다섯 명은 단지 등산을 즐기는 사람들이었다.

산마루에 올라서자 눈 아래 펼쳐지는 장엄한 경치에 정신이 온통 황홀해진다.

오르막길은 초입부터 자갈길이다. 가장 쉬운 길이라도 바로 며칠 전에 돌멩이를 깔아 놓은 길보다 더욱 험하다. 이렇게 비탈지고 험준한 자갈길이 1,912미터 높이까지 계속되었다.

우리는 새벽 4시에 출발했다. 식량과 잠자리를 꾸려서 나귀 등에 실었다. 방투 산의 안내인 트리부레가 나귀와 노새를 이끌고 선두에 섰다.

몸에 스며드는 공기가 차갑다고 느껴질 즈음, 벌써 올리브나무며 닥나무들은 그 모습을 감춘다. 그리고는 포도나무와 살구나무, 좀더 오르면 뽕나무, 호두나무 등이 차례로 없어지고 회양목이 가득 들어선 곳이 나타나는데, 이곳까지가 벼농사가 가능한 지역이다. 그 다음에는 떡갈나무가 무성한 경계선에 들어서게 되고, 이어서 산박하가 많은 곳에 다다르게 된다.

물씬 풍겨 오는 산박하 향은, 노새 등에 실려 있는 산박하 양념을 넣은 치즈를 생각나게 해 군침을 삼키게 한다.

나는 머릿속으로 이미 치즈 맛을 느끼고 있을 동료들에게 시장기를 면하는 방법을 가르쳐 주었다.

"이런 때는, 감제풀(시금치의 한 종류)을 씹는 게 제일이야."

동료들은 그저 농담으로 들었는지, 웃기만 하고 믿으려고 하지 않는다. 그러나 얼마 지나지 않아 일행 모두가 감제풀을 뜯기에 바빴다.

우리는 새콤한 감제풀을 씹으며, 떡갈나무 숲이 우거진 지대에 이르렀다. 처음에는 드문드문 땅 위를 덮고 있던 짤막한 떡갈나무들이 이윽고 무성한 수풀로 변하고, 나중에는 굵다란 줄기를 뻗친 아름드리 삼림지대로 변한다. 멀리서 바라볼 때에는, 이 삼림지대가 마치 방투 산의 중턱을 동여맨 허리띠와 같이 보인다. 이곳을 넘는 데 한 시간 이상이나 걸렸다. 우리는 지금 키가 작달막해진 떡갈나무가 드문드문 서 있는 곳에 있다.

우리는 다음 경계선에 닿은 것이다. 이제야 모두들 한숨을 내쉬었다. 감제풀은 이제 필요가 없어졌다. 드디어 아침 식사를 할 수 있는 곳까지 왔기 때문이다.

고산식물이 보료처럼 깔린 부드러운 풀밭 위에 자리를 펴고 식사 준비를 했다.

마늘을 다져서 양념해 넣은 염소의 다리고기와 연한 닭고기, 부드러운 식빵과 산박하 향으로 별미를 내게 하는 치즈, 아를의 소시지 등을 먹기 좋게 차려 놓았다.

"야, 이렇게 맛있는 식사는 처음인데!"

일행은 만족스러운 표정으로 말하며 즐겁게 식사를 시작했다.

현기증이 날 정도로 허기졌던 배를 채우고, 한 시간쯤 휴식을 취했을 때였다.

"전원 출발!"

파브르 곤충기

안내인이 큰 소리로 외쳤다. 안내인은 짐을 실은 나귀와 노새가 쉽게 갈 수 있는 길을 골라서, 남쪽 방향으로 출발했다. 그는 1,550미터 지점에 있는 오두막집에서 우리를 기다리고 있겠다고 말했다.

우리의 계획은 이곳을 출발해서 봉우리를 타고 정상까지 올라갔다가, 해가 질 무렵 산마루터기를 타고 내려와 그 오두막집으로 가는 것이었다.

마침내 산 정상에 올라왔다. 남쪽은 비교적 경사가 완만하여, 우리가 지금 올라온 길을 내려다볼 수 있으나 북쪽은 완전히 달랐다. 어떤 곳은 절벽이 병풍처럼 세워져 있고, 또 어떤 곳은 1,500미터나 계속되는 낭떠러지였다.

돌을 던지면 멈출 줄을 모른다. 구르다가 튀면서, 토드랑의 강줄기가 한 올의 리본같이, 멀리 눈 아래 펼쳐 있는 골짜기의 밑바닥까지 굴러 내려간다.

일행 가운데 한 사람이 커다란 바위를 아래로 굴려서 그 무서운 속도로 떨어지는 바위를 모두들 구경하고 있을 때, 나는 널찍한 바위틈에서 나나니벌을 발견했다.

평지에서는 길옆이나 비탈에 항상 혼자 있는 것을 보곤 했는데, 이 방투 산 정상에서는 같은 바위 밑에 몇백 마리씩 무더기로 있었다. 이 벌들이 왜 한군데 모여 있는지 그 이유를 조사해 보려고 할 때, 아침부터 우리가 염려하던 일이 발생하고 말았다. 남풍이 비구름을 몰고 왔던 것이다.

"이거 큰일났군!"

하고 동료들이 허둥지둥할 때에는 벌써 비가 섞인 짙은 안개가 주위를 둘러싸 한치 앞도 제대로 내다 볼 수 없게 되었다.

엎친 데 덮친 격으로 이런 때에는 좋지 못한 일만 생기는 모양이다. 일행 가운데 나와 가장 친한 친구 드라쿠르가, 우리와 떨어져서 희귀한 식물을 찾으러 간다고 일행과 떨어져 있었다.

우리는 있는 힘을 다해서 큰 소리로 그를 불렀으나 소용이 없었다. 우리의 고함 소리는 먹구름이 소용돌이치는 안개 속으로 사라지고 말았다. 찾으러 가는 수밖에 도리가 없다.

우리는 서로 떨어지지 않도록 사슬처럼 손과 손을 잡았다. 이 부근의 지리를 잘 알고 있는 사람은 나 혼자뿐이었으므로 내가 선두에 섰다.

몇 분 동안 소리를 지르며 친구를 찾아 헤맸으나 헛수고였다.

아마도 드라쿠르는 방투 산의 기상 변화를 잘 알고 먹구름이 밀려오는 것을 보자 재빨리 오두막집이 있는 곳으로 피한 모양이다.

우리도 최대한 빨리 그곳으로 가야 한다. 비는 세차게 쏟아져서, 옷이 흠뻑 젖었다. 바지는 다리에 찰싹 달라붙었다.

그런데 또 한 가지 문제가 생겼다. 드라쿠르를 찾으려고 왔다갔다하는 사이에, 방향을 잊고 만 것이다. 어느 쪽이 남쪽 비탈인지 도저히 구별할 수가 없었다.

동료들 중 한 사람도 자신있게 방향을 알고 있는 사람은 없다. 우리 주위에는 잿빛 안개뿐이며, 발밑에는 두 갈래로 시작되는 비탈길이 있을 뿐이다. 어느 것이 옳은 길일까? 어느 쪽이건 한 길을 택해서 빨리 내려가야만 한다.

만일 잘못해서 북쪽으로 가게 된다면, 보기에도 아찔한 그 절벽이 앞을 가로막을 것이 아닌가. 그때엔 말할 것도 없이 누구 한 사람도 살아 돌아가지 못할 것이다.

나는 눈앞이 캄캄해지고 정신이 아찔하여, 어떻게 했으면 좋을지 아무런 생각도 나지 않았다.

"여기서 비가 그칠 때까지 기다리자. 그것 말고 다른 방법이 없잖아."

모두들 체념한 듯이 말했다. 하지만 나마저 이들의 의견에 찬성할 수는 없었다. 비는 언제 그칠지 몰랐고, 옷은 흠뻑 젖어서 오들오들 떨렸다. 이대로 여기서 밤을 새게 된다면, 틀림없이 얼어 죽을 것이다.

내 친구 베르나르는 방투 산에 오르기 위해서, 일부러 파리 동물원에서 왔다. 이 친구는 조금도 당황하지 않았는데, 아마 내 실력을 과신하고 있는 모양이었다.

　나는 다른 일행들의 표정이 점차 겁에 질려가는 것을 보고 베르나르에게 다가갔다. 그리고 둘이서 의논하기 시작했다.

　나침반이 없기 때문에, 우리는 머리로 '생각하는 나침반'을 사용해서, 이 어려움에서 벗어나려고 했다.

　"구름이 남쪽에서 밀려왔지?"

　"그래! 틀림없이 남쪽에서부터였어."

　"그렇다면 내리는 빗줄기가 남쪽에서 북쪽으로 약간 기울어지게 쏟아지지 않겠어?"

　"그래, 내가 본 대로 말하면 그런 방향이었어. 그렇다면 이미 방향은 알아낸 셈이군! 비가 내리는 쪽으로 내려가면 될 것 같아."

　"나도 그렇게는 생각하지만 분명치가 않아. 바람이 어느 쪽에서부터 불어왔다고 단정하기에는 빗줄기가 너무 약하거든. 그리고 또 산 정상에 구름이 감돌 때에는 흔히 있는 일이지만, 바람이 한 바퀴 돌아서 불어오는 경우가 있지. 그러니까 어쩌면 맨 처음의 방향이 변했는지도 몰라."

　"하긴 그렇기도 해. 그럼, 이제 어떻게 하지?"

　"아아, 잠깐! 만약 바람의 방향이 변하지 않았다면, 우리 몸이 한쪽만 더 젖었을 거 아냐? 우리가 방향을 바꾸지 않았다면 비를 한쪽으로만 맞았을 테니까, 만일 바람의 방향이 바뀌었다면 어느 쪽이고 마찬가지로 젖었을 거야. 어디 한번 조사해 보고 결정하기로 하지."

　일행 모두는 제각기 젖은 옷을 만져 보았다. 그러나 워낙 옷이 흠뻑 젖었기 때문에, 웃옷을 만져 보는 것으로는 소용이 없었다. 양옆구리로부터 바지에 이르는 부분이 중요했다.

　나는 모두가 오른쪽 배보다 왼쪽 옆구리가 더 많이 젖었다고 하는 소리를 들었을 때 뛸 듯이 기뻤다. 바람의 방향은 바뀌지 않은 것이다. 이제 비 내리는 쪽을 향해서 앞으로 내려가면 된다.

파브르 곤충기

　다시 사슬처럼 손에 손을 마주 잡은 다음, 서로 끌고 끌리면서 내려가기 시작했다. 물론 나는 맨 앞에 서고, 베르나르는 맨 뒤에 섰다.

　이리하여 우리는 두렵고 불안한 세계로 장님처럼 뛰어들게 되었다.

　겨우 스무 걸음쯤 전진했을 때, 우리의 판단이 옳았다는 사실을 확인하게 되었다. 자갈길이 나타난 것이다. 당시 우리 일행에게 덜거덕거리는 자갈 소리만큼 감격적인 음악은 다시없을 것 같았다.

　얼마 가지 않아 우리는 떡갈나무지대의 위쪽에 닿았다. 눈앞이 깜깜하기는 산마루보다 더 심했다. 발 디딜 자리를 찾으려고 새우처럼 등을 구부려야 했다.

　이토록 캄캄한 산 속에서, 숲에 묻혀 있는 오두막집을 어떻게 찾는단 말인가?

　그때 나에게 한 가지 생각이 떠올랐다. 사람들이 자주 다니는 곳에는 명아주풀과 쐐기풀이 잘 자란다. 걸으면서 한 손으로 주위를 더듬어 보았다. 따끔하게 찔려서 아픈 것은 가시 돋친 쐐기풀에 닿았기 때문이었다. 이것은 길 잃은 우리에게 아주 훌륭한 길잡이가 되었다.

 식물이 자라나는 성질을 잘 알아서, 식물의 생장하는 곳을 가려내면 좋은 길잡이가 된다는 것을 굳게 믿고 있는 베르나르는, 나와 같은 편이 되어 우리가 택한 방법을 설명하기도 하고, 용기를 잃은 친구들에게 낙심하지 말라고 격려해 주기도 했다.

 쐐기풀이 잘린 그루터기를 더듬으면서 얼마쯤 내려온 일행은 마침내 오두막집을 발견했다.

 행방불명이 되었던 드라쿠르도 짐 싣고 온 안내인도 다행히도 비가 내리기 전에 이 오두막집으로 피해 있었다.

 일행은 젖은 옷을 말리면서 잠시 휴식을 취했다.

 새벽 두 시, 피곤한 몸을 일으켜 다시 오두막집을 나섰다. 산마루터기에 올라가서 아침 해를 구경하기 위해서였다. 밤새 비는 그치고, 하늘은 검푸르도록 맑았다. 아마 오늘은 날씨가 화창할 것임에 틀림없었다.

 산에 오르는 도중 몇 사람이 구토를 일으켰다. 무엇보다도 피로가 주원인이고, 다음은 공기가 희박했기 때문이리라.

 고도계의 수은주는 140밀리바로 내려가 있었다. 공기가 우리가 생활하는 평지보다 5분의 1이 줄어든 셈이었다.

 모두들 무거운 발걸음으로 숨을 헐떡이면서 올라갔다. 이윽고 우리는 허술하게 세워진 성 십자가의 예배당 안으로 쓰러질 듯이 들어갔다.

얼마 지나지 않아 해가 솟아올랐다. 한없이 멀리 펼쳐진 벌판, 지평선 위에 방투 산은 세모꼴의 그림자를 내던지고 있다. 그 그림자 주위에는 짙은 보랏빛이 물들고 있다.

남쪽과 서쪽은 안개 낀 벌판의 연속이었다. 해가 좀더 높이 오르면, 우리는 이 벌판 위에 은실 같은 줄을 그으며 흐르는 론 강을 볼 수 있을 것이다.

북쪽과 동쪽은 우리의 발밑으로 솜같이 흰 구름의 바다가 끝없이 펼쳐져 있었고, 높고 낮은 산봉우리들이 바다에 떠 있는 섬인 듯 검은 형체를 드러냈다. 알프스의 먼 산봉우리에는 새하얀 눈이 아침 햇빛에 눈부시게 반짝이고 있었다.

우리는 요술쟁이처럼 시시각각으로 변하는 장엄하고도 아름다운 경치를 뒤로 하고 떠나야만 했다.

곤충들이 우리를 부르고 있었기 때문이다.

수술 잘하는 사냥꾼벌

내가 처음 연구를 시작했을 무렵

어느 겨울밤. 집안 식구들이 다 잠든 다음, 나는 아직도 꺼지지 않은 난로 옆에서 책을 읽으며 내일의 걱정을 잊고 있었다. 나는 대학의 학사 면허증을 몇 가지씩 받은 다음 25년 동안이나 교사로 근무하며 많은 공적을 인정받았는데도, 나와 가족을 위해서 연봉 1천6백 프랑이라는 아주 적은 보수를 받고 있었다. 이것은 당시 사회가, 교육에 관해서는 참으로 부끄러울 정도로 인색했기 때문이다. 또 관청의 규칙에 얽매인 까닭도 있었다. 나는 어려서부터 독학으로 공부를 했기 때문에 학교를 졸업한 일이 없었다.

따라서 그 당시 나는 가난한 교사의 괴로움을 책이나 읽으면서 잊으려고 하였다. 그때 어떤 이유가 있었는지는 잊어버려서 잘 기억할 수는 없으나, 우연히 손에 잡힌 것이 곤충에 관한 책이었다. 나는 그 책을 펼쳐 보았다.

그것은 그 당시 곤충학계의 대부격인 레옹 뒤프레가 비단벌레를 잡아먹는 사냥벌의 습성에 관해 쓴 책이었다. 물론 내가 곤충에 흥미를 갖기 시작한 것은 그때가 처음은 아니었다.

나는 딱정벌레의 딱딱한 날개며, 산호랑나비의 아름다운 날개빛깔에 정신이 팔렸던 어린 시절을 지금도 기억한다. 마음은 간절했지만 그것을 행동으로 옮길 만한 좋은 기회가 없었을 뿐이다. 그러던 중, 우연히 읽게 된 레옹 뒤프레의 책이, 곤충에 대한 연구를 해야겠다는 생각에 불을 지펴 준 것이다. 새로운 희망의 불빛이 가슴속 깊이까지 비쳐 왔다. 그야말로 내 정신의 눈을 뜨게 해 준 것이다.

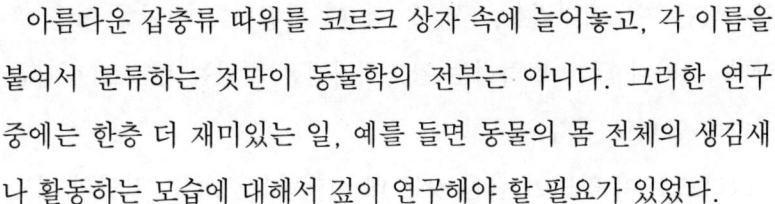

아름다운 갑충류 따위를 코르크 상자 속에 늘어놓고, 각 이름을 붙여서 분류하는 것만이 동물학의 전부는 아니다. 그러한 연구 중에는 한층 더 재미있는 일, 예를 들면 동물의 몸 전체의 생김새나 활동하는 모습에 대해서 깊이 연구해야 할 필요가 있었다.

나는 그러한 경이로운 사실에 가슴을 두근거리며 책을 읽었다.

그로부터 얼마 지나지 않아서, 나는 곤충학에 관한 나의 첫 번째 연구를 발표했다. 이것은 레옹 뒤프레의 연구를 한층 더 깊이 파고들어간 것이었다. 이 논문은 프랑스 학사원으로부터 학술상을 받게 되었고, 또 실험 생리학 상금도 타게 되었다. 그보다 더 기쁘고 반가웠던 것은, 나를 지도해 준 뒤프레 선생님으로부터 칭찬과 격려의 편지를 받은 사실이었다.

그 뒤, 비단벌레를 사냥하는 벌에 관한 연구를 생각할 때마다 나는 진노래기벌이 활동하는 모습을 실제로 한 번 보고 싶어 그 기회를 노리고 있었다.

마침내 그 기회가 왔다. 비단벌레라는 호사스러운 먹이를 찾아내는 진노래기벌은 아니었지만 습성이 아주 흡사한 벌이었다. 왕노래기벌이라는 이 벌은 평범한 먹이로도 만족하는 커다란 놈이었다.

카르팡트라스의 언덕길에서

9월 중순이 지나면, 이 땅벌은 땅속에다 구멍을 파서 집을 짓고, 그 속 깊숙한 곳에 애벌레의 먹이를 파묻는다. 레옹 뒤프레가 연구했던 진노래기벌은, 구멍을 팔 때 편편하고 단단한 땅을 골랐다. 그러나 내가 말하려는 왕노래기벌은 그와는 반대로 비탈진 언덕을 필요로 했다.

그러므로 이 땅벌이 집을 짓는 데 선택하는 장소는 길옆의 비탈진 언덕 혹은 무너진 바위로 말미암아 생긴 비탈의 중턱 같은 곳이다. 이러한 장소는 카르팡트라스 근처의 비탈길에서 얼마든지 볼 수 있다. 내가 왕노래기벌을 많이 관찰한 것도 그런 곳이었으며, 이 벌에 관한 대부분의 자료도 거기에서 수집했다.

눈물이 날 만큼 따갑게 내려쬐는 햇볕 아래서 이토록 부지런히 일하는 땅벌을 보고 있는 것은 흥미로운 일이다. 어떤 벌은 구멍 속에서, 끈기 있게 모래 섞인 흙덩이를 물어뜯어서 밖으로 운반하고 있었다. 또 다른 벌들은 발톱을 갈고리로 하여, 구멍 속의 담벽을 긁어 흙덩이를 만들고, 그것을 밖으로 끌어냈다. 만들고 있는 구멍 속으로부터 흙과 모래를 질서있게 밖으로 끌어내는 이 작업은, 나에게 왕노래기벌의 집 위치를 알려주는 역할을 했다.

며칠이 지나지 않아 굴 속의 일은 모두 끝났다. 작년에 쓰던 굴을 약간만 수리해서 다시 쓰는지 상당히 일찍 끝났다.

조상 때부터 물려오는 집터를 충실하게 지키고 있는 왕노래기벌은, 대대로 썼던 편바위 지붕 천장을 그대로 사용한다. 굴 속의 반지름은 엄지손가락이 반이나 들어갈 만큼 넓었다.

굴 구멍은 처음 10센티미터나 20센티미터의 깊이까지는 수평으로 되어 있었고, 그로부터 갑자기 구부러져서 여러 방향으로 비스듬히 가지를 뻗고 있었다. 깊숙이 들어가면 막다른 곳에는 새끼벌들의 방이 있었다. 방 개수는 많지 않았으나, 어느 방에나 대여섯 마리의 먹이가 들어 있었다.

이제 이런 미장이 같은 이야기는 그만하고, 한층 더 우리들을 놀라게 할 만한 이야기를 해보자.

왕노래기벌이 새끼를 기르기 위해 선택하는 먹이는, 코끼리벌레과의 한 종류로서 몸통이 큰 연잎무늬 바구미이다. 실험적으로 왕노래기벌과 그 먹이의 크기를 재어 보았더니 벌은 15밀리그램, 연잎무늬 바구미는 평균 250밀리그램으로, 왕노래기벌은 자기보다 두 배쯤 큰 먹이를 사냥하는 셈이다.

나는 사냥하는 왕노래기벌을 직접 보려고 주의를 기울이며 비탈길 근처를 돌아다녔다. 그러나 헛수고였을 뿐이며, 대낮부터 반나절이나 돌아다니다가 결국은 단념하고 말았다. 여기저기 흩어져 있는 왕노래기벌은 빠른 속도로 날아가 버려서 좀처럼 사냥하는 장면을 볼 수 없었다. 따라서 나는 그 방법을 포기해야 했다.

'혹시 살아 있는 연잎무늬바구미를 벌집 구멍 근처에 잡아다 놓아 주면, 왕노래기벌이 공짜 먹이가 탐나서 내가 바라는 대로 사냥 솜씨를 보여주지 않을까?'

그것은 꽤 괜찮은 생각 같았다. 그래서 나는 다음날부터 살아 있는 연잎무늬바구미를 잡으러 돌아다녔다.

열심히 찾아다녔지만 내가 손에 넣은 것은 겨우 세 마리뿐이었다. 그것도 다 늙어빠지고 먼지투성이에다, 수염과 다리가 잘려 있었다. 혹시 왕노래기벌이 못마땅하게 생각하지 않을까, 걱정될 정도였다.

만족스럽지는 못했지만, 내가 잡은 벌레로 실험해 보기로 했다. 한 마리의 왕노래기벌이 먹이를 물고 굴 속으로 들어갔다. 그 벌이 나와서 사냥을 가기 전에, 나는 벌집 구멍에서 몇 센티미터 떨어진 곳에 내가 갖고 있던 연잎무늬바구미 한 마리를 놓아두었다.

연잎무늬마구미는 가만있지 않고 꼼지락거리며 기어다녔다. 너무 멀리 기어가면, 나는 그놈을 다시 집어다 구멍 앞에 놓아두었다. 마침내 왕노래기벌이 커다란 머리를 내밀고 구멍에서 나왔다. 나는 가슴이 너무나 두근거렸다.

벌은 잠시 동안 구멍 주위를 기어다니다가, 내가 갖다 놓은 연잎무늬바구미를 발견하곤, 가까이 다가가서 몇 번 연잎무늬바구미의 등을 넘나들더니, 관심없는 듯 입도 대보지 않고 날아가 버렸다.

나는 너무나 실망스러웠다. 다른 벌집 구멍에서도 시험해 보았으나 결과는 마찬가지였다. 확실히 이 예민한 사냥꾼은 내가 갖다 놓은 먹이가 마음에 들지 않는 모양이었다.

사냥하는 장면을 꼭 보고 싶은 마음만 점점 더 간절해 갈 뿐 나는 어떻게 해야 좋을지 몰랐다. 좀더 좋은 방법을 생각해내야 했다.

왕노래기벌의 마취 솜씨
순간 기발한 생각이 머리에 떠올랐다.
'그렇지! 이것은 꼭 성공할 것이다.'
내가 잡은 연잎무늬바구미를, 사냥에 열중하고 있는 왕노래기벌에게 주는 것이다. 그렇게 하면 벌은 먹이를 찾는 데 열중하여, 상대가 시들었는지 성성한 것인지 잘 분간할 시간이 없을 것이다.

사냥에서 돌아온 왕노래기벌은, 집 구멍에서 얼마쯤 떨어진 낭떠러지 기슭에 내려와서, 그곳에서 먹이를 끌어올릴 것이다. 그때 핀셋으로 먹이를 빼앗고, 그 대신 재빨리 연잎무늬바구미를 내어주면 어떨까?

이 방법은 완전히 성공적이었다. 먹이가 배 밑에서 빠져 없어진 것을 깨닫자, 왕노래기벌은 화가 나서 발을 동동 구르며 방향을 바꾸었다. 그리고 바뀐 바구미가 있는 곳을 알게 되자, 재빨리 달려들어서 발로 움켜잡고 옮겨가려 했다. 그러나 곧 그 먹이가 아직도 살아 있음을 깨닫자 즉시 공격을 개시했다. 실로 놀랄 만큼 빠른 솜씨로 상대방을 넘어뜨렸다. 이빨로 상대방의 콧등을 깨물어 꼼짝도 못하게 눌려버렸다.

연잎무늬바구미는 공격을 받자 다리를 쭉 뻗어버렸다. 바로 이 때 왕노래기벌의 아랫배가 연잎무늬 바구미의 허리를 아래서부터 감고, 바짝 구부려 첫 번째와 두 번째 발이 달린 중간 가슴팍에 두세 번 독침을 날쌔게 찔렀다. 이 일은 눈 깜짝할 사이에 벌어졌다.

벌레가 죽을 때 경련이나 발버둥치는 일은 없었다. 연잎무늬바구미는 전기에 감전된 것처럼 움직이지 못했다. 그 재빠른 솜씨는 놀랍다 못해 두려울 정도였다.

그 다음 왕노래기벌은 죽은 연잎무늬바구미를 끌고 구멍으로 들어가버렸다. 나는 세 마리의 연잎무늬바구미를 가지고, 세 번에 걸쳐 실험을 되풀이했다. 왕노래기벌은 세 번 모두 똑같은 솜씨로 실수없이 해치웠다.

물론 나는 본래의 먹이를 왕노래기벌에게 돌려주었다. 그리고 내가 잡았던 연잎무늬바구미는 되찾아서 나중에 천천히 조사해 보기로 했다.

이 암살자의 솜씨는 정말 기막힌 것이었다.

이번 실험에서 그것을 충분히 알 수 있었다. 침이 박혔던 자리에는 작은 자국도 없었을 뿐더러 물이나 피도 흘러나온 흔적이 없었다. 더욱 놀란 것은 이렇게도 빨리 옴짝달싹도 못하게 만든 솜씨다. 바로 눈앞에서 마취당한 세 마리의 바구미가, 조금이라도 발을 움직이나 어떤가를 보려고 비틀어 보기도 하고 찔러도 보았으나 벌레는 꼼짝도 하지 않았다.

이 굳센 연잎무늬바구미가, 만일 살아 있는 채로 침에 찔려서 곤충 채집하는 사람의 코르크판 위에 꽂히게 되었다면, 며칠을 버둥거릴 것인데, 벌침 두세 방을 맞고 움직이지 못하게 된 것이다.

그런데 이와 같이 적은 양으로 이처럼 효과가 있는 독약이란 대체 무엇일까? 그러한 힘을 가진 것이라면 청산가리뿐인데, 수술을 받은 바구미가 어째서 이렇게 그 자리에서 움직이지도 못하게 되는가? 그 까닭은 독보다도 생리학과 해부학이 가르쳐 줄 것이다.

이처럼 이상한 사실을 설명하기 위해, 나는 독약의 힘이 얼마만큼 센가를 알아보기보다도 독침에 찔린 곳이 어느 곳인가를 알아보기로 했다. 왜냐하면 그 침을 맞은 자리에는 무엇인가가 들어 있을 것이기 때문이다.

죽은 듯이 보이면서도 살아 있는 먹이

왕노래기벌은 연잎무늬바구미를 마취시킬 때, 침 맞은 자리를 우리들에게 보여 줌으로써 그 비밀을 조금 드러냈다. 그러나 문제는 아직 쉽게 풀리지 않았다.

우선 문제를 푸는 하나의 실마리로써, 왕노래기벌의 땅 굴 속에 있는 사냥의 수확물에 관해서 생각해 보기로 하자.

언뜻 보기에는 이 사냥한 수확물을 손에 넣기란 쉬울 것 같다. 그러나 좀더 깊이 생각해 보면 거기에는 무척 어려운 일이 있다는 것도 곧 발견하게 된다. 왕노래기벌은 사냥한 수확물로, 그 형태도 빛깔도 본래와 똑같은 연잎무늬 바구미를 원하는 것이다. 앞뒤 다리도 부러지지 않고, 상처도 입지 않았으며, 살아 있는 벌레처럼 싱싱한 것을 원한다. 이처럼 싱싱한 연잎무늬바구미는, 어쩌다 손끝만 살짝 닿아도 묻어오는, 빛깔 있는 고운 가루가 조금도 떨어지지 않고 그대로 있어야 한다. 그렇다면 그 벌레는 정말 죽은 것일까?

만일 우리가 사냥을 나가서 잡은 짐승을 이와 같이 죽여야 한다면 그것은 참 어려운 일일 것이다. 아무렇게나 벌레를 짓밟아서 죽이는 것은 누구든지 할 수 있다. 그러나 살아 있는 것처럼 죽이는 것은 쉬운 일이 아니다. 코끼리벌레 종류는 머리를 잘려도, 한참이나 팔 다리를 버둥거리는 기운이 센 벌레이다. 아마 우리에게, 상처 하나 남기지 말고 그 자리에서 죽이라고 한다면 우리 모두 난감해할 것이 분명하다.

가장 효과적인 방법은, 유황가스나 그렇지 않으면 사람에게 위험성이 없고 쓰기 편한 이황화탄소 같은 즉사시키는 증기를 사용하는 수밖에 없다.

이상의 설명에서 안 바와 같이, 왕노래기벌이 순식간에 그처럼 간단한 방법으로 사냥한 포로를 처리하듯이, 벌레를 깨끗이 죽이는 데는 강력한 독약의 힘이 필요하다.

그러나 독약을 쓸 수는 없다. 사냥해 온 먹이가 이미 죽은 것이라면, 산 것만 빨아먹는 애벌레의 먹이가 될 수 없기 때문이다. 애벌레에게는 조금도 상하지 않은 그날의 식량이 필요하다. 그렇다고 먹이를 산 채로 집안에 들여놓을 수는 없다. 건드리면 터지기 쉬운 벌의 알과 살아 있는 벌레를 같은 곳에 둔다면 어떻게 될까? 가냘픈 애벌레가 있는 곳에 갈퀴 같은 다리로 몇 주일이고 힘차게 버둥거리는 벌레를 같이 넣어 둔다면 결과는 어떻게 될까? 애벌레를 위해서는 죽은 듯이 가만히 있으면서 살아 있는 것과 마찬가지로 내장이 신선한 식량이 필요한 것이다.

지금 해부학자와 생리학자가 모두 여기에 모여 있다고 상상해 보자. 시체와 같이 고요하면서도 살아 있는 것과 마찬가지로 싱싱한 영양을 갖고 있는 식량을 많이 얻기 위해서 이 사람들은 어떤 방법을 선택할 것인가? 이럴 경우라면 생각할 수 있는 것이 썩지 않는 약을 사용하는 방법이다. 벌의 독침은 굉장한 살균력이 있다고 알려져 있다. 그러나 이것은 아직 명확하게 밝혀낼 수가 없다.

좀더 문제를 깊이 연구해 보면, 애벌레에게 가장 필요한 것은 썩지 않도록 마련된 보통의 먹이가 아니고, 전혀 움직이지 못하면서도 마치 살아 있는 것 같은 먹이라고 말해 두자. 이에 따라서 학자들은 여러 가지 궁리한 끝에 마취를 생각해낼 것이다. 그렇다! 벌레를 마비시켜서 그 생명을 빼앗지 않고, 다만 움직이지 못하게 하는 것이다. 그리고 그렇게 하기 위해서는 오직 한 가지 급소를 잘 찾아서, 한 군데 아니면 두 군데, 이 곤충의 신경 조직을 끊어서 움직이지 못하게 하는 수밖에 없다.

이것으로서 한 가지 문제는 풀린 셈이다. 그러나 또 한 가지 복잡한 문제가 있다. 해부학자라면 벌레가 아무리 버둥거려도 수술에 쓰는 메스를 자유자재로 사용해서, 벌레의 신경조직을 끊어 상처를 낼 수가 있지만 벌은 그렇게 할 수가 없다. 상대방은 빈틈없이 들어맞는 갑옷으로 몸단속을 한 연잎무늬바구미이다. 벌이 갖고 있는 '메스'는 한 자루의 침뿐이다. 가늘고 쉽게 휘는 침으로는 도저히 굳센 갑옷에 대항할 방법이 없다.

연잎무늬바구미의 딱딱한 몸에는, 이러한 연약한 침으로 꿰뚫을 수 있는 곳이라고는 불과 몇 군데밖에 없다. 그것은 얇은 껍질로 싸여 있는 마디가 있는 곳뿐이다. 그나마 다리의 마디에는 침을 놓는다 하더라도 온몸이 마비되지 않는다. 그러므로 벌은 먹이의 신경 중심에다 침을 놓아야 한다.

벌이 갖고 있는 연약한 침으로, 이 벌레의 중추신경을 찌를 만한 곳은 두 군데밖에 없다. 하나는 목과 앞가슴이 이어지는 곳,

다른 하나는 앞가슴과 뒷가슴의 중간점, 즉 첫째 다리와 둘째 다리 사이의 중앙이다.

대체 얼마나 영리한 머리를 가졌기에, 벌은 그 장소를 쏘아야 한다는 사실을 알고 있는 것일까?

그러나 문제는 그리 간단하지가 않다. 벌은 한층 더 어려운 고비를 넘겨야 한다. 그리고 벌은 놀랄 만한 솜씨로 그 어려운 일을 해치운다. 곤충의 팔다리를 움직이고 있는 신경의 중심은, 가슴마디에 셋이 나란히 자리잡고 있다. 이 중심은 각각 어느 정도 독립하고 있어서, 그중 하나가 상처를 입어도 당장 다른 부분이 마비되지 않는다.

더욱이 오직 한 군데, 벌의 침에 찔리는 첫 번째와 두 번째 다리 사이에서 세 개가 나란히 있는 운동 신경의 중추를 차례차례로 찌른다는 것은 너무 어려워서 불가능한 수술인 것처럼 생각된다.

그런 가운데서도, 어떤 종류의 딱정벌레는 가슴팍의 세 군데 신경의 중추가 거의 맞붙어 있는 것도 있고, 또 어떤 종류는 세 군데가 완전히 연결되어 하나가 된 것도 있다. 이런 벌레일수록 왕노래기벌에게는 안성맞춤의 먹잇감이다.

이런 벌레에는 어떤 것들이 있을까? 바로 비단벌레와 연잎무늬바구미인 것이다. 그러므로 진노래기벌과 왕노래기벌은 그러한 먹이만을 사냥한다.

33

벌에게 배운 지식

마취하는 방법은 아주 간단하다. 한 대의 주사바늘로 — 이것보다 좀더 편리한 것은 쇠가 붙어있는 펜 끝으로, 벌레의 앞가슴마디를 첫 번째 다리가 붙은 바로 뒤에서 살짝 찌르고, 거기에 부식제를 한 방울 넣어 주면 된다. 내가 사용한 액체는 암모니아였으나, 물론 이와 비슷한 약물이라면 어떤 것이든 같은 결과가 나타날 것이다. 펜 끝에 잉크를 묻힌 것처럼 암모니아를 발라서 주사해 보았다. 쇠똥구리, 비단벌레, 코끼리벌레 등에 있어서는 효과만점이었다.

이 약물 한 방울이 중추신경에 가 닿으면, 경련을 일으킬 사이도 없이 모든 동작이 당장 멈추어버린다. 왕노래기벌의 주사로서도 이보다 빨리 움직임을 멎게 하지는 못한다. 쇠똥구리가 이토록 갑자기 움직이지 못하게 되는 것은 참으로 놀랄 만한 사실이다. 그러나 벌의 침과 암모니아의 독을 바른 펜 끝이 일으키는 작용이 비슷한 것은 그것뿐이 아니다.

내 손으로 마취시킨 쇠똥구리, 비단벌레, 연잎무늬바구미 등은 완전히 움직이지 못하지만, 3주일에서 한 달, 혹은 두 달가량은 마디가 여전히 부드럽고 건들거리며, 내장도 싱싱했다. 처음 얼마 동안은 평소와 마찬가지로 배설도 하고 전기 충격을 주면 움찔하기도 했다.

한 마디로 왕노래기벌의 침을 맞은 연잎무늬바구미와 똑같은 상태인 것이다.

이처럼 벌레는 조금도 움직이지는 못하지만 아주 죽은 것은 아니다. 신체 중에는 살아 있다는 증거가 약간 남아 있으며, 얼마 동안은 내장도 싱싱한 채로 있으나, 이윽고 그것도 점점 사라져서 마침내는 썩고 만다.

또 어떤 경우에는 암모니아의 독이 다리만 움직이지 못하게 하는 경우도 있다. 아마도 독이 충분히 몸 전체에 퍼지지 못했기 때문일 것이다. 더듬이가 때때로 움찔거렸다. 마취한 지 1개월이 지난 뒤에도, 약간 건드리기만 하면 금세 더듬이를 움츠리는 것을 볼 수가 있었다. 이것은 움직이지는 못하지만 벌레가 아직 살아 있다는 증거이다.

암모니아 주사는 언제나 쇠똥구리, 비단벌레, 연잎무늬바구미의 움직임을 멎게 한다. 그러나 항상 수술하는 벌레를 지금 말한 바와 같은 상태로 만들 수 있다고 하기는 곤란하다. 상처가 깊어지거나, 주사한 약물이 너무 강하거나 할 때에는 그냥 죽어버려 2, 3일 지나면 썩는다.

이와는 반대로 주사가 지나치게 약한 경우에는, 벌레는 얼마 동안 마비되었다가 되살아나서 부분적으로는 움직일 수 있게 된다. 곤충을 사냥해 가는 왕노래기벌들도 때로는 사람과 마찬가지로 수술을 잘못하는 경우가 있다.

나는 구멍벌의 침에 쏘인 곤충이 정신을 차려서 움직이는 것을 본 적이 있다. 노랑날개 구멍벌은 아기땅강아지를 독침으로 쏘아 놓고, 그것을 물어다가 구멍 속에 쌓아 두었다.

나는 그러한 벌집 구멍에서 처참한 모습의 땅강아지를 세 마리나 꺼낸 적이 있었다. 그것은 움직임이 거의 없었으며 다른 곳에서 보았다면 죽은 벌레라고 착각할 정도였다.

그러나 이 땅강아지는 겉보기에만 죽은 것처럼 보일 뿐이다. 병 속에 넣어 두었더니 조금의 움직임도 없었으나, 3주일 동안이나 전혀 썩지 않았다. 나중에 보니까 그중 2마리는 곰팡이가 슬었고, 나머지 1마리는 몸이 부분적으로 살아났다. 다시 말하면 더듬이와 부리, 그리고 참으로 신기한 이야기지만 앞쪽의 두 다리는 움직였다.

제2의 갑충류, 즉 가슴의 중추신경이 서로 떨어져 있는 곤충에 있어서는, 주시된 암모니아가 나타내는 결과가 전혀 다르다. 가장 저항력이 강한 것은 방석딱정이다.

커다란 왕쇠똥구리까지 즉시 마비시키는 주사라도, 몸이 조그만 방석딱정이에게는 약간의 경련을 일으킬 정도의 효과가 있을 따름이다.

마취를 당한 방석딱정이는 점점 안정을 회복하고, 몇 시간이 지난 다음에는 아무 일도 없었던 것처럼 다시 살아 움직인다.

한 마리의 벌레에 두 차례, 세 차례 실험을 되풀이해도 결과는 마찬가지다. 나중에 마취한 곳의 상처가 너무 심해지면 그 벌레는 결국 죽게 된다. 그리고 햇볕에 바짝 마르거나 썩게 된다.

이제까지 내가 설명한 것은 아주 확실한 사실이다. 갑충류를 애벌레의 먹이로 하는 진노래기벌이나 왕노래기벌들은 먹이를 선택할 때에, 보통 생리학자나 해부학자들이 알고 있는 방법과 똑같은 방법을 쓰고 있다.

　참으로 놀라운 자연의 신비가 아닐 수 없다.

파브르 곤충기

앙마스의 야외 연구소에서

나나니벌

3월 중순이 되어 날씨가 따뜻해지자 나나니벌이 큰길 옆의 비탈진 양지에서 유쾌한 일광욕을 즐기고 있었다. 모두 같은 종류의 나나니벌이었다.

이 벌의 과학적인 마취 솜씨를 나는 아직 한 차례밖에 보지 못했는데, 한 번 더 관찰하기로 했다. 어쩌면 무엇인가 보아야 할 것을 보지 못한 것이 있을는지도 모르니까. 그리고 또, 정확하게 보았다 해도 다시 한 번 관찰해서, 내가 보았던 것을 다시 확인해 두는 것이 좋을 것 같았다.

나는 나나니벌이 처음 모습을 나타냈을 때부터 계속해서 살펴보았다. 나나니벌은 우리 집 대문 밖 바로 옆에 있었기 때문에 내게 인내심만 있다면, 사냥하는 모습을 관찰하기는 쉬웠다.

그러나 3월도 4월도 헛된 기대 속에 지나가버렸다. 아직 집 짓는 시기가 되지 않았기 때문일까?

5월 17일, 드디어 그 기회가 왔다.

몇 마리의 나나니벌이 바쁘게 움직였다. 그중에서 가장 활발히 움직이는 놈의 뒤를 따라가 보기로 했다. 이놈은 제 굴구멍에, 먹이를 운반해 오기 전에 모든 것을 다시 한 번 살펴보고 있는 모양이었다. 먹이는 이미 마비시켜서 제 구멍에서 몇 미터 떨어진 곳에 잠시 동안 놓아두었을 것이 분명했다.

구멍 안은 깨끗이 치워져 있었다. 드나드는 출입구도 이만하면 큼직한 먹이를 끌어들이는 데 충분하다고 생각했는지, 나나니벌은 먹이를 찾으러 나갔다. 그리고 곧 먹이를 찾아냈다.

그러나 찾아낸 먹이인 야도충은 땅 위에 놓아두었기 때문에, 벌써 개미들이 까맣게 달라붙어 있었다. 보통은 먹이를 다른 놈에게 빼앗기지 않기 위해서 높은 곳이나 나무 밑둥 위에 두었다. 그런데 오늘은 그것을 깜빡 잊었거나, 이 커다란 야도충이 꿈틀거리다가 스스로 굴러 떨어지거나 한 모양이다.

벌에게 있어 개미떼를 쫓아버리기란 무척 어려운 일이다.

한 마리의 개미를 쫓으면, 열 마리도 넘는 개미가 떼를 지어 덤벼들기 때문이다. 벌은 자기 먹이에 개미가 달라붙는 것을 보면 싸우지 않고 새로운 먹이를 찾으러 다시 사냥을 나간다.

먹이를 찾는 범위는, 제 구멍 둘레에서 10미터 정도를 반지름으로 하여 이루어진다. 나나니벌은 기어가면서 땅 위를 샅샅이 조사한다. 활같이 구부러진 더듬이로 나나니벌은 쉴 새 없이 땅 위를 더듬는다. 편편한 땅 위나 작은 돌무더기, 또 근처의 숲속을 빈틈없이 더듬는다. 곧 소나기라도 퍼부을 듯한 무더운 한낮에 나는 세 시간 가까이나 눈을 뜨고 나나니벌이 먹이를 찾는 길을 뒤쫓았다.

나는 나나니벌의 마취 솜씨를 관찰하기 위해, 왕노래기벌에게 썼던 작전을 다시 사용해 보기로 했다. 그래서 될 수 있는 대로 빨리 몇 마리의 야도충을 잡아야겠다고 생각했다.

나는 정원을 손질하고 있는 파뷔에에게 소리쳤다.

"와서 좀 도와주게. 야도충이 필요하네."

파뷔에는 나와 곤충 채집을 몇 번 같이 한 경험이 있어서, 내가 설명해 주자 곧 알아듣고 야도충을 찾기 시작했다. 상치나무 아래나 딸기 덩굴 속을 뒤지고, 길 옆의 창포밭을 조사하기도 했다. 그러는 동안 시간은 계속 흘러갔다.

"어때, 파뷔에, 아직 못 잡았나?"

"아직 못 찾았습니다."

"할 수 없군, 응원군을 청해야지."

온 집안 식구가 야도충을 찾는 데 모두 동원되었다. 나나니벌이 있는 곳을 놓치지 않으려고 그곳을 지키고 있는 나 자신도, 한쪽 눈으로는 사냥 나온 벌을 지켜보면서 또 한 눈으로는 야도충을 찾았다. 아무런 효과도 없이 세 시간이 지나가 버렸다. 우리 중에 누구 하나도 야도충을 잡은 사람은 없었다.

나나니벌도 역시 찾지 못한 모양인데 그래도 열심히 참고 견디며 찾으려고 애를 썼다. 나나니벌은 있는 힘을 다해서 땅 위를 더듬는다. 나나니벌은 살구씨만한 흙덩이를 젖혔다. 이것은 벌에게 있어서 정말 어려운 일이었다. 그러나 이런 곳에도 벌레는 없었다. 벌은 또 다른 곳으로 옮겨갔다.

이때 나에게 한 가지 의문이 떠올랐다.

'우리가 네댓 명이나 동원되어 야도충을 한 마리도 찾아내지 못했는데, 나나니벌도 우리와 마찬가지로 실패하는 경우가 있을까?'

사람이 하지 못하는 일을 벌레임에도 놀라운 능력으로 해치우는 것이 자연의 힘이다.

아마도 나나니벌은 예민한 육감에 따라 움직일 것이다. 몇 시간 동안이나 엉뚱한 곳을 찾아다닐 필요가 없었다. 아마도 야도충은 비가 내릴 것을 알고 땅 속 깊이 들어간 것임에 틀림없었다. 사냥하러 나온 나나니벌은 벌레가 어느 곳에 있는지를 잘 알면서도, 땅 속 깊이 숨었기 때문에 끄집어내지를 못하는 것이다. 어떤 장소를 잠깐 찾아보다가 그치는 것은 방향을 잘 잡지 못했기 때문이 아니라 벌에게 흙을 파헤칠 힘이 없기 때문이다. 나나니벌이 긁어 헤치던 장소에는, 어느 곳을 막론하고 야도충 한 마리쯤은 있을 것임에 틀림없었다.

나는 나나니벌을 도와주어야겠다고 생각했다. 나나니벌은 지금, 밭 한 모퉁이의 땅을 헤매고 있었다. 놈은 그 장소를 다른 데서와 마찬가지로 더 파내지 않고 멈추어 버렸다.

　나는 칼끝으로 벌이 파헤치던 장소를 파 보았다. 그러나 아무것도 나오는 것이 없어서 그만두려고 하는데, 나나니벌이 다시 날아와 내가 파헤쳤던 곳의 옆을 또 파기 시작했다.

　벌의 지시에 따라 나는 그 장소를 파 보았다. 그러자 정말로 야도충 한 마리가 튀어나왔다. 이쯤 되면 사냥개가 냄새를 맡고 찾아내면 사람이 뒤따라 파내는 것과 같았다. 나는 나나니벌이 먹이가 있는 곳을 가르쳐 주면 칼끝으로 파냈다. 이렇게 해서 제2, 제3, 제4의 야도충을 잡아낼 수가 있었다. 파헤치는 장소는 어디나, 벌써 몇 달 전에 괭이로 파헤쳤던 흙덩이였다.

　이렇게 해서 바꿔치기 할 수 있는 벌레가 많이 생겼다. 나나니벌의 도움으로 파낸 다섯 번째 야도충을 나나니벌에게 주었다. 그리고 작전을 개시했다.

　나는 마취를 하는 나나니벌 옆에 넙죽 엎드렸다. 마취하는 모습을 세밀하게 관찰하기 위해서였다.

　나나니벌은 야도충의 목덜미를 구부러진 주둥이로 간신히 물었다. 야도충은 세차게 버둥거렸다. 야도충은 엉덩이를 비틀어 몸 전체를 구부렸다 폈다 했다. 나나니벌은 이런 행동에 전혀 놀라지 않았다. 벌은 옆으로 비켜, 야도충의 밑에 깔리지 않도록 조심했다.

　나나니벌의 독침은 야도충의 머리와 첫 번째의 마디가 있는 가슴의 한복판 즉, 껍질이 가장 얇은 곳을 찔렀다. 이 독침은 좀 오랫동안 꽂은 자리에 그대로 있었다. 그것은 아마도 야도충에게 좀더 큰 타격을 주기 위해서인 듯했다.

나나니벌은 먹이로부터 떨어졌다. 그리고 배를 땅에다 대고 부들부들 떨며 나자빠져서, 발을 뻗었다 구부렸다 하며 죽어가는 시늉을 했다.

나는 나나니벌이 격투하던 중에 급소를 맞아서 그러는 게 아닌가 걱정이 되었다. 나의 근심은 점점 커져만 갔다. 그토록 용감하던 나나니벌이 쓰러졌으니 오랫동안 시간을 투자한 실험도 실패로 돌아가는 것이 아닐까? 그러나 그러한 걱정은 기우에 지나지 않았다.

잠시 후, 나나니벌은 침착하게 날개를 털고, 더듬이를 날름거리며 기운을 차려서 새롭게 몸을 가다듬고 야도충에게 덤벼들었다. 죽어가는 경련이라고 생각했던 동작은 승리의 기쁨을 나타낸 몸짓이었다. 나나니벌은 이 괴물을 쓰러뜨리고 승리의 기쁨을 만끽했던 것이다.

나나니벌은 앞에서보다 조금 밑으로 내려와서 벌레의 등을 물었다. 그리고 발이 달리지 않은 둘째 마디 아래쪽 한복판에 독침을 찔렀다.

이러한 동작은 사냥벌이 벌레의 치수라도 재듯이 흐트러짐 없이 차례차례 진행되었다.

발이 달린 가슴의 셋째 마디, 발이 달리지 않은 둘째 마디, 배에 달린 발 다음의 넷째 마디에다 찔러서 상처를 입히고, 뒤 끝에 있는 네 개의 마디는 그대로 두었다.

마취는 무척 손쉽게 이루어졌다. 맨 처음 마취한 대로 야도충은 이미 대항할 수 없게 되었기 때문이다.

마지막으로, 나나니벌은 입을 힘껏 벌려서 야도충의 머리를 물고, 상처가 생기지 않도록 조심조심 깨물어 숨통을 눌렀다. 이 일은 일부러 천천히 되풀이했다.

나나니벌은 한 차례 일이 끝날 때까지 그 결과가 어떤지를 확인해 보는 듯했다. 정확하게 목적을 달성하려면, 여러 가지 장단을 맞추어야 하는 것임에 틀림없었다. 너무 강하게 다루면 벌레는 죽어서 썩어 버릴 염려가 있었기 때문에, 벌은 세게 다루는 대신 횟수를 늘여서 대개는 스무 차례나 되풀이하며, 조금씩 힘을 더해 가는 모양이었다.

마취 작업이 끝났다. 야도충은 몸을 반쯤 구부리고, 배를 땅에 대고 쓰러지더니 꼼짝도 하지 못했다. 나나니벌이 자기 집으로 옮겨갈 동안 아무런 대항도 하지 못할 것이며, 그것을 식량으로 해서 기르는 애벌레에게 아무런 해도 끼칠 수 없을 정도가 되었다. 나나니벌은 쓰러진 야도충을 그 자리에 두고 집으로 돌아갔다. 나는 나나니벌의 뒤를 쫓았다. 나나니벌은 먹이를 창고에 넣으려고 집 안을 열심히 정리했다.

천장에 삐죽 나온 돌이 식량을 들여오는 데 방해가 된다고 생각했는지, 이 커다란 돌을 끌어 내리려고 했다. 날개를 비벼대는 소리가 지금 하고 있는 일이 얼마나 어려운 일인가를 말해 주는 것

같았다. 안방이 좁아 보여 그곳도 좀더 넓혔다. 일은 간단하게 끝나지 않았다.

나나니벌과 내가 다시 돌아왔을 때는 내버려 두었던 야도충은 부지런한 개미들로 인해서 새까맣게 되어 있었다.

이것은 나에게도 무척 섭섭한 일이었지만 나나니벌에게는 참을 수 없는 큰 충격이었다. 말하자면 벌은 똑같은 실패를 거듭한 셈이 되었다. 나나니벌은 이제 하는 일에 싫증이 난 모양이었다. 내가 따로 남겨두었던 야도충을 한 마리 던져 주어도 거들떠보지도 않았다.

파브르 곤충기

그리고 날은 점점 어두워 하늘은 시커멓게 되고, 빗방울이 뚝뚝 떨어졌다. 이런 상황에서는 사냥을 다시 할 수도 없었다. 모든 일은 헛수고로 끝났다.

그리하여 오후 한 시부터 여섯 시까지 매달렸던 나의 첫 관찰은 반 수확으로 그치고 말았다.

돌아오는 길

왕노래기벌과 왜코벌

해질 무렵이면, 구멍을 파던 나나니벌은 돌로 구멍을 막아 놓고 그곳을 떠난다. 그리고 꽃을 찾아 날아다닌다. 다음날이면 그 근처의 사정을 잘 알지도 못하고, 때로는 생전 처음인 장소인데도 그 전날 파두었던 자기 구멍을 찾아서 틀림없이 애벌레를 물고 돌아왔다. 왜코벌도 먹이를 가지고 흙으로 덮여 근처의 다른 흙과 분간할 수 없이 된 구멍 문 밖을 정확히 찾아서 내려앉는다. 나더러 그 장소를 외워 두었다가 다음날 찾아보라고 한다면 그처럼 정확하게 찾아낼 수는 없을 것이다.

벌이 보는 눈과 기억력은 정말 정확하다.

여기서 기억력이라고 표현한 것은, 우리 인간이 갖고 있지 못한 어떤 것, 즉 방향과 장소를 분별하는 어떤 힘을 말하며 달리 뭐라고 말해야 될지 알 수 없으므로 그냥 그렇게 표현한 것이다.

만일 할 수만 있다면, 곤충 심리학의 이러한 점을 조금이라도 명확히 파악하려는 뜻에서, 나는 힘자라는 데까지 실험을 해보았다. 첫 실험 상대자는 왕노래기벌이었다.

아침 열 시쯤 되어서, 같은 비탈진 장소에서 구멍을 파거나 식량을 운반해다 구멍 속에 넣고 있는 암벌을 열두어 마리쯤 잡아왔다. 왕노래기 암벌 하나하나를 각각 다른 종이 봉지에 집어넣은 다음, 한데 뭉쳐서 상자 속에 넣었다. 나는 벌집이 있던 장소로부터 2킬로미터쯤 떨어진 곳까지 가서, 가지고 있던 왕노래기벌을 놓아 주었다. 물론 그보다 앞서서, 나중에 분간할 수 있도록 물감으로 가슴 한복판에 흰 점 표시를 해 두었다.

풀려나온 왕노래기벌들은, 잠시 동안 이리저리 날아다니다가 풀잎 위에 앉아서 머뭇거리더니 앞발로 눈을 비비기도 했다. 그러더니 어떤 놈은 빨리, 어떤 놈은 천천히 움직여 모두 남쪽으로 날아가기 시작했다.

그곳에 도착하자마자 내가 흰 점으로 표시해 두었던 두 마리의 왕노래기벌이 벌써 부지런히 일하고 있는 것을 볼 수가 있었다. 얼마 안 있어서 세 번째 왕노래기벌이 뒤따라왔다. 15분도 되기 전에 열두 마리 중에서 네 마리가 돌아왔.

이것은 왕노래기벌들이 돌아오는 길을 알고 있다는 것을 뒷받침할 만한 충분한 숫자였다. 나는 더이상 기다릴 필요가 없다고 생각했다.

아직도 내 눈에 띄지 않은 여러 마리의 왕노래기벌은, 먹이를 찾느라고 돌아다니고 있거나 구멍 속 깊이 들어가 있었다.

이처럼 방향과 길을 알지 못하도록 어두운 상자 속에 갇혀 2킬로미터나 운반되었던 왕노래기벌이 제 집을 찾아서 돌아온 것이다. 나는 왕노래기벌의 사냥 범위를 알지 못했다. 2킬로미터를 반지름으로 하는 범위까지 이미 벌들이 알고 있는 지역일지도 모른다.

나는 좀더 거리를 멀리하여 다시 한 번 실험해 보기로 했다.

그러기 위해서 그날 아침, 같은 구멍에서 잡아온 왕노래기벌 가운데서 아홉 마리의 암벌을 선택했다. 그중 세 마리는 지난번 실험에서 보내졌던 놈이었다. 이번에도 벌들을 종이봉지 속에 넣어 가지고 캄캄한 상자 속에 가두어서 운반하였다. 이번 출발점은 벌집이 있는 지점에서 3킬로미터쯤 떨어진 곳에 있는 카르팡트라스의 읍내였다. 내가 벌을 놓아 준 곳은, 처음과 같은 벌판이 아니고 사람이 많은 복잡한 거리의 중심지였다.

이미 해가 저물었으므로 나는 실험하는 방법을 바꾸어 벌들을 종이봉지 속에 가둔 채 하룻밤을 재우기로 했다.

다음날 아침 여덟 시쯤, 나는 어제의 흰점박이벌과 구별하기 위해서 앞가슴에 두 점을 찍었다. 그렇게 한 다음 한 마리씩 거리의 한가운데서 놓아 주었다.

풀려나온 왕노래기벌은, 맨 처음 양쪽에 줄지어 서 있는 건물 사이에서 위를 향해 곧장 날아갔다. 마치 혼잡한 거리에서 될 수 있는 대로 빨리 빠져나가, 드넓은 지평선이 바라보이는 데까지 올라가려는 듯했다. 그리고는 죽 늘어선 지붕들을 굽어보며, 곧바로 남쪽을 향하여 쏜살같이 날아갔다. 내가 이 벌들을 옮겨온 방향이 남쪽이었기 때문에, 벌의 집을 가자면 남쪽으로 가야 했다. 나는 하나씩 하나씩 놓아 준 아홉 마리의 벌들이, 낯선 땅에서도 자기 집 방향을 용케 찾아서 날아가는 놀랄 만한 사실을 실제로 눈앞에서 아홉 차례나 보았다.

이로부터 4, 5시간이 지났을 무렵, 나는 벌집이 있는 곳에 돌아왔다. 그리고 가슴에 흰 점이 하나만 있는 왕노래기벌을 몇 마리인가 볼 수 있었다.

그러나 앞서 놓아 준 벌들은 하나도 찾아볼 수 없었다. 그놈들은 자기 집을 찾지 못한 것일까? 그렇지 않으면 먼 곳까지 사냥을 간 것일까? 놀란 가슴을 진정시키느라고 구멍 속에 틀어박혀 있는 것일까? 나로서는 알 수가 없었다.

다음날 아침 그곳을 찾은 나는 매우 흡족했다. 가슴에 흰 점이 두 곳에 있는 왕노래기벌이 다섯 마리나 아무 일도 없었던 듯이 일터에서 부지런히 일하고 있는 것을 보았기 때문이다. 3킬로미터라는 먼 거리도, 많은 집들과 굴뚝, 그리고 시골뜨기라면 어리둥절할 혼잡한 거리도, 왕노래기벌이 자기 집을 찾아오는 데는 아무런 방해가 되지 않았다.

비둘기를 알에서부터 깬 것을 길러서, 아주 낯선 곳에 놓아 주면 어김없이 자기 집으로 돌아온다. 만일 여행하는 거리를 동물의 크기에 비례하여 생각한다면 3킬로미터나 운반되었다가 자기 집 구멍으로 돌아온 왕노래기벌은 비둘기보다 더 용감하다고 할 것이다. 이 벌레의 크기는 1센티미터의 세제곱도 못 되는데, 비둘기의 크기는 아마도 10센티미터의 세제곱쯤은 될 것이다.

　비둘기는 이 벌보다 1천 배나 크니까, 벌과 상대가 되려면 적어도 3천 킬로미터의 거리 즉, 프랑스의 북쪽에서 남쪽 끝까지의 길이의 3배나 되는 곳에서 자기 집을 찾아 돌아와야 할 것이다.

　그러나 타고난 기억력이나, 날개의 힘의 세기를 되돌아올 수 있는 거리로 환산하기란 불가능하다. 더구나 몸집의 크기로 거리를 계산하는 것은 억지일 수도 있다.

　그러면 우리들이, 비둘기와 벌 중에서 어느 것이 더 훌륭하냐고 판단하는 것은 그만두기로 하고, 아무튼 이 벌은 비둘기와 좋은 상대가 된다는 것만은 알아두는 것이 좋을 것이다. 비둘기나 왕노래기벌은, 사람의 손에 의해서 와 본 적도 없고 방향도 모르는 먼 곳까지 옮겨져 왔다가 자기 집을 찾아가는데, 과연 기억에 의해서 길을 찾는 것일까? 그들이 일정한 높이에 올라가서, 거기서 어떤 목표를 정하고 자기 집이 있는 수평선을 향하여 전속력으로 날아갈 때에, 기억력이 자석의 구실을 하는 것일까? 처음 보는 산과 들을 넘어서, 방향을 찾게 해주는 것은 진정 기억에 의한 힘뿐일까? 확실히 그렇지 않을 것이다.

　알지 못하는 것을 생각해낸다는 것은 있을 수 없는 일이다. 벌이나 비둘기는 지금 자신이 있는 장소가 어디인지 알지 못한다.

어느 방향으로부터 끌려왔는지 가르쳐 준 적도 없다. 그들은 캄캄한 상자 속에 가두어진 채로 끌려왔기 때문에 장소도 방향도 알지 못했다. 그렇지만 벌이나 비둘기는 특별한 어떤 능력, 일종의 예민한 육감을 지니고 있다. 우리는 그것과 비슷한 것을 가지고 있지 않기 때문에, 그것이 어떤 것인가 상상조차 할 수가 없었다.

나는 실험에 의해 다음 두 가지를 증명해 보고자 한다. 그 하나는 '벌레의 능력이 범위는 좁지만 얼마나 예민하고 정확한가?' 이고 다른 하나는 '평상시와 달라진 상태에서 그것이 얼마만큼 그것이 어리석게 변하는가?' 이다.

애벌레를 위해 쉴 새 없이 식량을 날라다 먹이는 왜코벌 한 마리가 집 구멍에서 나왔다. 그 벌은 잠시 후 사냥한 먹이를 가지고 올 것이다.

왜코벌은 사냥을 나가기 전에 뒷발로 집구멍에 출입구의 흙을 쓸어모아 깨끗이 막아 놓고 떠난다. 겉보기에는 다른 모래흙과 다를 바가 없어 보이지만, 왜코벌은 앞에서 설명한 대로 특별한 감각으로 정확하게 찾아낸다.

자, 이제부터 속임수를 써 보자. 즉 왜코벌이 길을 찾지 못하도록 그 부근의 모습을 바꾸어 주는 것이다. 나는 출입문 밖에 손바닥만큼 넓적한 돌을 덮어 놓았다. 잠시 뒤 왜코벌은 돌아왔다.

그러나 왜코벌은 출입구에 생긴 변화에 결코 놀라거나 당황하지 않았다. 왜코벌은 즉시 돌 위에 내려앉아서 좀 파보려고 했다.

그것도 돌 옆을 마구 파는 것이 아니고, 정확히 출입구를 말이다. 장애물이 너무 단단했기 때문에 이 벌은 곧 파헤치는 것을 멈추었다. 그러고는 여기저기 돌 위를 날아다니다가 주위를 한 바퀴 돌아온 다음, 돌 아래로 기어들어가서 정확하게 구멍이 있는 방향으로 흙을 파기 시작했다.

평평한 돌은, 이 영리한 벌을 속이기는 지나치게 간단했다. 좀 더 복잡한 방법을 생각해야 했다.

나는 벌을 손수건으로 멀리 쫓아버렸다. 쫓겨난 벌은 얼마 동안 집에 돌아오지 않을 테니까, 나도 천천히 실험에 필요한 준비를 할 수가 있었다.

얼마 멀지 않은 곳에 말똥이 널려 있었다. 마침 좋은 재료라고 생각하고 그것을 가져왔다. 그리고 그것을 잘게 썬 다음, 벌집의 출입구와 부근을 25센티미터 넓이에, 10센티미터정도의 두께로 덮어서 가려버렸다.

왜코벌은 지금까지 이러한 장벽을 한 번도 본 일이 없을 것이다. 그 빛깔이나 보지 못했던 재료의 성질이나 그 냄새가 한데 뭉쳐서 벌을 당황하게 할 것이다. 이 말똥으로 된 깔개, 더러운 물건이 덮여 있는 것을 과연 자기 집 출입구라고 생각할까? 그런데 벌은 벌써 알고 있는 모양이었다.

잠시 후, 벌이 날아왔다. 높은 곳에서부터 자기 집 둘레에 이상한 것을 살피면서 말똥이 깔려 있는 한가운데, 출입구가 가려진 곳으로 정확히 내려앉더니 파기 시작했다. 말똥이 다 파헤쳐지고 흙이 나오자 정확하게 출입구가 드러났다.

벌이 지금까지 한 번도 본 적이 없는 모양으로 변장시킨 출입구에 어김없이 내려앉는 정확성은, 벌이 물건을 보는 힘과 기억력에만 의지하지 않는다는 증거가 되는 게 아닐까? 만약 그렇다면 벌은 어떤 힘을 가지고 있는 것일까? 냄새를 맡는 힘일까?

마침 나는 곤충 연구의 한 재료로서, '에테르'가 들어 있는 조그마한 병을 가지고 있었다. 펴 놓았던 말똥을 걷어치우고, 두껍지는 않으나 꽤 넓게 바위 이끼를 깔아 놓았다.

바위 이끼 위에 '에테르'가 들어 있는 병마개를 뽑은 채로 놓은 다음, 뒤이어서 벌이 날아오는 것을 보았다. 에테르의 증기가 너무 강했기 때문인지 벌은 옆으로 비켜났다. 하지만 잠깐 동안이었다. 그 다음 벌은 여전히 강력한 에테르의 냄새가 풍기는 이끼 위에 내려앉았다. 그러더니 이끼를 헤치고 출입구를 찾아 들어가는 것이었다.

에테르의 강한 냄새도 벌을 막지는 못했다. 그렇다면 냄새를 맡는 힘과는 다른 어떤 힘의 도움을 받는 것이 분명했다.

이번에는 더듬이의 특별한 감각에 대해 실험해 보기로 했다.

왜코벌을 잡아서 더듬이를 잘라 버린 다음 그 자리에서 놓아 주었다. 아프기도 하려니와 그동안 손에 잡혀 있었기 때문에 벌은 쏜살같이 달아나버렸다. 나는 다시 돌아올지 안 올지 미심쩍게 생각하며, 한 시간 동안이나 기다려 보았다.

왜코벌은 다시 돌아왔다. 이전과 똑같이 정확한 장소에, 내가 네 번이나 무대를 바꾸어 장치해 놓은 출입구 바로 옆에 내려앉았다. 이번 실험에서는 벌집 구멍 둘레에 호도알만한 크기의 돌을 주어다 흙이 보이지 않을 정도로 덮어 놓았다.

내가 설치한 이번 무대는 왜코벌의 입장에서 본다면 브르다뉴의 옛날 유물인, 카르나크의 멘힐(옛날의 무덤으로 크게 줄지어 세운 돌을 말함)보다 더 크게 보일 텐데, 더듬이가 없는 벌을 속일 수는 없었다. 더듬이가 없는 왜코벌은, 더듬이가 있는 벌이 여러 가지 힘든 조건에서 한 것과 똑같이, 내가 장치해 놓은 돌더미 한 가운데에 있는 출입구를 찾아냈다.

나는 결국 이 충실한 어미벌을 무사히 자기 집으로 들어가도록 해주었다.

차례차례로 네 번씩이나 바뀐 구멍 둘레의 모습, 그 빛깔, 그 냄새, 그 재료까지도 변한 출입구, 그리고 나중에 양쪽 더듬이까지도 잘린 상처의 아픔으로도 벌을 속일 수는 없었다. 벌들에게 무엇인가 우리가 알 수 없는 신통한 힘을 갖고 있다고 생각하지 않는 한, 내가 실험한 바로는 눈으로 보는 감각이나 코로 냄새를 맡는 감각이 쓸모없이 되었을 경우, 어떻게 해서 방향을 찾아내는지 그 까닭을 알 수가 없었다.

그로부터 며칠이 지난 다음, 나는 다른 각도에서 그 문제를 다루어보기로 했다.

이제부터 해 보려는 실험은, 왜코벌의 벌집을 다치지 않도록 조심하면서 모두 드러내 놓는 것이었다. 벌집은 그리 깊지 않은 곳에 있었으며, 위치는 거의 수평으로 놓여 있었고, 파내는 흙도 그다지 굳지 않아서 조건이 잘 맞았다. 모래와 흙을 조금씩 칼끝으로 파 나갔다. 잠시 후, 지붕을 다 벗겨내고 보니 땅속의 벌집 구멍은 때로는 곧고 때로는 구부러진 수채통 같았다. 구멍의 길이는 20센티미터가량 되었다. 출입구는 열린 대로였고, 한쪽 끝은 막다른 골목이었다. 애벌레는 먹이 한가운데에 가로눠어 있었다. 내리쬐는 햇볕 아래 벌집 구멍이 온통 드러나 있었는데, 어미벌이 돌아오면 어떤 행동을 취할까?

어미벌은 애벌레에게 먹이를 날라다 주기 위해서 돌아오는 것이다. 그러나 애벌레가 있는 곳에 가려면 출입구를 찾아야 한다.

나는 이 경우, 출입구와 애벌레를 따로따로 조사하는 것이 나을 거라고 생각했다. 그래서 애벌레와 먹이를 치웠다. 이제 벌집은 텅 비었다.

준비는 다 되었다. 이제는 끈기 있게 기다리기만 하면 된다.

마침내 벌이 돌아왔다. 그리고 곧바로 빈 집 문간으로 날아갔다. 여기서 거의 한 시간 동안이나 땅거죽을 파 보고, 쓸어 보고, 모래를 긁어보기도 했으나, 이것은 새로운 구멍을 파려고 하는 것이 아니라, 머리로 떠밀면 쉽사리 열리며 길을 가르쳐 주는 출입구를 찾는 것이다.

왜코벌은 막아 놓았던 출입문 근처의 땅에 열심히 머리를 부딪쳤다. 그러나 딱딱한 흙만 있다는 것을 깨닫고 벌은 그 근처를 조사하기 시작했다. 근처라고 해도 출입구가 있던 자리에서 단 몇 센티미터를 벗어나지 않았다. 그렇게 좁은 범위에서 열 번, 스무 번 조사하고 쓸어 보고했다.

그러면서도 그 좁다란 반지름 밖으로 나가보려는 생각은 하지 않았다.

"출입구는 여기 있을 것이다. 딴 곳에는 있을 수 없다."

이처럼 벌에게는 굳은 확신이 있었다.

나는 여러 차례 지푸라기로 벌을 저만치 밀어 놓았다. 벌은 내가 하는 대로 밀려갔다. 그래도 곧 이어서 출입구가 있던 자리로 다시 돌아왔다. 때로는 수채통같이 생긴 곳이 벌의 주의를 끄는 모양이었다. 그러나 그러한 주의는 잠깐뿐이었다. 벌은 어디까지나 긁고 긁어서 몇 발자국 앞으로 나아갔다. 그리고는 출입구 쪽으로 돌아왔다. 벌이 두세 번은 도랑 가운데를 끝까지 지나가는 것을 보았다.

벌은 애벌레가 있던 방까지 가서, 그곳을 마구 파보다가 재빨리 출입구가 있던 곳으로 돌아와서 다시 출입구를 찾았다. 그 끈기 있는 참을성에 내가 도리어 지루할 지경이었다. 한 시간이 흘러갔다. 그래도 끈질긴 벌은 없어진 출입구 근처를 계속해서 찾고 있었다.

벌집 속에 애벌레가 있었더라면 어떻게 되었을까?

나는 두 번째 실험을 준비했다. 같은 왜코벌로 실험을 계속한다면 이쪽에서 바라는 확실한 증거를 얻을 수가 없을 것 같았다. 이 벌은 쓸데없이 출입구만 찾다가 화가 나서 지금은 미친 듯이 날

뛰었다. 이래서는 효과적인 실험이 되지 못한다. 나에게는 새로운 왜코벌이 필요했다. 흥분하지 않고, 차분한 감정으로 움직이는 벌이 필요했다. 조금 있다가 기회가 왔다.

벌집 구멍은 앞서 설명한 대로, 끝에서 끝까지 송두리째 드러내 놓았다. 그러나 나는 집 속에는 손을 대지 않았다. 애벌레는 본래 있던 자리에 두었고, 먹이도 다치지 않고 그대로 놓아두었다. 집 안은 깨끗이 정돈되어 있었다. 없는 것은 지붕뿐이었다.

이리하여 구석에서 구석까지, 출입구도 구멍 속도 애벌레와 먹이가 산더미같이 쌓여 있는 아랫방도, 한눈으로 볼 수 있도록 열어제친 집 앞에서, 어미벌은 먼젓번 벌과 조금도 다름없이 행동했다. 도랑으로 된 집안 한구석에서는, 내리쬐는 햇볕에 애벌레가 알몸을 버둥거리고 있었는데, 어미벌은 앞서 출입구가 있던 자리에서 멈췄다.

몇 센티미터 되지 않는 반지름을 중심으로 하여, 여기저기 조금씩 파보고는 언제나 그 자리로 다시 돌아왔다.

어미벌은 구멍은 찾으려고도 하지 않고 버둥대며 괴로워하는 애벌레를 거들떠보지도 않았다. 지금 촉촉한 땅 위에서 눈이 부시도록 빛나는 광선을 받으며 연한 가죽에 싸인 애벌레는, 뜯어먹던 먹이 위에서 온몸을 비틀고 있었다.

어미벌은 여전히 모른 척했다. 어미벌에게는, 애벌레가 땅 위에 흩어진 여러 가지 물건, 조그마한 돌이라든가 흙덩이, 말라붙은 찰흙 같은 것과 다름이 없었으며, 그런 데는 신경을 쓰지도 않는 모양이었다.

 자기 새끼들이 있는 잠자리 옆으로 가려고 죽음을 무릅쓰고 날뛰는 어미벌에게, 지금 당장 필요한 것은 출입문뿐이다. 어미벌의 걱정은, 자기가 항상 드나들던 출입문을 찾겠다는 일념뿐이었다. 하지만 그 문은 사라지고 출입구는 열려 있었다. 어미벌을 가로막는 것은 아무것도 없었다. 그리고 어미벌은 자신이 그렇게도 고생하며 찾으려고 하는 자기 새끼들이 바로 눈앞에서 불안에 떨고 있는데, 어째서 사랑하는 새끼 옆으로 곧장 가지 않는 것일까?
 새끼가 지금 햇볕에 타죽어 가도, 어미벌은 여전히 없어진 통로를 찾는 데만 정신이 팔려 있었다. 이 어리석은 모성애를 눈앞에서 본 나는 놀라지 않을 수 없었다.
 그런데 그 다음에 벌어진 일은 더욱 어리석었다. 어미벌은 오랫동안 망설이다가 끝내는 본래의 구멍이 있던 굴구멍을 찾아 들어갔다. 어미벌은 여기 저기 닿는 곳마다 마음에 들지 않는다는 듯이 쓸며 부딪치며 앞으로 나아갔다.
 때로는 뒷걸음치다가 앞으로 나아가기도 하고, 우두커니 서 있다가 다시 생각난 듯 움직이기도 했다. 아마도 먹이에서 풍겨나오는 냄새라도 맡았는지, 어미벌은 이따금 구멍 밑의 애벌레가 누워 있는 곳으로 나아갔다.
 왜코벌은 자신의 애벌레를 알아보지 못했다. 이미 애벌레는 어미로부터 장애물처럼 귀찮은 존재가 되어 있었다. 어미벌은 벌거숭이 애벌레 위를 분주히 왔다갔다하는 동안에 마구 밟는다. 방

한구석에 구멍이라도 뚫으려고 할 때는 애벌레를 귀찮다는 듯이 차 버리고, 밀어 젖히고 내쫓는다. 일에 방해가 되는 돌덩이라도 이렇게 거칠게 다루지는 않을 것이다.

이토록 학대받던 애벌레도 가만있지 않고, 먹이의 뒷다리라도 깨물 듯이 주저하지 않고 어미벌의 발목을 물고 늘어졌다. 싸움은 맹렬하게 벌어졌다. 그래도 끝내는 물고 늘어졌던 애벌레의 주둥이가 어미의 발에서 떨어졌다. 그러자 어미벌은 붕붕 날개 소리를 내며 날아간 버렸다. 자식이 어미에게 물고 늘어져서 끝내는 먹어 버리려고까지 하는, 이 자연의 법칙에 배반하는 광경은 좀처럼 볼 수 없는 것이며, 이것은 관찰하는 사람이 꾸며낼 수도 없는 분명한 사실이었다.

자, 이제는 이야기를 정리해 봐야겠다.

우리들의 왜코벌은 한 차례 구멍 밑을 발톱으로 더듬어 보고—이것은 잠시 동안의 일이다—자기가 좋아하는 장소, 즉 구멍의 출입구로 돌아가서, 거기서 또 문구멍을 찾았다. 애벌레는 어미벌에게 차인 채, 몸을 뒤틀며 비틀기를 계속했다. 항상 다니던 길을 찾을 수 없다고 해서 어미벌은 자기 자식을 까맣게 잊어 버리고 조금도 돌보아 주지 않았다. 그런 까닭에 애벌레는 곧 죽게 될 것이다.

다음날 이곳에 와본다면, 우리는 저 애벌레가 몸의 반 이상을 햇볕에 데인 채 파리밥이 되어 있는 것을 보게 될 것이다.

앞에서 관찰한 왜코벌의 행동은 본능에 충실한 것이다.

그런데 어미 왜코벌이 고생하며 굴의 입구를 찾는 목적은 무엇 때문일까? 말할 것도 없이 애벌레에게 가기 위해서이다. 그러나 애벌레가 있는 곳까지 가려면 집 구멍에 들어가야 하고, 집 구멍에 들어가려면 우선 출입구를 찾아야 한다. 그런데 어미벌은 그 넓적한 집 구멍과 식량, 그리고 애벌레를 앞에 두고 출입구를 찾는 데만 열중하고 있었다.

허물어진 집, 죽어가는 애벌레, 이런 것들은 지금의 어미벌에게는 아무런 가치도 없었다. 그에게는 무엇보다도 항상 다니던 길, 자기 머리로 떠받기만 하면 모래가 허물어지고 문이 열리는 통행길이 필요했던 것이다. 이 길을 찾지 못하는 한, 이 세상의 모든 것, 즉 살던 집도, 그 속에 있던 애벌레도 모두가 어떻게 되든 상관없었다.

어미벌의 행동은 한 줄에 차례로 달려 있는 방울 같아서, 어느 한 가지가 다음 것을 깨우치지 못하는 한, 결코 다음에서 다음으로 소리가 전달되지 않는 모양이었다.

어미벌이 애벌레한테 가지 못하는 이유는, 항상 드나들던 출입구가 없기 때문에 첫 번째의 행동이 이루어지지 못한 것이었다. 살고 있던 문이 활짝 열려 있어서 그것만으로도 충분히 들어갈 수 있었는데, 어미벌은 자기가 연 것이 아니기 때문에 그저 헤매고만 있었던 것이다.

본능과 지혜의 힘 사이에는 얼마나 크고 깊은 거리가 있는 것일까? 지혜의 힘으로 움직이는 어미라면, 허물어진 집의 복잡한 길을 헤치고 우선 자식들에게 찾아간다. 그러나 본능에만 이끌리는 어미는, 항상 버릇처럼 드나들던 출입구만 찾느라고, 언제까지나 그 근처에서 헤매기만 할 것이다.

파브르 곤충기

붉은병정개미 이야기

알마스의 나의 연구소에 있는 곤충 중에서 가장 명물은 노예 사냥을 잘 하는 붉은병정개미이다. 이놈은 새끼를 기르는 것도 모르고 먹이를 찾는 것에도 서투를 뿐만 아니라, 손이 닿을 듯이 가까운 곳에 있는 물건도 가져올 줄을 모른다.

이 개미에게는 먹이를 입에 가져다주거나 집안일을 거들어 주는 심부름꾼이 필요하다. 붉은병정개미는 남의 새끼를 훔쳐다가 자기네 마을의 심부름꾼으로 쓴다. 근처에 있는 종류가 개미집을 습격해서 번데기를 잡아온다. 이 번데기가 깨어나면 붉은병정개미의 충실한 심부름꾼이 된다.

6, 7월의 무더위가 닥쳐오면, 붉은병정개미는 해가 기울어 석양이 깃들 무렵 막사에서 나와 사냥하러 가는 무리들과 마주치게 된다. 이 사냥 행렬의 길이는 5, 6미터나 되는데, 도중에 특별한

사건이 없는 한 질서있게 움직인다.

그러나 어쩌다 반불개미의 집이라도 있을 때는, 앞에 섰던 개미는 행진을 멈추고 큰일이나 생긴 것처럼 부근 일대로 흩어진다. 그러면 뒤따라오던 부대가 달려와서 개미떼는 더욱 많아진다.

척후병이 달려나간다. 잠시 뒤, 반불개미의 집이 아니라는 것이 확인되면 행렬은 다시 움직이기 시작한다.

주력부대는 들판의 작은 길을 가로질러, 잔디밭을 거쳐서 좀더 먼 곳까지 나가 낙엽이 쌓인 산 속으로 자취를 감춘다. 이 숱한 개미떼가 이렇게 헤매다 보면, 끝내는 반불개미의 번데기가 누워 있는 애벌레의 잠자리를 찾아내게 되는 것이다.

이때에 개미집 속과 출입구에서 자기 재산을 지키려는 반불개미와 붉은병정개미 사이에 맹렬한 싸움이 벌어진다. 물론 전투력에 차이가 심해서 붉은병정개미들이 일방적으로 승리하고 만다. 그리고 제각기 잡은 번데기를 입에 물고 집을 향해 급히 돌아온다.

번데기 도둑의 이 행렬이 움직이는 거리는 멀기도 하고 가깝기도 하다. 왜냐하면 근처에 반불개미가 있느냐 없느냐에 따라서 정해지기 때문이다. 언젠가 나는 전투 부대들이 뜰 밖으로 줄을 지어 나가는 것을 본 적이 있다. 행렬은 4미터 높이의 흙담을 넘어서 밀밭으로 향했다. 붉은병정개미에게는, 걷는 길이 아무리 험해도 전혀 문제가 되지 않는 것처럼 보였다.

한 가지 이상한 것은, 개미들이 돌아오는 길은 반드시 정해져 있다는 사실이다. 꼬불꼬불 구부러진 길이건 위험한 곳이건 그들은 지나갔던 길을 따라 되돌아왔다. 결국 갈 때에 지나갔던 길을, 거꾸로 거슬러서 돌아오는 셈이었다.

어느 날, 나는 전투에 나서는 개미 일행을 발견했다. 행렬은 시멘트로 단단히 바른 연못가를 따라서 행진하고 있었다.

이 연못에 그전부터 살고 있던 개구리 대신에 금붕어를 넣어 두었다. 때마침 북풍이 세차게 불어왔다. 이때 개미 행렬의 한 부분이 세찬 바람에 날려 물속에 빠져버렸다. 금붕어들은 뜻밖의 먹이에 달려들어 머리를 쳐들고는 허우적거리는 개미들을 삼켜버렸다. 이런 길은 죽음의 길과 다를 바 없었다. 이곳을 지나던 수많은 개미들이 목숨을 잃었다.

나는 개미들이 돌아올 때는 생명을 빼앗기는 비탈길을 피해 딴 길을 택하리라고 믿었다. 그러나 뜻밖에도 번데기를 입에 문 일행은 이 위험한 길을 되돌아왔기 때문에 연못 속에 금붕어들은 개미와 더불어 노획물인 번데기까지 덤으로 먹게 되었다.

몇 차례 원정을 나가도 길이 그때마다 달라지므로, 제 집을 찾아 돌아오기란 쉬운 일이 아닐 것이다. 그래서 붉은병정개미들은 중도의 길이 나쁘든 좋든 불평하지 않고, 자기들이 갔던 단 하나의 길을 되밟아 오는 모양이다.

이 되돌아오는 방법은, 아무런 목표가 없어도 자기 집의 방향을 알아내는 특별한 감각을 지닌 왕노래기벌이나 나나니벌과 어떤 차이가 있을까?

붉은병정개미는 벌과 같은 막시류의 한 종족인데, 개미는 냄새를 맡아서 길을 찾는다고 알려져 있다. 그래서 쉴 새 없이 움직이고 있는 더듬이가 냄새를 맡는다고 한다. 그러나 나는 이러한 생각에 찬성할 수가 없다. 가능하다면 나는 붉은병정개미가 개미산 같은 것을 길바닥에 남겨 두어, 나중에 그 냄새를 맡고 갔던 길을 되돌아온다는 생각을 뒤엎는 실험을 해보고 싶었다.

파브르 곤충기

쉽게 되리라는 희망은 없었으나, 며칠 동안을 시간을 투자해 가며 붉은병정개미의 출동을 지켜보고 있으려니까, 이런 실험은 무척 시간이 걸린다는 것을 새삼 느끼게 되었다.

나는 손녀 뤼시의 힘을 빌리기로 했다. 뤼시는 장난꾸러기인데, 개미 이야기를 해주었더니 아주 재미있어 했다. 뤼시는 붉은병정개미와 반불개미가 서로 싸우고 있는 것을 구경한 적이 있었다. 그때 번데기를 서로 빼앗으려는 것을 보고, 뤼시는 무엇인가 골똘히 생각하는 것 같았다.

자기가 하는 일이 얼마나 훌륭한 것인가에 대해 알려주자, 뤼시는 마침 날씨도 좋아 잘되었다며 뜰 안팎을 뛰어다니며 붉은병정개미를 감시했다.

뤼시가 할 일은 붉은병정개미들이 기어간 길을 따라서 공격받는 반불개미의 집까지 자세히 살피는 것이었다. 뤼시의 곤충에 대한 열의는 이미 테스트해 보았기 때문에 안심하고 시킬 수 있었다.

어느 날, 내가 날마다 정리하는 원고를 뒤적거리고 있을 때 문

밖에서 급히 달려오는 소리가 들렸다.

"뤼시예요. 빨리 오세요. 붉은병정개미가 반불개미 집에 들어갔어요. 빨리! 빨리!"

"지나간 길을 잘 알고 있느냐?"

"알아요. 표시를 해두었으니까요."

"뭐, 표시를 해두었다고? 어떻게?"

"지나간 길에 돌을 주워다 나란히 세워 놨죠."

나는 급히 달려나갔다. 일곱 살 먹은 나의 조수는 훌륭했다. 뤼시는 미리 조그마한 흰 돌을 준비해 두었다가, 개미 행렬이 출동하자 그 뒤를 밟으며 하나씩 놓아두었다. 붉은병정개미는 이 길잡이의 흰 돌금을 따라 전투에서 돌아오는 중이었다. 집 구멍까지의 거리는 100미터 정도, 이만한 거리라면 실험 준비를 하기에 시간이 충분했다.

나는 커다란 빗자루를 가지고, 1미터가량의 넓이로 개미가 지나간 길을 쓸어버렸다. 이리하여 땅 표면의 부드러운 흙은 다 없어졌고, 다른 곳에서 새 흙을 가져다가 깔아 놓았다.

만일 흙 표면에 냄새를 풍기는 어떤 것이 묻어 있었다면, 그것이 없어진 지금 개미는 길을 찾지 못하게 될 것이다. 나는 이렇게 하기를 네 군데쯤 4, 5미터 간격을 두고 끊어 놓았다.

지금 개미의 행렬은, 맨 첫 번째로 끊긴 토막길에 다다랐다. 개미들이 당황하는 모습이 확실히 나타난다. 뒷걸음질을 했다가 다시 오는 놈도 있었고, 알지도 못하는 새로운 곳을 찾아서 가려는 놈도 있었다.

  행렬의 맨 앞에 섰던 개미가 처음에는 3, 4미터의 폭으로 뭉쳤던 것이 지금은 3, 4미터의 넓이로 벌어졌다. 그러면서도 개미들이 뒤에서 연달아 왔기 때문에, 길이 끊긴 곳에서는 떼를 지어서 혼잡을 이루었다. 드디어 몇 마리의 개미가 땅 표면을 새로 깐 흙 위에 대담하게 올라갔다. 그런 다음 또 다른 개미가 그 뒤를 따라 나섰다. 끊긴 길목마다 이와 똑같은 혼란이 일어났지만, 언제나 같은 방법으로 어려운 고비를 뚫고 나갔다. 내가 만들어 놓은 함정은 효과도 없이, 표시해둔 작은 돌길을 따라서 붉은병정개미는 집으로 돌아갔다.

파브르 곤충기

  나는 두 번째 실험을 끝낸 후에도 개미의 집 찾는 능력이 냄새와는 관계없다고 주장할 자신이 서지 않았다. 만일 개미산의 냄새가 아주 독특하고 진하다면 물에 씻기지 않았을지도 모르기 때문이다.

  냄새에 의해 길을 되돌아온다는 의견이 옳은지 틀린지를 말하기 전에 좀더 완전한 조건을 갖추고 다시 실험해 보기로 했다. 우선 냄새의 근원을 조금도 남김없이 없애 버리는 것이 제일 중요했다. 4, 5일이 지난 다음, 나의 계획이 정해지자 뤼시는 또 개미떼를 감시하러 나갔다.

  얼마 지나지 않아 개미의 출동을 알려 왔다. 붉은병정개미는 6, 7월의 무더운 여름, 소나기라도 쏟아질 듯이 찌는 날이면 싸움에 나가곤 했다. 이번에도 하얀 돌로 개미가 지나는 길을 점선으로 연결시켜 놓았다.

　난 호스로 개미가 지나간 길에 물을 뿌렸다. 개미가 지나간 길 바닥이, 물난리로 1미터 정도의 넓이로 끊어졌다. 15분쯤 흙을 씻고 냄새를 깨끗이 없애기 위해, 호스에서 솟는 물을 폭포같이 흘러내리게 했다. 그리고는 싸움터에서 개미들이 돌아오기 시작했다. 나는 개미들이 건널 수 있을 만큼 물의 흐름을 약하게 하고, 넓이도 좁혀 주었다.

　만일 개미들이 처음에 왔던 길을 다시 가야 한다면, 지금 그들은 이 장애물인 호스의 강물을 건너야 할 것이다.

　여기서 개미는 오랫동안 망설였다. 일행에서 뒤떨어져서 맨 끝에 있던 놈까지 선두가 있는 곳까지 올 만큼 시간이 지났다.

　용감한 몇 마리의 개미가 물에 씻겨 땅 위로 드러난 작은 돌을 디딤돌로 하여 흐르는 물 가운데로 나섰다. 어떤 녀석은 물에 떠 있는 나뭇잎이 뗏목이나 되는 것처럼 그 위에 올라탔다. 물에 떠 내려온 지푸라기에 오르는 놈도 있었다. 그런 어려움 속에서도 노획한 번데기를 버리는 개미는 한 마리도 없었다.

　결국 붉은병정개미는 강물의 흐름 속을 건너고야 말았다.

　나는 두 번째 실험을 끝낸 후에도 개미의 집 찾는 능력이 냄새와는 관계없다고 주장할 자신이 서지 않았다. 만일 지나간 길에 개미산이 있어서, 그것과는 비할 수 없이 강한 냄새가 나는 물질을 길에다 펴놓는다면 어떻게 될까?

　나는 세 번째 실험을 시작했다. 개미가 지나간 다음에, 길의 한

군데 흙에다 금방 따온 박하를 문질렀다. 한 걸음 앞에는 박하 잎을 쌓아 놓았다. 돌아오는 개미의 행렬은 박하로 문지른 장소를 지나갔다. 이상하게 여기는 것 같지는 않았다. 잎을 쌓아 놓은 데서는 주춤하더니 다시 앞길을 재촉해서 지나가 버렸다. 이 세 번의 시험으로 나는 붉은병정개미들이 냄새에 의해 길을 찾는다는 이야기를 거의 믿지 않게 되었다.

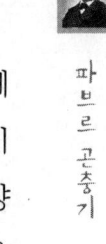

이번에는 땅을 조금도 건드리지 않고 개미들이 지나간 길 위에 신문지를 펴고 조그마한 돌로 사면을 눌러 두었다. 냄새를 풍기는 것을 하나도 치우지 않은 대신 겉으로 보기에는 완전히 모양을 바꾸어 놓은 신문지 앞에 왔을 때, 개미는 박하나 물의 흐름을 만났을 때보다도 한층 더 머뭇거렸다. 양옆으로 척후병이 달려나갔다. 앞으로도 가고 뒤로 물러나보기도 했다. 그들은 어쩔 줄 모르고 당황하다가, 끝내는 종이가 펼쳐진 곳을 건너갔다. 그러나 행렬은 처음과 마찬가지로 질서정연했다.

그러나 그들의 앞길에는 다시 함정이 기다리고 있었다. 나는 개미가 돌아가는 길에 누런 모래를 뿌려서 길을 끊었다. 흙 자체는 희멀건 잿빛이었다. 이 빛이 다른 것뿐으로도 개미들을 한때 당황하게 하는 데 충분했다. 먼저 종이를 땅 위에 펴놓았을 때보다도 시간은 짧았지만 야단법석을 떤 뒤, 겨우 함정을 넘어갔다.

만일 한번 지나간 길에 냄새가 배어 있다고 한다면 내가 만들어 놓은 모래나 종이 장벽은 냄새를 지워 버릴 수는 없었으니까, 물로 씻었거나 박하로 문지를 때와 같이 개미들이 당황하지 않았어야 할 것이 아닌가?

개미가 길을 찾는 것은 냄새를 맡아서 알아내는 것이 아니라는 것은 이제 확실해졌다.

붉은병정개미는 눈의 힘으로 길을 알아낸다. 그래서 물을 흘리거나 모래를 뿌려 길의 모습을 바꿀 때마다 개미의 행렬은 허둥거린 것이다.

붉은병정개미의 눈은 심한 근시안이기 때문에, 길에서 작은 돌을 몇 개만 치워도 부근의 모습은 달라지는데, 이 근시안의 개미들에게는 없던 장애물이 생기기만 하면 전혀 낯선 곳에 온 것처럼 생각하는 모양이었다.

그래서 노획한 물건을 잔뜩 짊어지고 돌아오는 개미부대들은 낯선 경치에 놀라서 가던 걸음을 멈추게 되는 것이다. 그리고는 여기저기에 탐색대를 내보내서, 그중 하나가 먼저 지나온 길이 계속되는 길을 찾아내면 이 탐색대의 뒤를 따라서 다른 일행들도 행진을 계속한다. 그러나 붉은병정개미가 한번 지나갔던 길에 대한 기억을 확실히 갖고 있지 못하다면, 아무리 시력이 좋다 해도 본래의 길을 찾아낼 수는 없을 것이다.

한 마리 개미의 기억력! 그것은 대체 어떤 것일까? 우리 인간의 기억력과 비슷한 것일까?

나는 그것을 알지 못한다. 다만 곤충들이 한번 지나갔던 장소를 아주 뚜렷하고 정확하게 기억하고 있다는 것만은 증명할 수 있다. 때때로 붉은병정개미가 공격해 들어갔던 집 속에 아직도 노획물이 많을 때는, 그 근처에 다른 반불개미들이 많이 남아 있다는 것을 알 수가 있다. 이런 때는 다시 한 번 공격할 필요가 있다.

두 번째 공격이 다음날 아니면 2, 3일 뒤에 반드시 일어난다. 재공격을 위해 갔던 길을 다시 갈 때, 붉은병정개미들은 도중에 망설이는 일이 전혀 없이 곧바로 번데기가 남아 있는 집을 찾아간다.

이런 일도 있었다. 내가 개미가 지나갔던 길 위의 20미터 정도 되는 지점에 작은 돌로 표시해 두었더니, 이틀이 지난 다음 붉은병정개미떼가, 작은 돌로 만든 선을 따라 가는 것이 보았다.

지나는 길에 뿌려졌던 냄새가 며칠이 지나도록 남아 있다고는 누구도 장담하지 못하리라.

그러므로 붉은병정개미의 길 안내를 하는 것은 확실히 눈이다. 한번 보아 둔 기억에 의해서 알아차리는 눈의 힘이다. 이 기억은 2, 3일 뒤까지도 잊혀지지 않을 만큼 강력하여 세밀한 점까지도 충실하게 기억할 수 있다.

만일 장소가 전혀 알지 못하는 곳이라면 붉은병정개미는 어떻게 행동할까? 아주 낯선 곳이라면, 개미도 벌과 같이 방향을 찾는 육감을 조금이라도 갖고 있어서, 그 짐작으로 자기 집이나 자기 부대의 행렬에 돌아올 수가 있을까?

우리 집 뜰에 있는 붉은병정개미들은 뜰의 어느 곳에나 다 가는 것은 아니다. 이 개미들의 행렬은 보통 제 집 구멍에서 북쪽으로 나간다. 그러니까 남쪽에서 그들과 마주치는 일은 별로 없다. 그러므로 우리 집 뜰의 남쪽은 개미들에게 전혀 알려지지 않은 낯선 고장인 셈이다.

그러면 개미가 이러한 곳에 끌려갔을 때는 어떻게 하는가를 조사해 보자.

나는 개미집 근처에 지키고 있다가, 노예 사냥으로부터 돌아오는 개미 한 마리를 나뭇잎을 내밀어서 납치했다. 개미의 전투부대가 노예 사냥으로부터 돌아올 때, 떨어진 나뭇잎을 내밀어서 그중 한 놈의 개미를 납치했다. 그 개미에게는 손을 대지 않고 그대로 행렬에서 2, 3미터 남쪽 방면에 옮겨다 놓았다.

개미를 땅에다 놓으면 여기저기를 정처 없이 헤맸다. 물론 노획물인 번데기는 악착같이 물고 있었다.

내가 본 바에 의하면, 이 길 잃은 개미는 반시간이나 헤매다가 끝내는 행렬을 찾지 못하고 번데기를 입에 문채 점점 본 부대의 행렬에서 멀어지기만 했다. 저놈은 나중에 어디로 가게 될까? 물고 있는 노획물은 어찌 되는 것일까?

나는 이토록 지혜가 부족한 약탈꾼의 행방을 끝까지 지켜보는 참을성을 가지지 못했다.

나는 한 번 더 실험해 보았다. 이번에는 붉은병정개미를 북쪽 뜰에 갖다 놓았다. 개미는 잠시 어리둥절하고 두리번거리다가, 곧 본부대 있는 곳을 찾아갔다. 이 부근의 길을 잘 알고 있는 모양이었다.

이 붉은병정개미는 벌의 한 종류이면서도, 벌들이 지니고 있는 방향을 찾아내는 감각을 전혀 지니지 못한 것이 분명했다. 장소에 대한 기억력은 있으나 그 이상의 것은 아무것도 가지고 있지 않았다.

파브르 곤충기

벌레의 지혜

에밀이 발견한 땅말벌

예전에 나는 땅말벌이 여치 따위를 죽이는 것을 보려고 여기저기 많이 돌아다녔다.

그로부터 20년이 지난 어느 날이었다.

그런데 우연히도 이달 초순에, 내 아들 에밀이 큰 소리로 나를 불렀다.

"빨리 오세요. 땅말벌이 먹이를 끌고 가요. 뜰 아래 창고 앞의 플라타너스 밑에서요."

에밀은 저녁 식사가 끝나고 집안 식구가 모두 둘러앉아서 차를 마시며 즐겁게 이야기하고 있을 때 내 이야기를 들었고, 또 우리가 들로 나갔을 때 여러 가지를 보고 들어서 벌레에 관해서는 제법 많은 지식을 가지고 있다.

에밀이 본 것은 틀림이 없다. 달려가 보았더니, 커다란 땅말벌이 마비시킨 여치의 더듬이를 물고 끌어가는 것이 아닌가. 벌은 가까이 있는 닭장 옆으로 향하고 있다. 아마도 저 담벽을 기어올라가서 높은 처마끝 기와 아래에 집을 지으려나 보다.

몇 해 전인가, 바로 이 장소에서 이와 똑같은 땅말벌이 먹이를 끌고 틈난 기와의 용마루 아래까지 기어올라가서, 그곳 틈바구니에 집을 지은 것을 보았던 일이 있다. 오늘의 이 벌은, 아마 몇 해 전에 그 어려운 담벽 비탈길을 기어오르던 벌의 손주쯤 되는지도 모른다.

그때와 똑같은 큰 공사가 지금 시작되는 것이다. 이번에는 구경꾼이 여러 사람이다. 플라타너스 그늘에서 일하고 있던 집안 식구들이 모두 몰려와서 빙 둘러섰다. 벌은 이렇게 사람이 많이 둘러서 있어도 본 체도 안 한다. 벌은 머리를 치켜들고, 여치의 더듬이를 입에 문 채 커다란 짐을 뒷걸음쳐 끌어가는데 침착하고 대담한 걸음걸이가 구경하는 사람들을 놀라게 했다.

그런 중에도 나 혼자만은 이 광경을 보며 아쉬운 심정이었다.

"아! 살아 있는 여치가 있었으면 참 좋겠는데!"

"살아 있는 여치 말이에요? 오늘 아침에 잡아 둔 싱싱한 놈이 있어요."

에밀이 재빨리 층계를 뛰어올라가더니, 자기 방으로 뛰어들어갔다. 그곳은 책장 한 모퉁이를 함정같이 둘러쌓아 놓고, 박쥐나방의 예쁜 애벌레를 기르는 우리이다. 에밀은 세 마리의 베짱이를 가지고 나왔다. 암컷 두 마리와 수컷 한 마리였다.

  20년 전에 이 벌레를 구하지 못해서 만나기 어렵던 실험의 좋은 기회를 놓치고 말았는데, 이번에는 어째서 이렇게 운좋게 일이 잘 풀리는지 모르겠다. 여기에는 또 한 가지 빼놓지 못할 이야기가 있다.

  한 마리의 개고마리가 대문 앞 높은 플라타너스 가지에 둥지를 틀었다. 그런데 며칠 전 이 지방을 휩쓴 태풍이 심하게 불어왔을 때에 플라타너스 가지가 몹시 흔들려 개고마리의 둥지가 뒤집혔다. 네 마리의 새끼개고마리가 땅 위에 떨어졌는데 세 마리는 죽고 한 마리만 살아 있는 것을 그 다음날에야 발견했다.

  살아남은 새끼개고마리를 에밀이 기르기로 했다. 꼬마는 새끼개고마리를 위해서 부근의 풀밭에서 하루 세 번씩 메뚜기 사냥을 했다. 그러나 벼메뚜기는 원래 작은 벌레이기 때문에, 새끼개고마리의 먹이로는 너무 적었다.

  에밀은 때때로 개수리취의 줄기나 장다리 배춧잎 사이사이에서 여치를 잡아다가 먹였다. 여치는 개고마리가 가장 좋아하는 먹이다. 지금 에밀이 나에게 갖다 준 세 마리의 여치는, 그 개고마리의 식량 창고에서 끄집어내 온 것이었다. 떨어진 새끼개고마리가 가엾다고 키웠기 때문에 이번 실험에 좋은 기회가 만들어진 것이다.

  땅말벌이 넓다간 장소에서 마음껏 일하게 하기 위해서 구경꾼들은 뒤로 물러섰다. 나는 핀셋으로 먹이를 빼내고 그 대신 빼앗은 먹이와 똑같은, 꼬리에 뿔이 달린 암여치 한 마리를 재빠르게 넣어 주었다. 다리를 약간 버둥거리는 것을 보니 먹이를 빼앗긴 땅말벌이 화가 난 모양이다.

땅말벌은 뚱뚱보처럼 살이 쪄서 빨리 달아나지도 못하는 새로운 먹이에 덤벼들었다. 그리고 말안장같이 생긴 여치의 가슴을 물고, 허리를 구부려 한 끝을 여치 가슴 아래로 돌려 대어 주사침을 꽂았다. 몇 차례나 주사를 놓았는지 분명치 않았다. 여치는 얼마나 온순한지 반항할 줄도 모르고 그냥 주사를 맞았다. 마치 도살장으로 끌려가는 소와 같다고 할까.

파브르 곤충기

땅말벌은 덤빌 필요도 없이 천천히 주사침을 사용하고 있었다. 가슴에 주사를 놓은 다음, 땅말벌의 뒤끝은 목으로 돌아왔다. 목덜미를 누르고 있었기 때문에 길게 늘어난 곳에 주사를 찔렀다. 다른 곳보다는 효과가 더 빠른 모양이었다.

상처받은 중추신경은 식도 아래 신경마디인지는 모르나 이 신경마디가 활동시키고 있는 각 기관, 이틀, 더듬이 같은 것이 종전대로 움직이고 있는 것을 보면 그렇지 않은 것을 알 수 있었다. 땅말벌은 여치 목에다 주사침을 꽂아서, 가슴팍의 첫 번째 신경마디에 이르도록 했다. 이렇게 해서 끝이 나면 여치는 꼼짝할 수도 없게 된다.

나는 또다시 땅말벌로부터 먹이를 빼앗고, 손에 있는 두 번째의 암컷과 바꾸어 주었다. 똑같은 수술이 또 시작되어 먼젓번과 같은 결과가 나타났다. 맨 처음은 자기가 잡았던 먹이에, 다음은 내가 바꾸어 준 먹이에, 모두 세 차례를 계속해서 과학적인 외과 수술을 해낸 셈이다.

그러나 아직 남아 있는 수컷 여치에게 네 번째의 수술도 해 줄 것인가 매우 의심스럽다. 그것은 이 벌이 피로해서가 아니라 먹이가 마음에 맞지 않기 때문이다.

나는 이 벌이 암컷 이외의 먹이를 선택하는 것은 한 번도 본 적이 없다. 알을 배서 배가 부른 상태의 암컷 여치는 땅말벌의 새끼가 가장 좋아하는 먹이다.

내가 의심했던 것이 맞았다. 세 번째의 먹이를 빼앗긴 땅말벌은, 바꿔 준 수컷을 미리 짐작했던 대로 차 버렸다. 벌은 여기저기 없어진 암컷의 먹이를 찾느라고 바쁘게 돌아다녔다.

땅말벌은 서너 차례 여치 옆으로 가까이 왔다가는 멸시하는 눈초리로 그것을 바라보고 다시 다른 곳으로 날아가 버렸다.

땅말벌의 애벌레에게 필요한 것은 수컷이 아니다. 이번 실험은 20년이란 세월을 두고 나에게 다시 한 번 그러한 사실을 증명해 주었다.

주사침에 찔린 세 마리의 암컷이 내 손에 남게 되었다. 그중 두 마리는 내가 보고 있는 눈앞에서 쓰러졌다. 다리는 완전히 마비된 상태였다. 이 벌레가 아무렇게나 놓아두어도 몸하나 움직이지 못하는 것을 보면 죽은 거나 마찬가지다. 다만 생명이 붙어 있다는 증거가 있다면, 그것은 두 개의 더듬이가 쉴 새 없이 떨고 있고 놀라거나 한 듯 가끔 몸 전체를 꿈틀거리는 것뿐이다. 움직일 수는 없게 되었으나, 감각만은 그렇지가 않은 모양이었다. 얇은 거죽의 한 부분이 푹 찔렸기 때문에, 이토록 몸 전체는 가늘게 떨리지만 다리는 전혀 움직일 수가 없게 되었다.

그것은 벌이, 이 운동을 하게 하는 중추신경만을 상하게 만들었기 때문이다. 다른 곳에는 상처가 없었다. 이 벌레가 죽는다면 그것은 상처 때문이 아니고 먹이를 먹지 못한 때문일 것이다. 그 실험을 다음과 같이 해 보았다.

파브르 곤충기

벌판에서 잡은 상처 없는 여치 두 마리 중에서, 한 마리는 캄캄한 곳에 또 한 마리는 밝은 곳에 먹이를 주지 않고 가두었다. 나흘째 되는 날에는 어두운 데 있던 놈이 굶어죽었다. 밝은 곳에 있던 놈은, 이보다 하루 앞서 3일 만에 죽었다. 밝은 곳에서는 벌레가 밖으로 나가려고 무척 애를 썼다.

동물의 모든 활동은 에너지의 소비로부터 일어나는 것이므로, 활동이 많으면 그만큼 신체 내에 저축한 에너지를 소모하게 된다. 양쪽이 모두 똑같이 먹이를 못 먹고 있는 경우에, 빛이 밝은 데서는 더 활동이 심하고 그만큼 수명은 짧아진다. 어두운 곳에서는 애쓰는 정도가 적으므로 그만큼 생명이 길어진다.

주사침을 맞은 세 마리의 여치 중 한 마리는 먹이가 없는 어두운 곳에 두었다. 이 벌레에게 있어서는 먹이를 못 먹고 어두운 곳에 가두어져 있는 것 말고도 땅말벌로부터 심한 공격을 받고 있었다. 그러나 이 벌레가 더듬이를 움직이고 있는 17일 동안은 생명이 붙어 있었을 것이다.

이 벌레는 18일 만에 더듬이를 움직이지 못하고 죽어버렸다. 이것을 비교해 보면, 같은 상처를 입은 벌레가 상처를 받지 않은 벌레보다 4배나 더 오래 산 셈이었다.

상처가 원인이 되어 죽었을 것임에 틀림없다고 생각된 것이 도리어 생명을 연장하는 원인이 되었다.

언뜻 생각하면 이상한 결과지만 알고 보면 그 까닭은 간단하다. 아무 상처도 없을 때에 벌레는 버둥거리며 무한히 날뛴다. 그러노라면 육체의 에너지는 소모되게 마련이다. 그러나 수술로 마비된 벌레는, 가냘픈 내부의 운동만을 계속할 뿐이다. 그러므로 밖으로 나가려고 애쓰는 대신 움직임이 매우 약하게 되고, 그만큼 몸 전체의 힘이 절약되는 것이다.

상처가 없는 벌레는 몸 전체의 기능이 자유로우므로 에너지의 소모가 끊임없이 계속되나, 소모된 에너지를 보충할 만한 먹이가 없기 때문에 활동하는 벌레는 4일 동안에 축적된 영양을 다 써 버리고는 죽게 된 것이다. 움직이지 못하는 벌레는 이것을 소모하지 않았으므로, 18일 동안이나 목숨이 붙어 있을 수 있었다.

어느 생리학자는 살아 있다는 것 자체는 끊임없는 에너지의 소모라고 말하고 있다. 땅말벌의 먹이들은, 이상 더 실험할 필요는 없다고 할만한 확실한 증거를 보여 준 것이다.

또 한 가지, 땅말벌의 애벌레에게는 어떠한 일이 있어도 싱싱한 고기가 필요하다. 만일 그 먹이가 싱싱한 채로 굴 속에 끌어들였다면 4, 5일 동안에 그 먹이는 시체로 변하여 썩어버릴 것이다.

그리고 애벌레는 생명을 유지하는 데 썩은 먹이를 먹어야 한다.

그러나 벌의 독침으로 찔러 두면 먹이는 움직이지 못하기 때문에 애벌레를 다칠 위험도 없고, 오랫동안 썩지 않으므로 애벌레에게 싱싱한 고기를 먹일 수도 있는 것이다. 과학의 가르침을 받는 인간의 지혜라도, 이보다 뛰어날 수는 없을 것이다.

땅말벌의 주사로 마비된 나머지 두 마리는 어두운 곳에 두고 먹이를 주었다. 여치는 긴 더듬이가 움직이고 있다는 것 말고는 죽은 시체와 같다. 이토록 움직일 수 없는 벌레에게 먹이를 준다는 것은 쓸데없는 일 같지만, 입은 자유로 벌릴 수 있기에 약간 희망을 걸고 해보았다. 뜻밖에도 성공이었다.

물론 이런 경우, 배춧잎 같은 보통 건강한 때에 먹던 먹이는 문제가 되지 않는다. 말하자면 중병환자나 마찬가지이므로 우유로 영양을 보충해 주고, 약으로 치료해야만 한다.

나는 설탕물을 먹이기로 했다. 여치를 눕힌 다음, 짚을 이용해 설탕물 한 방울을 입 속에 떨어뜨려 주었다. 보는 사이에 더듬이가 움직이기 시작했고, 입안의 기관이 들먹거렸다. 그 한 방울의 설탕물을 만족한 듯이 삼켰다. 굶주림이 오래되면 더 심했다.

나는 벌레에게 약을 먹여 주고, 식사는 매일 한 차례 또는 두 차례씩 주었다. 이렇게 설탕물을 먹인 여치는 21일 동안이나 살았다. 이것은 내가 방치해 두어서 굶어죽은 놈에게 비하면 큰 차이는 없었다. 하기는 내가 조심스럽지 못해서, 실험대에서 두 차례나 마룻바닥에 떨어뜨린 일이 있었다. 그때에 받은 상처가 죽음을 재촉했는지도 모른다. 또 다른 한 마리는 그러한 일도 없이 40일 동안 살고 있었다.

 이로써 내 목적은 달성되었다. 땅말벌의 침에 찔린 먹이들은 상처 때문에 죽는 것이 아니고, 굶어서 죽는다는 사실을 확인한 것이다.

종종 바보가 되는 땅말벌

 땅말벌은 우리에게 타고난 지혜와 능력으로 얼마나 정확하고 재치있게 애벌레를 위해서 과학적인 수술을 해치우는가를 보여주었다. 이번에는 보통 하는 방법과 약간 다른 경우에 부딪쳤을 때, 땅말벌이 얼마나 어리석은 행동을 보이고 그 지혜도 국한된 일밖에는 할 줄 모르며 또 얼마나 생각 밖의 일을 저지르는가를 보자.

 본능의 힘에는 기묘한 안팎이 있어서, 측량할 수 없는 지혜가 때로는 측량할 수 없는 어리석음과 연결되고 있다. 본능의 힘은 아무리 어려운 일이라도 해낸다. 꿀벌은 밑바닥이 세 개의 마름모꼴로 된 육각형의 적은 방을 꾸미고, 완벽한 정확성으로 아주 좁은 넓이 속에, 가장 커다란 부피를 집어넣는다는 어려운 문제를 보기 좋게 해결하고 있다.

 만약 사람이 그것을 해결하고자 한다면 가장 수준 높은 대수학의 지식이 필요하다. 살아있는 먹이로서 애벌레를 기르고 있는 벌은, 그것을 죽이는 방법에 있어서 해부학과 생리학에 정통한

학자라도 따라하지 못할 방법을 쓰고 있다.

그 벌레는, 일하는 일정한 테두리 안에서 어떠한 일이든지 본능적으로 처리하기 때문에 전혀 어렵지 않다. 그러나 그 범주를 벗어난 일은 아무것도 손쉽게 해내지 못한다.

유난히 좋은 머리로써 우리들의 기분을 즐겁게 해 주기도 하고 나쁘게 하기도 하던 벌레가, 잠깐 사이에 극히 간단한 일이라도 평소의 순서와 달라질 경우에는 완전히 바보가 되어 우리를 놀라게 한다. 지금 땅말벌이 그 사례를 우리에게 보여 준다.

파브르 곤충기

자기가 사는 구멍으로 여치를 끌고 가는 땅말벌의 뒤를 따라가 보자. 운이 좋으면 다음과 같은 광경을 보게 될 것이다.

집 구멍으로 파둔 바위틈으로 땅말벌이 들어갈 때에, 한 마리의 버마재비가 기도나 드리는 듯한 자세로 출입구 위에 대기하고 있는 것을 발견한다. 이놈은 자기의 동료도 거침없이 잡아먹는 악당이다. 길옆에 숨어서 기다리고 있는 악당이 얼마나 위험한지는 땅말벌도 잘 알고 있을 것이다. 그렇기 때문에 먹이를 그 자리에 내던지고 용감하게 버마재비를 공격했다.

이리하여 쫓아버리든가, 그렇지 않으면 버마재비를 위협해서 꼼짝 못 하게 만든다. 악당은 움직이지도 못하고 흉기와 다름없는 두 갈래의 톱니가 드러난 앞다리를 접어 두고 있었다.

땅말벌은 대담하게 버마재비가 있는 풀잎 아래를 지나갔다. 머리 돌리는 방향을 보아, 땅말벌이 경계를 게을리하지 않고 또 눈짓과 협박으로써 상대방을 감히 손도 못 쓰게 하는 것을 알 수 있었다. 이만큼 용기 있는 땅말벌은, 무사히 자기 구멍으로 먹이를 끌어들이는 데 성공했다.

버마재비에 대해서 또 한 가지 말해 두자. 사실, 베일을 걸친 듯한 연록색의 기다란 날개와 하늘을 향하고 있는 머리, 가슴에 끌어안을 듯이 두 팔을 앞으로 모으고 있는 모습은, 부처 앞에 엎드린 비구니의 모습과 흡사했다. 그러나 알고 보면 아주 무서운 벌레이다. 땅구멍을 파고 있는 벌들의 공사장 근처는, 이 버마재비가 즐겨서 가는 사냥터는 아니지만 그래도 자주 나타난다.

버마재비는 벌집에 가까운 풀잎에 살그머니 앉아서 지나가는 놈이 가까이 오기를 기다렸다. 사냥꾼벌과 그 먹이를 한꺼번에 잡아서, 꿩도 먹고 알도 먹으려는 심보로 끈기 있게 기다리고 있는 것이다.

그러면 벌은 어떤가? 경계를 게을리하지 않고 몸을 단단히 살펴가며 지나갔다. 그러나 때로는 경솔한 겁쟁이가 잡히는 경우가 있었다. 버마재비는 날개를 활짝 펴서 가까이 온 벌레를 위협했다. 상대방은 겁에 질려서 주춤했다. 이 순간 버마재비의 앞다리는 톱니가 달린 팔목을 접어서 용수철같이 빠르게 끌어들이면, 벌레는 목숨을 잃게 된다.

버마재비는, 앞다리를 사정없이 조여서 먹이를 갉아먹기 시작했다. 이것이 바로 버마재비가 성실한 신자나 된 듯이, 기도드리고 있는 본래의 모습이다.

땅말벌 이야기로 되돌아가자. 이야기를 계속하기 전에, 이 벌의 집 구조를 알아 둘 필요가 있다. 이 벌집은 자연적으로 숨어 있기 좋은 장소의 모래나 부드러운 흙이 있는 곳에 자리를 잡는다. 출입구는 극히 짧아서 3, 4센티미터 정도이다. 이곳을 지나가면 달걀모양의 넓은 방이 단 하나 있다. 이것은 시간과 기술을 다 해서 정성을 들여 지은 집이라기보다 서둘러서 아무렇게나 지어 놓은 허술한 집이다.

내가 먼저부터 말한 것처럼 벌레를 잡으면 그것을 잠시 사냥한 장소에 놓아두고, 먹이를 두기 위한 집구멍을 간단하게 하나만 파기 때문에 방을 더 만들어 둘 여유가 없다. 그러나 운이 좋아서 그날의 사냥이 또 있을 때는, 그때마다 여기저기에 새로운 구멍을 파서 방이 하나뿐인 집이 또 생긴다.

이쯤 이야기해 두고, 지금 이 벌이 내가 만들어 준 새로운 환경 속에서 어떻게 하는가를 실험해 보자.

파브르 곤충기

실험 1

땅말벌은 먹이를 질질 끌면서, 집 구멍으로부터 몇 센티미터가량 떨어진 곳까지 온다. 벌이 여치의 더듬이를 물어서 끌고 오는 것이다. 그 더듬이를 웬일인가 해서 놀란다. 다시 정신을 차리고는 먹이로 돌아와서, 조사해 볼 것도 없이 더듬이의 남은 끄트머리를 물고 간다. 가위로 자른 더듬이의 밑은 겨우 1밀리미터밖에 안 된다. 땅말벌이 물고 가기에는 이것도 충분하다.

나는 벌에게 상처를 입히지 않도록 조심하며, 두 갈래로 남은 더듬이 밑을 깨끗이 잘라버린다. 이번에는 벌이 물고 갈 것이 없어서 바로 옆에 있는 긴 수염을 물고 끌어당긴다. 끌고 가는 노끈이 이렇게 바뀌어도, 벌은 어려워하는 기색이 전혀 없는 것을 나는 여전히 지켜보고 있었다.

먹이는 구멍으로 끌려 들어와서 출입구를 향하여 놓여진다. 이 때에 벌은 먹이를 구멍에 넣기 전에 방 안을 한번 조사해 보려고 혼자서 자기 집에 들어간다. 이렇게 하는 것은 노랑날개 땅말벌이 하는 짓과 똑같다.

이 틈을 타서, 나는 재빠르게 버려 둔 먹이를 잡아서 수염을 깨끗이 잘라 버린다. 그리고는 약간 먼 곳, 즉 구멍에서 1미터가량 떨어진 곳에 놓아두고 보았다.

땅말벌은 밖으로 나와서 출입문 앞에 있는 먹이에게 똑바로 간다. 가까이 가서 아래 위와 양옆을 모두 살펴보았으나, 붙잡을 곳이라고는 하나도 없다. 마지막에는 할 수 없는지 입을 크게 벌리고 여치의 머리를 물으려고 무척 애를 쓴다. 아무리 애를 써도 이렇게 부피가 큰 것을 한 입으로 물 수는 없다. 벌의 이빨은 둥글고 매끈매끈한 여치의 머리 위를 미끄러질 따름이다. 몇 차례를 거듭해도 아무런 효과가 없다. 벌은 할 수 없다는 듯이 옆으로 비켜 서버렸다. 다시 해 보려는 기분조차 없는 모양이다. 뒷다리로 날개를 비비고, 앞다리를 입에 대고 쓰다듬은 다음 눈만 비비고 있다. 이것은 벌이 하던 일을 그만두겠다는 생각이다.

그런데 땅말벌이 여치를 잡아서 더듬이나 수염처럼 손쉽게 잡아 끌 것이 전혀 없는 것은 아니다. 발은 여섯 개나 달려 있고 알을 낳는 긴 밑구멍도 있다. 이 중에서 어느 하나만 물어도 가늘기가 노끈만큼은 되는 것이다.

여치의 더듬이를 끌어서 머리부터 먼저 구멍 속에 넣는다. 이것이 먹이를 창고에 간직하는 데 가장 손쉬운 방법이라는 것을 나도 알고 있다. 그러나 수염도 더듬이도 없는 지금 앞발 하나만이라도 끌어 보면 어떨까?

별다른 차이 없이 손쉽게 구멍 속에 넣을 수 있을 것이다. 구멍 입구는 넓적하고 길이는 매우 짧으나, 때로는 전연 이 길이가 없는 때도 있다. 그렇건만 땅말벌은 지나치게 작은 자기 입으로 사냥한 먹이의 커다란 대가리를 물으려는 짓만 계속하고, 한 번도 여치의 발이나 밑구멍은 물려고 하지 않으니 어찌된 셈일까? 그런 데는 생각이 미치지 못하는 탓일까? 그렇다면 한번 가르쳐 주도록 하자.

파브르 곤충기

나는 벌의 입에다 여치의 발끝 혹은 밑구멍에 달린 사벨의 끝을 대주었다. 그래도 벌은 좀처럼 그것을 물려고 하지 않았다. 아무리 권해도 효과가 없다. 참 이상한 사냥꾼이다. 더듬이를 붙잡을 수 없이 되면 발목이라도 잡을 줄은 모르고, 잡아온 벌레를 그대로 내버려두다니! 아마 벌은 내가 계속해서 지켜 서 있고 이상한 일만 자꾸 일어나니까 정신이 멍해진 모양이다.

여치와 집 구멍을 번갈아 쳐다보고 있는 땅말벌은 잠시 동안 그대로 내버려두어 볼까? 벌의 마음이 안정되라고 혼자 내버려두면, 무엇인가 좋은 방법을 생각해낼지도 모른다. 그래서 나는 벌을 내버려두고 다른 일을 보고 있었다.

그로부터 두 시간이 지났다. 같은 장소에 다시 와 보았다. 벌은 이미 없고, 벌 구멍도 먼저처럼 열어제친 그대로이다. 여치도 내가 놓아두었던 그 자리에 그대로 있다. 결국 벌은 다른 수단은 써 보지 않았다. 그는 파 놓았던 자기 집도 먹이도 다 버리고 만 것이다. 벌레의 발목만 물 줄 알았더라면 집도 먹이도 그대로 쓸 수 있었을 텐데 참 애석한 일이다.

앞에서는 지혜로써 우리들을 놀라게 한 생리학의 대가였지만, 항상 하던 습관이 아니면, 아무리 간단한 일이라도 믿을 수 없을 정도로 바보가 되어버린다.

사냥한 벌레의 가슴팍 신경 마디를 옥침으로 찔러서 단숨에 벌레의 활동력을 정지시키던 벌이, 정해 놓고 붙잡던 어떤 장소 즉, 더듬이가 없어졌다고 해서 다른 곳을 붙잡지 못했다. 더듬이 대신에 발목을 붙잡는다는 것은 생각지도 못한 만큼 어려운 모양이다.

땅말벌에게 있어서는, 더듬이가 아니면 수염이 잡아끄는 노끈 대신으로 필요한 것이다. 이 중에 어느 하나만 없어도 벌은 연구력의 부족으로 먹이를 끌어들여 보관할 수가 없게 되는 것이다.

실험 2
벌은 지금 집 구멍의 문박이 공사에 바쁘다. 살아 있는 먹이는 창고에 넣었다. 알은 이미 낳아 놓았다. 벌은 뒤를 향해서 발톱으로 대문 앞을 쓸고 있었다. 그리고는 집 출입구를 향해서 발 아래로 먼지를 뒤로 쓸어 날렸다. 세차게 쓸어냈기 때문에 흙과 먼지가 한데 뭉쳐서 가느다란 연기처럼 연달아 일어났다.

땅말벌은 때때로 모래알을 입으로 골라냈다. 이것은 뚜껑위에 박아서, 튼튼하게 하기 위한 석재로 쓰일 것이다.

파브르 곤충기

출입구는 이 미장이 공사 때문에 삽시간에 없어졌다. 이런 일을 하고 있는 동안에 나는 벌을 제쳐놓고 딴 공작을 했다. 칼끝으로 짧은 구멍을 조심스럽게 파헤치고 뚜껑의 재료를 빼낸 다음, 안방과 바깥과의 통로를 본래 있던 대로 열어 놓았다.

그리고는 집을 허물지 않도록 조심해서, 안방에서부터 핀셋으로 여치를 끄집어냈다.

땅말벌의 알은 여치의 가슴 위, 뒷발이 달리는 밑 부분 한군데다 낳아 놓았다. 이것은 벌이 두 번 다시 돌아오지 않아도 좋을 만큼 집 구멍의 마지막 정리까지 모두 끝낸 증거이다. 그 다음 나는 끄집어 낸 먹이를 상자 속에 넣고 자리를 벌에게 내주었다. 벌은 내가 빈 집에서 도둑질하는 것을 옆에서 보고 있었다.

출입구가 열려 있는 것을 보자, 벌은 집 안으로 들어간 다음 잠시 동안 그 속에 있다가 밖으로 나와서 내가 중단시켰던 일을 계속했다. 뒤를 향해서 먼지를 쓸어제치고 모래를 날리며 방 안의 출입구를 빈틈 없이 막기 시작했다. 무척 중요한 일이나 하는 듯이 정성을 다해서 문 밖의 먼지와 땅을 다지고 있었다.

출입구가 한 번 더 막히자, 벌은 일이 다 끝난 기분에 아주 만족한 듯이 손발을 비비며 멀리 날아가버렸다.

땅말벌이 집 안에 들어가서 한참이나 머물러 있는 동안에 구멍 안에는 이미 아무것도 없다는 것을 알았을 것이다. 그런데도 벌은 아무 일도 없었다는 듯이 정성껏 방 밖의 뚜껑을 덮고 있었다. 이 벌은 다음에 또 벌레를 잡아 가지고 와서 새로 알을 낳아 놓으려는 것일까? 아니면 비워 둔 사이에 도둑이 빈 집을 털어 가는 것을 막으려는 것일까? 그렇지 않으면 집이 무너지지 않고, 안전하도록 준비하는 것인지도 모른다.

사실, 살아 있는 벌레는 먹이로 하는 벌의 여러 종류를 예로 들면, 나나니벌은 사냥으로 나갈 때나 해질 무렵 일을 일단 끝마칠 때에 평평하고 작은 돌로 출입구를 막았다. 그러나 그것은 아주 간단한 마무리이며, 벌레가 다시 한 번 돌아와서 돌을 치우기만 하면 문이 활짝 열릴 것이다.

이와 반대로 지금 우리에게 일하는 것을 보여 준 땅말벌의 문박이 공사는, 아주 튼튼한 벽이나 구멍 전체에 흙먼지와 작은 돌이 층층이 쌓여져서 임시로 만든 뚜껑과는 다르다. 일하는 솜씨로 보아 땅말벌이 방 안에 다시 돌아오는 일은 없을 듯하다.

새로 잡은 여치를 넣는 창고는 또 다른 곳에 파는 것이 분명하다. 이것은 이론보다 더 확실한 실험으로 내린 결론을 들어 보자. 나는 땅말벌이 그토록 정성을 들여 뚜껑을 덮어 둔 구멍에 돌아와서, 다음의 알을 낳을 때에 — 만일 그런 일이 있다면 — 이용하는 것을 기다려 보기 위해서 거의 1주일 동안이나 그대로 보존시켜 두었다. 사실은 이론상의 결론과 부합되었다. 벌집 구멍은 내가 남겨 둔 대로 봉해진 문이 그대로 있었다. 그러나 그 속에는 먹이도 없었고, 알도 애벌레도 없었다. 이 증거는 움직일 수 없는 것이다. 벌은 돌아오지 않았다.

내가 도둑질해 낸 집의 텅 빈 방을 조사해 보고도 바로 전까지 있었던 먹이가 없어진 것을 모르는 것일까? 벌레를 잡는 솜씨에 있어서는 무서운 능력과 지혜를 가지고 있는 땅말벌이, 자기 집 구멍에 먹이가 없어진 것을 모를 만큼 어리석은 것일까?

나는 도저히 믿어지지 않았다. 그리고 그 벌은 내가 보는 앞에서, 나중에 다시 쓸 예정도 없는 빈 집 문 밖을, 힘들여 봉해버리는 바보 같은 짓을 하고 있었다. 벌은 애벌레를 보호할 때와 마찬가지로 정성껏 빈 구멍의 문을 막았다.

곤충이 본능에 끌리는 행위는 이와 같이 서로가 긴밀하게 연결되어 있다. 한 가지 일이 끝나면 그 다음에 오는 행위가 반드시 첫 번째의 행위에 연속되어야만 하는 모양이다. 두 번째의 행위가 필요 없는데도 역시 그 행위는 계속되었다.

지금의 실험을 예로 한다면, 땅말벌은 먹이를 사냥해다가 거기에 알을 낳아 놓고 다음은 그것을 구멍 속에 간직한다. 그런 것을 내가 도중에 훔쳐 내서 구멍 안이 텅텅 비어 있는데도 이런 것에는 상관하려고 하지도 않고 사냥이 끝나고 알을 낳아 두었으니까, 이번에는 집 구멍에 문막이를 할 차례라는 순서에만 따라서 움직이는 것이다. 이런 일이 소용도 없는 일이라는 것을 생각하려고 하지 않고…….

실험 3

자기가 하고 있는 짓이, 보통의 조건에 맞는지 아닌지에 따라서 벌은 지혜로워지기도 하고 때로는 무지하기도 하다.

내가 땅말벌로 해본 실험은 이러한 사실을 증명해 주었다. 흰무늬 둘레가 있는 땅말벌은 제법 큰 메뚜기를 공격했다. 벌집 구멍 주위에 많이 있는 여러 종류의 메뚜기들은 모두가 이 벌의 먹이가 되었다. 메뚜기는 얼마든지 있으니까 사냥을 하기 위해 멀리까지 나갈 필요도 없었다.

자기 구멍에서 나온 땅말벌은, 햇살이 번지는 풀잎 위에서 먹이를 찾는 메뚜기를 보자 잽싸게 공격했다. 뒷발로 버둥거리는 것을 누르면서 주사침을 찔렀다.

땅말벌에게 있어서 이런 일이란 식은 죽 먹기보다 쉬운 일일 것이다. 메뚜기는 얇은 비단 같은 날개를 몇 차례나 떨고는, 다리를 구부렸다 폈다 하더니 곧 조용해졌다.

이번에는 그놈을 자기 집 방 안으로 끌어들였다. 벌은 걸어가며 메뚜기를 잡아끌었다. 이 힘든 일을 하기 위해서, 앞서 두 동료가 한 바와 같이 더듬이를 입에 물어 다리 사이에 끼고는 끌어당겼다.

간신히 구멍 앞까지 온 후 메뚜기를 문 밖에 버려두었다. 벌은 구멍 속의 방에 무슨 변화가 있는 것도 아닌데 바삐 출입구로 들어갔다. 몇 차례나 구멍 속에 머리를 틀어박고 살핀 다음, 메뚜기가 있는 곳으로 돌아와서는 얼마쯤 옮겨간 다음, 또 그것을 놓고 다시 구멍을 살폈다.

이렇게 몇 차례나 구멍을 조사하러 왔다갔다하는 동안 때로는 불상사가 일어나기도 했다. 메뚜기를 비탈진 언덕에라도 잘못 놓았을 때는 언덕 아래로 굴러떨어지기 일쑤다.

땅말벌이 돌아와 보니 놓아두었던 곳에는 이미 아무것도 없었다. 할수없이 벌은 없어진 것을 찾으려 나섰다. 어떤 때는 헛수고를 하지만 없어졌던 것을 찾기만 하면 가파른 언덕길을 먹이를 떠밀어 올려와야 한다.

한 차례 이런 괴로움을 당하고도 땅말벌은 역시 사냥한 벌레를 똑같은 비탈길 위에 놓아둔다. 여러 차례 집 구멍을 조사하는 데 있어서, 맨 처음 한 번만은 조사할 필요가 있다. 벌은 무거운 짐을 이끌고 들어가기 전에, 집 안이 깨끗이 치워져 있는가, 먹이를 방 안에 간직하는 데 불필요한 것은 없는가를 조사하러 오는 것이다.

그러나 이 맨 처음의 조사가 끝난 다음에도 잠시 동안씩 쉬었다가 보고 또 보는 것은 대체 무슨 까닭일까? 땅말벌은 너무 건망증이 심해서 방금 조사한 것을 잊고 다시 조사하는 것일까?

그렇다면 참으로 믿을 수 없는 기억력이다. 한번 보았던 형상이 머릿속에 박히기도 전에 사라져버리는지도 모른다.

마지막으로 땅말벌은 먹이를 출입구 앞에 끌고와서 더듬이를 구멍 속으로 늘어뜨렸다. 이때에도 벌은 혼자만 구멍 속으로 들어가 방안을 조사하고, 다시 출입구를 나와서 메뚜기의 더듬이를 물고 이끌었다. 나는 이 메뚜기 사냥꾼이 구멍 속의 방 안을 조사하는 동안, 끌고온 벌레를 약간 멀찍이 밀어 놓았다. 그러자 노랑 날개 땅말벌이 나에게 보여 준 것과 똑같은 일이 일어났다. 벌은 메뚜기를 끌고 출입구에 가서 그곳에 메뚜기를 놓고, 혼자서 구멍 안으로 들어가는 것이었다.

이 두 종류의 땅말벌은, 그 먹이를 간직하기 전에 반드시 제가 먼저 구멍 속에 들어갔다. 여기서 더욱 주의하지 않으면 안 되는 사실이 있다. 나는 어떻게 해서든지 그것을 보고 싶었다.

나는 흰줄박이 땅말벌의 먹이를 몇 차례나 구멍의 출입구에서 멀리 떼어 놓고 벌이 잡으러 오게 만든 다음, 벌이 구멍 속으로 내려간 사이에 먹이를 숨겨 버렸다.

벌이 밖으로 나와, 없어진 먹이를 찾으려 오랫동안 돌아다니다가 단념했는지 구멍 안으로 들어갔다. 조금 있다가 다시 나왔는데 또 사냥을 가려는 것일까? 천만의 말씀! 땅말벌은 자기 집 구멍에 문막이를 시작했다. 그것도 일시적인 문막이가 아니라 최후의 출입구를 막는 작업이었다. 가득 찰 때까지 흙먼지와 모래를 쓸어 넣어서 정성껏 막아 놓는 구멍의 뚜껑이다. 융통성이 없는 땅말벌은 습관에만 젖어서, 아무것도 없는 집 구멍에다 뚜껑을 하고 공사를 끝마쳤다.

이제 내가 맨 처음 말한 것처럼 결론을 맺기로 하자.

자연은 곤충들에게 제 새끼를 기르는 데 필요한 능력밖에 주지 않았다. 땅말벌의 능력은 제 종족을 보존하는 데는 충분하지만 경험을 통해서 그것을 발전시킬 수는 없는 것이다.

파브르 곤충기

아름다운 조각가 쇠똥구리

 기원전 4, 5천 년 전부터 쇠똥구리가 일하는 진기한 모습은 나일 강변에 살고 있는 농민들의 관심을 끌었다.
 가뭄이 계속되는 봄이 되어, 이집트의 농민들이 채소밭에 물을 대기가 바쁠 때에 크고 검은 벌레가 낙타 똥으로 빚어진 공을 뒷걸음질로 분주히 굴려 가는 것을 흔히 볼 수 있었던 것이다.
 이 쇠똥구리가 머리를 아래로 처박고, 기다란 뒷다리를 위로 치켜들면서, 가끔 서투른 솜씨에 나자빠지기도 하며 커다란 공을 굴려 가는 것을 보면 누가 보아도 놀랄 것이다.
 순박한 이집트 농민들이 이 광경을 눈앞에 보고 쇠똥구리의 공은 대체 무엇일까? 또 무슨 까닭으로 이렇게 극성스럽도록 굴려 가지 않으면 안 되는 것인가? 수없이 생각해 보았을 것이다.
 라메스 왕이나 도도메스 왕이 나라를 다스리고 있던 먼 옛날에는, 쇠똥구리의 색다른 모습에 미신까지 곁들여져서 많은 사람들에게 신처럼 존경받았던 것이다.

쇠똥을 공처럼 만드는 신기한 이 벌레의 이야기는, 이렇게 해서 6, 7천 년 동안이나 사람들의 이야깃거리가 되고 책에 쓰이기도 했으나, 쇠똥구리가 무엇 때문에 쇠똥을 공처럼 만들며 새끼는 어떻게 해서 키우는가에 대해서는 알려져 있지 않았다.

가장 정확하다고 하는 책에서도, 이 벌레에 관해서는 별다른 것이 없이 커다란 과오를 범하고 있다.

파브르 곤충기

아비뇽 근처에 있는 앙그루의 고원지대에서, 내가 이 벌레를 연구하기 시작한 때부터 약 40년 가까운 세월이 지나갔다.

수도 없이 고생을 거듭한 끝에 얻은 맨 처음의 연구에서, 나는 쇠똥구리가 굴리는 쇠똥 공은 알을 낳아 두는 집이 아니고 단지 식량으로서 저축한다는 것과 그밖에 몇 가지 생활 상태를 외부에서 관찰할 수는 있었으나, 이 벌레가 집을 어떻게 장만하느냐 하는 것만은 알 수가 없었다.

아니, 그보다도 나는 쇠똥구리가 가르쳐 준 약간의 사실을 더듬어서 그릇된 추정까지 내리고 있었다.

그랬던 것이 이번 나의 전원생활이, 따사로운 햇볕을 쪼이며, 풀을 뜯는 양떼와 같이 사는 세리니앙에서의 생활이 나로 하여금 이 문제의 수수께끼를 풀게 해 준 것이다.

진짜 쇠똥구리의 집을 손에 넣을 수 있었던 것으로 인해서 마침내 모든 것이 명백하게 되었다.

양치는 소년에게, 한가한 시간이 있을 때는 쇠똥구리의 사는 모습을 주의 깊이 조사해 달라고 부탁해 두었더니, 6월도 다 지난 어느 일요일 아침 양치는 소년이 기쁜 듯이 나에게로 달려왔다.

오랫동안 별러 왔지만 지금 그 벌레를 조사하는 데는 가장 놓은 기회라고 알려 주러 왔던 것이다.

그는 쇠똥구리가 땅 속으로부터 기어나오는 것을 우연히 발견하고 나오는 구멍을 파 보았더니, 그다지 깊지 않은 곳에서 기묘한 것을 찾아냈다고 하며 그것을 가지고 왔다.

참으로 그것은 기묘한 것이라고밖에 달리 말할 수가 없으며, 지금까지 내가 품고 있던 생각을 깨끗이 지워 버려야만 할 물건이었다. 그것의 생김새로 말하면, 마치 꼭지달린 쪽이 기름한 배〔梨〕 모양과 흡사하며, 익을 대로 익어서 싱싱하던 초록색은 다 사라지고, 살짝 다치기만 해도 단물이 퉁겨나올 듯한 누런 껍질에 싸인 배와 조금도 다름이 없다. 이것이 대체 무엇일까?

사람이 만들었다고도 할 수 없겠고 벌레가 만들었다고 하기에는 너무 신기하다. 마치 어린이 장난감 모양으로 만든 배 모양이라고나 할까? 어린이들이 나의 둘레에 쭉 둘러서서 신기한 듯이 바라보고 있다.

그것은 달걀 모양으로 만든 상아나 회양목으로 깎은 팽이보다도 더 예뻤다. 물론 선택한 재료는, 그리 좋은 것이라고 생각되지 않았다.

그러나 손끝으로 누르면 딱딱하고 더욱이 예술적인 곡선까지 지니고 있는 데는, 기묘하다고밖에 달리 표현할 말이 없다.

하여간 자세한 조사와 연구가 끝날 때까지는, 땅 속에서 발견된 이 진귀한 물건을, 어린이들의 장난감으로 만들 수는 없다고 마음속으로 다짐했다.

이것이 정말 쇠똥구리가 만든 것일까? 이 속에는 알이나 애벌레가 들어 있을까?

파브르 곤충기

양치는 소년이 확실히 그렇다고 말한다. 흙 속을 파헤칠 때, 이렇게 생긴 배 모양의 공을 잘못 건드려서 깨뜨렸더니, 그 속에는 밀알만한 흰빛의 알이 들어 있었다는 것이다. 나는 이 말을 믿을 수가 없다.

그만큼 지금 가져다 준 물건은, 내가 기대하고 있던 쇠똥구리가 굴리는 공과는 모습이 너무나 다르니까 말이다.

정체를 알 수 없는 이상한 이 물건을 해부해서 내용을 조사해 본다는 것은 지나치게 냉정한 일이라고 생각되었다. 내가 깨뜨리기만 하면, 그 속에 쇠똥구리의 알이 있다 할지라도 그것을 망가뜨릴 염려가 있다.

더욱이 이 배 같은 모습은, 지금까지 생각하고 있던 사실과는 너무 어긋나기 때문에 아마 우연히 얻어진 것이나 아닐까? 하고도 생각했다. 만일 앞으로 이런 모양의 물건을 다시 구할 수가 없다면?

이리하여 나는 이 물건을 그대로 두고, 어떤 일이 벌어지나 기다려 보기로 했다. 그리고 이제는 그 현장을 조사하러 가는 것이 무엇보다도 중요한 일이라고 생각했다.

다음날, 양치는 소년은 날이 새자마자 약속한 장소에 와서 기다리고 있었다. 나는 벌목을 한 지 얼마되지 않은 산비탈에서 양치는 소년과 만났다. 여기라면 뜨거운 여름의 햇볕이 목덜미를 내려 쪼이기까지는, 아직도 두세 시간의 여유가 있었다.

서늘한 아침나절에 양떼들은 파로(도둑을 지키는 개)가 경비하고 있는 가운데서 풀을 뜯고 있으며, 우리들은 힘을 합해서 이상한 보물을 찾기에 바빴다.

땅 속에 있는 쇠똥구리의 집은 곧 발견되었다. 땅 위에 새로 생긴 두더지 메사의 흙무덤으로서 알아차릴 수가 있었다. 나의 젊은 친구는 손으로 땅을 파헤쳤다.

내가 생각하고 있던 공과 같은 물건은 어찌된 것일까? 좀더 계속해서 조사해 보면 알게 될까? 두 번째의 쇠똥구리 집을 발견했다. 먼젓번 것과 똑같이 그 속에도 하나 들어 있었다.

이 두 개의 물건은 풀잎에 맺힌 두 알의 물방울처럼 신통하게도 같은 모양이었다. 같은 판에 박아냈다 해도 믿을 만했다. 그리고 한층 더 중요한 사실이 발견되었다.

두 번째의 구멍 속에서는 배 모양의 물건 옆에, 쇠똥구리의 어미벌레가 소중한 듯이 배 모양의 공을 끌어안고 있었다. 아마 이 구멍에서부터 떠나기 전에 마지막 손질을 하고 있었던 모양이다.

모든 의문이 깨끗이 사라졌다. 이 배 모양의 물건을 만든 벌레가 틀림없이 쇠똥구리라는 것을 지금에야 비로소 똑똑히 보았다.

  이날 아침, 뜨거운 태양볕에 견디지 못하고 비탈진 언덕을 쫓겨 내려오기까지, 나는 같은 형태로써 크기도 거의 같은 배 모양의 쇠똥구리 공을 열두 개나 캤는데, 그동안에 어미벌레가 구멍 속에 같이 있는 것을 여러 차례 보았다.

  그로부터 7월에서 9월에 걸친 한여름 동안, 나는 거의 매일 같이 쇠똥구리가 모여 있는 장소를 찾아다녔다. 그리고 나무주걱으로 파낸 결과, 모두 합해서 100여 개의 쇠똥구리 알집이 내 손에 들어왔다.

  그것은 어느 것이나 마찬가지로, 우아스럽고 아름다운 배 모양을 하고 있었다. 고무공처럼 둥근 모양을 한 것은 결코 아니고, 책에서 본 바와 같이 구슬 모양인 것도 결코 없었다.

  옛날, 앙그루의 고원지대에서 시작했던 나의 연구는 이 벌레가 집을 짓는 데 대해서는 아무런 도움도 되지 못했다.

  이제부터 나는 실제로 여러 차례 본 것만 바탕으로 해서, 이 벌레가 집을 짓는 데 대하여 이야기해 보겠다.

  쇠똥구리의 집은, 그 위에 있는 조그마한 두더지 메사의 흙무덤으로 외부에서도 잘 알 수가 있었다. 10센티미터가량의 깊이에 주먹이 들어갈 만한 구멍이 바로 쇠똥구리의 살림집이며, 그곳에 먹이에 쌓여 있는 알이 놓여 있었다.

  알은 몇 센티미터 두께의 흙 위를 통해서 들어오는 뜨거운 태양열에 의하여 깨어지는 것이다. 어미벌레는 이 널따란 방 안에서 자유로이 몸을 움직이며, 장래에 태어날 새끼를 위해서 빵을 반죽하여 배 모양으로 만들어 놓는 것이다.

이 똥으로 만든 빵은 수평으로 뉘어져 있다. 그 모양과 크기는 산 쟝의 작은 배알, 그 싱싱한 빛깔과 흐뭇한 냄새와 일찍 익기 때문에 어린이들이 좋아하는 배와 어쩌면 그렇게도 같을까?

크기는 서로 비슷했다. 가장 큰 것은 길이가 45밀리미터에 넓이 35밀리미터이며, 가장 작은 것이라야 길이 35밀리미터에 넓이가 28밀리미터이다.

거죽은 에나멜을 칠한 것처럼 윤은 나지 않지만, 조금도 들쭉날쭉한 곳이 없고 붉은 흙으로 엷게 칠해진 다음, 아주 정성껏 다듬어져 있었다. 배 모양의 빵은 금방 만들어졌을 때는 진흙처럼 무르지만, 시간이 흘러서 마른 다음에는 단단하게 굳어져서 손끝으로 눌러도 들어가지 않을 정도가 된다.

이렇게 굳어진 껍데기는, 애벌레를 적으로부터 보호한다. 애벌레는 이 속에서 조용히 먹이를 먹으며 자란다.

쇠똥구리가 빵을 만드는 데는 어떠한 재료를 사용하고 있는 것일까? 이 벌레가 보통, 소나 말이나 나귀의 똥이 많은 곳에서 쇠똥구리를 만들어, 그것을 땅 속의 자기 구멍까지 굴려 가지고 가서 먹는 것을 본 사람이면, 나귀나 소, 말이 그의 필요 식량을 공급하고 있다고 생각할 것이다. 그러나 사실은 그렇지 않다.

어미벌레에게는 설핀 마초가 가득 섞이고 품질이 낮은 빵으로도 충분하지만, 애벌레가 먹는 빵에 대해서는 어미벌레의 입장에서 그 선택이 여간 까다롭지 않다. 애벌레에게는 어디까지나 반죽이 부드럽고 자양분이 풍부하여 소화가 잘될 수 있는 빵을 만들어 주어야만 한다.

그러므로 양들이 싸 놓은 것이 필요하다는 이유지만 그것도 올리브 열매처럼 둥글둥글한 것이 아니라, 진득진득하게 반죽이 잘 되어 한 덩어리의 비스킷같이 생긴 것이 아니면 적당하지 않다. 이처럼 양들이 잘 반죽해서 싸 놓은 것만이, 애벌레의 먹이로서 필요한 재료이다.

파브르 곤충기

배 모양의 물건이 비교적 작은 까닭은 이러한 이유 때문이다. 그리고 그것이 작았기 때문에, 나는 어미벌레가 먹이 옆에 있는 것을 보기 전까지는, 그처럼 많이 먹어치우는 큰 쇠똥구리의 새끼가 이 예쁘게 생긴 배 모양의 물건을 먹는 양식이라고는 꿈에도 생각지 못했던 것이다.

또 내가 옛날에 쇠똥구리를 실험실에서 기르고 있을 때의 실패도 아마 이러한 점에서 설명될 것이다. 나는 이 벌레의 가정생활을 전혀 알지 못했기 때문에, 말이나 나귀가 싸 놓은 배설물을 여기저기서 주워 모아 쇠똥구리에게 주었던 것이다.

그러나 이 벌레는 그의 자식들을 위해서 이런 재료로 집을 짓지는 않았다.

다음은 이상하게 생긴 이 식량 덩어리 속의 어디에 쇠똥구리의 알이 있는 것인가?

누구나 둥글고 폭이 넓은 배 모양의 한가운데 들어 있다고 말하고 싶을 것이다. 이런 곳이면 외부에서의 침입에 가장 잘 보호될 것이며, 또 알 속에서 깨어난 애벌레가 어느 쪽을 향해도 식량의 두꺼운 담벽으로 싸여 있으므로, 아무데나 이빨 닿는 곳에서부터 주저할 것 없이, 맛있는 식사를 시작할 수 있을 것이다.

그것은 지극히 논리적인 이야기이기 때문에, 나도 그럴 듯하게 생각했다.

나는 알이 있다면 부른 배의 한가운데 박혀 있으리라는 확신을 가지고, 칼끝으로 제일 첫 번째 배 모양을 한 얇은 껍질을 하나하나 벗기며 조사해 보았다.

그런데 놀랍게도 그 속에 알은 없었다. 배 모양의 한가운데 빈 구멍 같은 것은 없었고, 그 속에는 같은 물질의 먹이가 꽉 들어차 있었을 뿐이다.

그러면 쇠똥구리의 알은 대체 어디에 있는 것일까? 그것은 배 모양의 꼭지가 달리는 부분, 즉 한 끝으로 훨씬 치우쳐서 목 부분이 되는 한가운데 있었다.

이 부분을, 속이 망가지지 않도록 조심해 가며 쪼개 보니, 그곳에는 공그른 곳이 있고 담벽은 반들반들하게 다듬어져 있었다. 이곳이 알이 깨어지는 새끼 방인 것이다.

알은 그를 낳은 어미의 크기에 비해서 큰 편이며, 타원형 모양을 하고 있고, 빛깔은 흰빛이고, 길이는 10밀리미터 가량, 폭이 넓은 곳이라야 5밀리미터 정도이다. 방 안의 벽 둘레와 알과의 사이는 좁은 틈으로 간격이 되어 있어 알은 구멍의 꼭대기에 붙어 있는 한 끝을 제외하고는 어느 곳도 담벽과 닿아 잇는 곳이 없었다.

알은 꼭지에 달려 있는 곳을 제외하면, 모든 잠자리 이불 중에서도 가장 폭신폭신하고 따스한 공기로 된 이불 속에서 잠자고 있는 셈이었다.

이것으로 대체적인 모습은 알 수 있을 것이다.

이번에는 쇠똥구리의 이 진귀한 배 모양의 알집이 어째서 이러한 모습을 하고 있는가를 설명하고 또 알을 간직하는 곳의 기묘한 장소가 마땅한 곳인가 아닌가 그 까닭을 조사해 보기로 하자.

그것은 잘못 알기 쉽고 어려운 문제이기는 하다. 그러나 아직 애벌레의 모습을 벗어나지 못한 새끼 쇠똥구리는 항상 위험한 상황에 직면하고 있는 셈이다.

그것은 식량이 말라서 굳어버리는 경우이다.

땅을 태울 듯이 무더운 여름 삼복중이며, 그보다 깊은 땅 속까지도 한증막같이 뜨거운데, 이 벌레가 살고 있는 방에 손을 디밀어 보면 끓는 가마솥에서 떠오르는 뜨거운 김처럼 후끈후끈하다.

그 때문에 적어도 3, 4주일 동안은 습기가 찬 대로 보존되어야 할 식량이, 내리쬐는 8월의 뙤약볕 아래 말라버려서 먹지 못하게 될 염려가 있는 것이다.

애벌레는, 처음에는 부드럽던 빵이 돌덩이처럼 굳어 버려서, 이빨로 물어뜯을 수도 없을 정도가 되었을 때는 불행히도 굶어죽고 만다. 나는 이렇게 죽어버린 애벌레를 여러 마리 보았다. 식량이 주둥이도 없는 흙단지처럼 굳어버렸기 때문에 가엾게도 그 속에서 찜질을 당한 듯이 말라 죽었던 것이다.

다음 실험은 그러한 사실을 더 명확히 설명하고 있다. 7월은 쇠똥구리가 집을 짓는 일이 가장 활발한 달이다. 나는 그날 아침에 파낸 쇠똥구리의 알집을 열두 개나 종이 상자 가운데 넣어 두었다. 상자는 뚜껑을 단단히 하고 실험실의 그늘진 곳에 놓아두었더니, 그 가운데서 완전한 쇠똥구리가 되어 나온 알집은 하나도 없었다. 어떤 알집에서는 알이 말라버렸고, 또 어떤 알은 깨어져 새끼가 나오기는 했으나 곧 죽어버렸다.

그러나 양철 상자와 유리그릇에 넣어 두었던 놈은 순조롭게 깨어져서 실패한 것이 하나도 없었다.

왜 그러한 차이가 생기는 것일까? 그 까닭은 간단하다. 7월의 높은 온도는 공기가 통하기 쉬운 종이 상자나 참나무로 둘레를 막은 가운데서는 증발이 빨라서 배 모양의 알집 속의 식량은 마르고 따라서 애벌레는 굶어죽게 된다.

양철같이 공기가 통하지 않는 상자 속이나 뚜껑을 덮은 유리그릇 속은 증발이 쉽게 되지 않기 때문에 식량이 마르지 않고, 부드러운 맛을 보존해서 애벌레는 알 속에서 깨어질 때와 마찬가지로 튼튼하게 자랄 수 있다.

배 모양의 알집이 마르는 위험을 방지하기 위해서 이 벌레는 두 가지 방법을 취한다. 첫째 방법은 그 겉껍질을 단단하게 다지는 것이다. 잘 마른 이 알집을 깨뜨려 보면 대개가 겉껍질이 속 알맹

이와 잘 구분되어 있다.

여름날 무더위에 먹이가 굳지 않도록, 우리 집 사람들은 이것을 엎은 단지 그릇 속에 넣어 둔다. 벌레는 벌레대로 단단히 다진 껍질로써 새끼의 식량을 단지처럼 싸두는 것이다.

쇠똥구리는 또 한 가지 기발한 방법을 갖고 있다. 이 벌레는 기하학자이다. 모든 조건이 똑같을 경우, 증발의 속도는 공기에 접촉하는 넓이에 비례한다. 그렇다고 하면 조금이라도 식량을 마르지 않도록 하기 위해서, 겉면적이 적고도 가장 많은 물건을 쌀 수 있는 형태를 선택하지 않으면 안 된다. 그것이 기하학에서는 공과 같은 꼴이다.

파브르 곤충기

그러므로 지금 배 모양의 조롱목처럼 된 곳을 생각하지 않는다면 쇠똥구리는 새끼를 위해서 그 집을 공처럼 만들 것이다. 더욱이 둥글게 한 형태는 땅 위를 굴려서 만든 것이다.

쇠똥구리는 조각가이다. 조각가가 손끝으로 찰흙을 빚어서 모형을 만드는 것과 마찬가지로 자기 손으로 그것을 만드는 것이다.

쇠똥구리는 마치 증발의 법칙과 기하학의 법칙을 잘 알고 있는 듯이 귀찮고 어렵지만 항상 공 모양의 알집을 만든다.

이제 남은 것은, 배 모양의 조롱목을 설명하면 끝이다. 대체 이 조롱목의 구실과 효능은 무엇일까? 나로서는 아무리 생각해도 이 조롱목은 알이 깨지는 방에 해당하며, 그 속에 알이 들어 있다고 밖에 말할 수가 없다.

그런데 모든 생물에게는 공기가 필요하다. 그러나 둥근 알의 한 가운데는 공기가 통하기 어려울 것이다.

어느 정도 자란 애벌레라면 간신히 스며드는 공기만으로도 충분하겠지만 알일 경우에는 질식해서 죽어버릴 것이 분명하다. 그렇기 때문에 알이 깨어지는 방은, 배아의 목조롱진 곳에다 일부러 만드는 것이다. 다음은 그 증거이다.

주둥이가 넓은 유리병 속에 양이나 나귀똥을 가득 채워서 넣은 다음, 거기다가 가느다란 대꼬치를 꽂아서 알집에 해당하는 구멍을 마련하고, 조심스럽게 제 집에서 끄집어낸 쇠똥구리의 알을 그 구멍에 옮겨 주었다. 그리고는 병뚜껑을 막은 다음 다시 양의 똥으로 전체를 덮어 눌러 두었다.

형체는 다르지만 쇠똥구리의 알집을 사람이 만들어 놓은 셈이다. 이런 경우 쇠똥구리의 알을 알집의 한가운데다 놓았기 때문에 알은 끝내 깨지 못하고 말았다. 이것은 확실히 공기의 유통이 모자란 때문이다. 더욱이 열을 전도하지 못하는 차가운 유리병에 담겨 있었기 때문에 알을 까는 데 필요한 열이 부족했던 것이다. 무슨 알이건 공기 이외에 열이 필요한 것은 두 말할 나위도 없다.

공기와 열이라는 조건은 극히 중요한 것으로서, 똥벌레 중에서 이 점을 소홀히 여기는 벌레는 하나도 없다. 그리고 그중에서도 이 조건의 혜택을 가장 많이 받게 된 것은 쇠똥구리가 만들어 낸 배 모양으로 생긴 알집이다.

쇠똥구리는 식량이 굳어지는 것을 막고, 알에게 공기와 열을 받게 하기 위해서 가장 적합한 배 모양의 알집을 만든다. 세상 만물이 '쓸모 있다'는 목적을 갖고는 있지만, 이쯤 되면 이것은 하나의 아름다운 작품이다. 이 벌레는 미에 대한 감각도 가지고 있는 것일까? 배 모양의 아름다움을 알고 있는 것일까? 이 벌레는 캄캄한 어둠 속에서 작업을 했을 테니까, 물론 그 형태를 보지도 못할 것이다.

극히 막연한 감각이나마 조금은 가지고 있겠지만 부드러운 곡선으로 완성시킨 배 모양의 윤곽을 전혀 느끼지 못하는 것은 아닐 것이다.

파브르 곤충기

쇠똥구리의 손재주에 대해서 떠오르는 이 의문에 관하여, 어린이들의 지능을 시험해 보았으면 하고 생각했다.

나는 문득 곤충의 막연한 지능과 거의 비슷하리라고 생각되는 아이들의 지능과 비교해 보면 어떻게 차이가 날까 하고 생각해 보았다.

나는 전혀 교육을 받지 못한 시골 어린이들을 택했다. 가장 나이 많은 애가 여섯 살이었다.

나는 이 심사회에 쇠똥구리가 만든 예술품과 내가 만든 기하학적인 가공품 — 이것은 쇠똥구리가 만든 것과 비슷한 크기로 해서, 가늘고 둥근 통을 볼처럼 생긴 공에 맞추어 끼운 것이다 — 을 나란히 출품했다.

어린이들을 어떤 잘못이나 고백시킬 때처럼 한 사람 한 사람 불러들인 다음, 갑자기 눈앞에 이 두 가지 장난감 같은 물건을 끄집어 내놓고 어느 쪽이 아름답다고 생각하느냐고 물어보았다. 어린 애들은 모두 다섯 명이었다.

그들은 모두가 한결같이 쇠똥구리가 만든 배 모양의 알집을 가리켰다. 이렇게 일치된 사고력은 나를 감동시켰다.

아직도 자기 스스로 코를 풀 줄도 모르는 무지한 어린이들이, 벌써 형태의 아름다움에 관해서 하나의 감각을 가지고 있는 것이다. 이 어린이들에게도, 아름다운 것과 추한 것은 이미 명확하게 분별되어 있는 셈이다.

쇠똥구리도 이와 같은 것일까? 충분히 사실을 알고 있는 사람이라면 누구나 대담하게 그렇다고도 그렇지 않다고도 말하지 못할 것이다. 이런 경우 어떠한 심판관에게 물어 볼 수도 없는 것이기 때문에 이것은 실로 알기 어려운 문제이다.

그러나 결국 대답은 지극히 단순한 것인지도 모른다.

꽃은 그 아름다운 꽃잎에 대해서 무엇을 알고 있을까? 눈송이는, 신의 조화 같은 육각의 방사형에 관해서 무엇을 알고 있을까?

이 꽃이나 눈처럼, 쇠똥구리도 아름다운 예술품을 만들어 내고는 있지만 아름다움이란 것을 알지 못할지도 모른다.

매미 이야기

파브르 곤충기

동화 속 매미와 개미

평판이라는 것은, 무엇보다도 전설에서 생기는 모양이다. 동물의 세계에서도 옛날이야기가 실화보다 더 유명하다.

예를 들면, 매미에 관한 이야기는 이름 정도는 모른 사람이 없을 것이다.

곤충의 세계에서 매미만큼 평판 높은 벌레가 또 어디 있을까? 추운 겨울날의 먹이 준비도 하지 않고 노래만 부르고 있었다는 매미 이야기는 어린 시절부터 우리에게 익히 잘 알려진 내용이다.

먼 옛날, 그리스의 아테네 어린이들은 도시락을 싸 가지고 학교에 가서 암산 공부를 할 때 이 매미 이야기를 듣곤 했다. 그리스의 어린이들은 이렇게 말한다.

"추운 겨울날, 개미가 물에 젖은 식량을 햇볕에 말리고 있었습니다. 때마침 어디선가 굶주린 매미가 불쑥 나타나서 먹을 것을 달라고 했습니다. 그러자 깍쟁이이고 인색하며 저축하기 좋아하는 개미는, 여름엔 노래를 불렀으니까 겨울엔 춤이나 추고 계시지."

하고 쏘아붙였습니다.

말씨의 아름다움은 라 폰티누(프랑스의 시인)에게 미치지 못할 망정, 이 이야기의 줄거리는 프랑스의 어린이들에게도 잘못 가르쳐진 이야기다.

겨울에는 있지도 않는데 매미가 추운 계절이 오면 개미에게 구걸을 한다니 이런 우습고 그릇된 책임은 대체 누구에게 지워야 할 것인가?

확실히 매미의 옛이야기는 전설에 있는 대로 그리스로부터 전해왔을 것이다. 전설에서는 이솝이 지은 것으로 되어 있으나 확실하지가 않다. 하여튼 이 이야기의 시초는 그리스 사람들로부터 비롯된 것으로써, 살아 있는 매미에 관해서도 충분히 알고 있었을 것이다. 그리스에서도 매미는 있었을 테니까.

우리가 살고 있는 마을의 사람들은, 매미가 겨울에는 절대로 살지 못한다는 것을 알지 못하는 바보는 단 한 사람도 없다.

아테네의 농민들도 바보는 아니었다. 그들은 우리가 살고 있는 근처 마을의 사람들과 마찬가지로 잘 알고 있었을 것이다. 그러니까 이 옛이야기의 작가인 만물박사는 누구였던지 매미에 관해서 상세하게 알아보려는 기회를 갖지 못했던 모양이다.

그런데 이 옛이야기가 사실과 너무나 다른 점은 대체 어디서 생긴 것일까?

어처구니없게도 그리스의 옛이야기를 한 사람은, 자기가 눈으로 볼 수 있는 곳에서 울고 있는 진짜 매미는 조사해 보려고 하지 않고, 책에 실려 있는 매미 이야기만 사람들에게 옮긴 것이다.

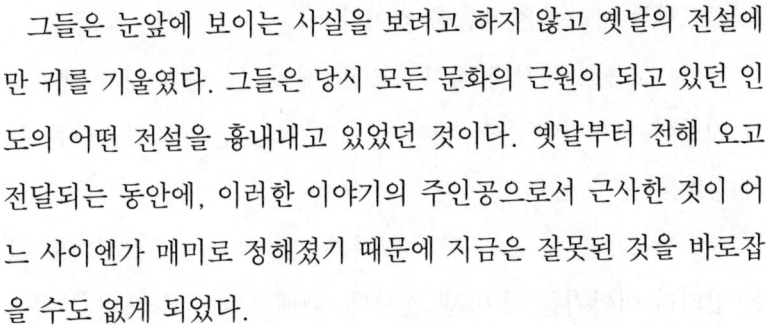

그들은 눈앞에 보이는 사실을 보려고 하지 않고 옛날의 전설에만 귀를 기울였다. 그들은 당시 모든 문화의 근원이 되고 있던 인도의 어떤 전설을 흉내내고 있었던 것이다. 옛날부터 전해 오고 전달되는 동안에, 이러한 이야기의 주인공으로서 근사한 것이 어느 사이엔가 매미로 정해졌기 때문에 지금은 잘못된 것을 바로잡을 수도 없게 되었다.

몇 세기 동안이나 감동하기 쉬운 어린이들의 머릿속에 뿌리 깊이 새겨진 매미 이야기는, 그릇된 점이 더욱 유명해지고 사실 자체는 사람들에게 알려지지 못하고 있다. 전설에서 이처럼 나쁜 평판을 받게 된 가수의 명예를 나는 회복시켜 주려고 한다.

매미는 이웃이 시끄러울 정도로 요란한 곤충이다. 이러한 사실은 누구보다도 내가 먼저 인정한다.

여름마다 우리 집 앞뜰의 커다란 플라타너스에는, 너울거리는 푸른 잎에 이끌려서 몇 백 마리의 매미가 몰려온다. 그리고는 해가 뜰 때부터 질 무렵까지, 귀가 따갑도록 높은 소리를 내며 쉬지 않고 심포니를 연주하기 때문에 머릿속까지 지끈지끈할 정도다.

이렇게 소란스러운 연주가 시작되면 생각하는 일이나 조용히 연구하는 일은 전혀 할 수가 없다. 생각은 머릿속에서만 빙빙 돌고 아무리 해도 마음의 안정을 얻을 수 없다.
　아아, 아름답지 못한 평판을 지니고 있는 매미여! 고요한 분위기에 젖어 있고 싶은 나의 방해꾼이여! 아테네 사람은 마음껏 너의 노래를 즐기고 싶어서 너를 초롱에 가두어 길렀다고 하지만 그것도 한두 마리쯤은 괜찮을 것이다.
　그러나 조용히 생각에 잠기려고 할 때에, 몇 백 마리가 꽹과리나 치듯이 한꺼번에 울어 대서 사람의 귀를 멍하게 만든다는 것은 정말 참을 수 없는 일이다.
　그럴 듯하게 전해 오는 전설의 작가는 사실과는 부합되지도 않은 엉터리 이야기를 지어 낸 것이다. 때때로 매미와 개미 사이에 접촉이 있는 것만은 누구나가 다 아는 사실이지만, 이 교제는 전설에 나오는 이야기와 정반대의 사실이다.
　친구가 되려고 찾아가는 것은 매미가 아니라 개미이다. 매미는 자기가 살아가는 데 누구의 도움도 받을 필요가 없다. 그러나 먹는 것이라면 무엇이든지 창고 속에 저장하기로 유명한 개미도 마실 것이 없어지면 매미한테 청하러 간다. 아니 청하러 가는 것이라고는 할 수 없다.
　개미는 남의 물건을 빌려다 쓰고 돌려준다는 습관을 가져 본 적이 없으니까 말이다. 개미는 매미에게서 짜내다 못해 뻔뻔스럽게도 훔쳐 먹는 것이다. 이제 그 도둑질하는 모습을 이야기해 볼까

한다.

 이러한 사실은 매미에 관해서 아직 널리 알려지지도 않은 진귀한 이야기다.

 7월의 뙤약볕이 찌는 듯이 무더운 오후에 접어들면 목이 말라서 지쳐버린 벌레들은, 한 방울의 이슬이라도 맛보려고 시든 꽃송이 위를 열심히 찾아다닌다.

 매미는 벌레들의 이러한 야단법석을 나무 그늘에서 비웃기나 하듯이, 뾰족한 주둥이 끝으로 그칠 줄 모르는 샘통의 창고에 구멍을 뚫는다. 쉴 새 없이 노래를 부르면서도, 반들반들한 나무껍질에 구멍을 뚫는다. 거기에는 달고 시원한 수액이 샘솟고 있다. 매미는 주둥이 끝을 나무껍질 구멍 속에 들이밀고, 수액의 달콤한 맛과 자기 노랫소리에 스스로 흥겨워하며 조용히 마른 목을 축인다.

 잠시 동안 주의해서 지켜보자. 자칫하면 마음씨 좋은 가수가 뜻밖의 재난을 당하는 모습을 구경할지도 모르니까.

 왜 그러냐 하면 목마른 벌레들이 그 근처를 우글우글 날아다니고 있기 때문이다. 벌레들은 마침내 매미가 뚫어 놓은 샘통을 발견한다. 샘통에서 흘러나오는 물줄기가 그 장소를 가르쳐 준 것이다. 벌레들은 모여든다. 처음 얼마 동안 사양하는 점도 있지만, 매미가 먹다 흘리는 국물만 핥아 가지고는 성이 차지 않는 모양이다.

 나는 달콤한 샘물이 흐르는 샘통 근처에 장수말벌이나 파리며,

115

집게벌레나 땅말벌, 대모벌이나 꽃무늬, 또 개미떼가 분주히 다가오는 것을 바라보고 있다.

 몸집이 작은 놈들은 샘통 가까이 가려고, 매미의 배 밑으로 기어든다. 매미는 그래도 의젓하게 다리를 뻗고 몸을 쳐들어서 일부러 귀찮은 새치기들의 길을 비켜 준다.

 몸집이 큰 놈들은 참다못하여 발을 동동 구르며 재빨리 한 모금 빨아먹고는 물러서서 근처의 나뭇가지 위를 한 바퀴 돈 다음 또 다시 샘터 가까이로 온다. 그리고 다음은 좀더 뻔뻔스럽게 욕심을 부리기 시작한다. 조금 전까지는 사양하던 놈들이, 이제는 제각기 먼저 먹으려고 덤벼들어, 샘통에서 물이 흘러나오게 만든 인심 좋은 매미를 쫓아버리려고 한다.

 이렇게 얌체 없는 짓을 가장 잘하는 것이 개미다. 나는 개미가 매미의 뒷다리를 깨물고 있는 것을 본 일이 있다. 또 날개 끝을 물어뜯거나 잔등에 올라가서 더듬이를 귀찮도록 건드리는 것을 본 일도 있다. 한 마리의 대담한 개미는 우쭐해 가지고, 내가 보는 앞에서 매미의 주둥이 끝을 물고 늘어져 그것을 샘통에서 떼어버리려고 버둥거린 적도 있었다.

 이처럼 개미떼들에게 시달리다가 끝내 견디기 어렵게 되면, 이 큰 사나이는 결국 자기가 파 놓은 샘통을 버리는 수밖에 없다. 매미는 이 꼬마 깡패들에게 오줌을 한번 갈기고는 달아나버린다.

 이렇게 심한 모욕을 받아도 개미에게 있어서 오줌총 같은 것은 문제가 아니다. 자기가 바라던 목적은 달성되니까.

이제부터는 개미가 샘통의 주인이 되었다. 샘물이 솟아오르게끔 되었던 펌프(매미의 입줄)가 없어졌기 때문에 샘통은 빨리 말라버리지만, 그래도 더없이 좋은 수액 몇 방울이다. 또 좋은 기회만 있으면 이렇게 해서 다시 새로운 샘통을 빼앗으면 그만큼 개미의 소득이 되는 것이다.

지금까지 이야기한 바와 같이 전설 가운데 등장하는 주인공의 역할을 완전히 거꾸로 연출하는 것이 매미와 개미의 사이이다.

악착같은 욕심쟁이며, 새치기까지 해서 거지 노릇을 하는 놈은 매미가 아니고 개미이다. 또 한 가지 다른 사실이 그릇된 역할의 주인공을 한층 더 확실하게 알려 준다.

5, 6주일 동안의 긴 시간을 기분 좋게 노래하던 가수는, 생명이 다하여 시체로 변하자 나무에서 떨어진다. 태양은 시체를 마르게 하고, 사람들은 사정없이 그를 밟아버린다.

항상 먹이를 찾아헤매는 개미가 이 시체와 부딪친다. 그러자 개미는 살이 두둑한 이 먹이를 좋아라 하고 조각조각 끊어서 한놈 한놈이 식량 창고로 운반해 간다. 또 흙먼지 속에서 날개를 떨며 목숨이 다해 가는 매미가, 먹이를 찾아헤매는 개미떼들에게 붙들려서 끌려가고 찢기고 하는 것을 보기는 흔한 일이다. 매미는 개미에게 둘러싸여서 새까매질 정도이다. 이렇게 잔혹한 모습을 볼 때, 이 두 종류의 벌레가 지닌 사실 그대로의 관계는 확실히 증명되었다고 할 것이다.

먼 옛날 사람들은 매미를 무척 아끼고 존중했다. 그리스의 시인

아나클레온은 매미에게 하나의 짧은 시를 바치기까지 했다. 그가 찬양하는 말은 너무 지나쳐서 "그대는 거의 신에 가깝도다"라고까지 했다.

매미를 신이라고 찬송하기 위해서, 아나클레온이 말하고 있는 이유를 우리들은 그대로 받아들일 수는 없다.

그것은 '땅 속에서 나서 괴로움을 모르고, 살기 위해서 피를 요구하지 않는다' 라는 것이다.

우리는 아나클레온의 이러한 그릇된 점을 탓하지 말고 그대로 두자. 이것은 그 당시도 믿어 왔던 사실이고 그 뒤에도 긴 세월 동안 정확한 관찰의 눈이 열릴 때까지 고쳐지지 않고 계속되었던 것이니까.

땅 속 구멍에서

매미는 하지가 가까운 무렵 우리들 앞에 모습을 나타낸다. 타는 듯한 햇볕에 마를 대로 마르고 사람의 발길에 짓밟혀서 굳어진 길바닥에 엄지손가락이 드나들 만한 구멍이 빠끔히 뚫어진 곳을 가끔 볼 수 있다.

이 구멍은 매미새끼가 어른이 되기 위해서 땅 속으로부터 바깥 세상에 나온 구멍이다. 이러한 구멍은 밭이 되어서 흙을 갈아 제친 땅이 아니면 어디서나 흔히 볼 수 있다.

대개 흔히 있는 장소는 햇빛이 가장 잘 비쳐서, 메마른 땅이며 나무도 풀도 돋지 않은 땅 중에서도 특히 길가에 따르는 곳에 많이 있다.

　남쪽을 향한 담장의 반사하는 태양열에 타는 듯이, 틈까지 벌어진 뜰 한가운데서는 이러한 구멍을 흔하게 발견할 수 있다.

　나는 6월 그믐, 바로 전에 매미새끼가 기어 나온 구멍을 조사해 본 일이 있었다.

　땅을 파헤치는 데 곡괭이가 필요하리만큼 굳은 땅이었다. 구멍의 자국은 둥글고 지름의 길이는 대개 2.5센티미터가량이다.

　이 둥근 구멍의 둘레에는 절대로 밖으로 이끌어낸 흙무더기가 없다. 매미의 구멍은 다른 억센 벌레들이 파는 구멍과 같이 흙무더기가 밖으로 나오는 법이 절대로 없다.

　이토록 색다른 것은 구멍을 파는 일의 순서가 다르기 때문이다. 똥벌레는 밖에서부터 속으로 들어간다. 이 벌레는 맨 처음 구멍의 입구에서부터 파기 시작하므로, 파낸 흙더미는 땅 위로 흘러내려 쌓이게 된다.

　매미새끼는 이와는 반대로 안에서부터 땅 밖으로 올라온다. 밖으로 통하는 마지막 문구멍을 뚫는 것은 맨 나중의 일이다. 일을 다 끝마치게 되어서야 비로소 문이 열리기 때문에 그곳이 쓰레기를 버리는 장소가 될 염려는 없다.

　매미의 구멍은 대체로 40센티미터의 깊이가 있다.

　그것은 둥근 통 모양을 하고 있으며, 흙 속의 장애물이 있고 없는 데 따라서 약간의 구불거림이 있기는 하지만, 대개는 언제나 수직에 가까울 정도로 내려간다.

굴 구멍은 아무것도 들어찬 것 없이 텅 비었다. 이러한 구멍을 팔 때에 당연히 있어야 할 파낸 흙이 아무리 찾아도 보이지 않는다. 구멍의 밑바닥은 막다른 골목이고 그곳은 다른 곳보다 약간 널따랗게 만들어져서 작은 방처럼 되었으며 담벽은 미끈미끈하다. 이 굴 구멍이 다른 굴 구멍과 연결되어서, 더 길게 뻗고 있는 모습은 아무 데도 보이지 않는다.

길이와 지름을 헤아려서 생각할 때에, 이 굴 구멍을 파내려면 대체로 200세제곱센티미터의 흙덩이가 없어져야 할 텐데 도대체 파낸 흙을 어디다 치웠을까? 더욱이 바짝 말라서 허물어지기 쉬운 흙을 팠기 때문에, 구멍을 파는 일 이외에 어떤 방법으로라도 수단이 가해지지 않고서는 세로로 뚫린 구멍도 밑바닥의 작은 방도 먼지투성이이고 허물어지기 쉬운 담벽이어야 할 것이다. 그러나 실제로는 이와 반대이며, 담벽에는 윤기 있는 진흙으로 반들반들하게 발라져 있었다.

이런 것을 보았을 때에 나는 적지 않게 놀랐다. 담벽이 모두 반들반들하다고는 할 수 없었으나, 담벽의 흙이 부실부실 떨어질 것은 바르는 것으로 깨끗이 막았다. 허물어지기 쉬운 재료에는 물기를 축였기 때문에 찰싹 달라붙어 있었다.

매미새끼가 왔다갔다하고, 땅 위로 오르거나 방 밑으로 내려가도, 발톱 때문에 흙벽이 무너져 구멍이 메일 염려는 없다.

석탄을 캐는 광부들은 굴 구멍의 벽을 기둥이나 가름목으로 받쳐놓는다. 지하철도를 공사하는 기사는 터널을 벽돌로 쌓는다.

매미새끼는 이에 못지않게 주의깊은 토목기사이다. 그의 굴 구멍에 자기가 만든 시멘트를 발라서 오랫동안 사용해도 허물어지지 않도록 만든다.
　이 곤충이, 애벌레 시절의 껍질을 벗으려고 땅 속에서 밖으로 나온 것을 골려주면 이놈은 깜짝 놀라서 조심성 있게 땅 속의 굴 구멍 밑으로 재빨리 내려가 버린다.
　이런 일도 있기 때문에 매미새끼가 굴 구멍에서 영원히 작별을 고해야 할 때일지라도 구멍이 흙으로 막혀서는 안 된다.
　오르내리는 구멍은 햇볕을 쬐기 위해 매미새끼가 갑작스럽게 만들어 놓은 것은 아니다. 그것은 어디까지나 정식으로 건축한 주택이며, 매미새끼가 오랫동안 살아야 할 살림집이다. 허물어지지 않도록 미끈하게 바른 담벽이 이러한 사실을 증명하고 있다. 구멍을 밖으로 뚫기만 하면 곧 나가버리는 문이라면 이토록 지나치게 손질을 할 필요는 없다. 의심할 것도 없이 이곳은 땅 밖의 세상 날씨를 알기 위한 기상대이다.
　땅속 3, 4센티미터 이상이나 깊은 곳에 있어서는, 매미새끼가 밖으로 나갈 만큼 자라서도 땅 밖의 날씨가 좋은지 나쁜지 알 수가 없다. 땅 속의 기후는 거의 변화가 없다. 여기서는 매미의 한 평생에 가장 중요한 시기, 즉 허물을 벗기 위해서 태양열이 바로 쬐는 곳으로 나올 때에 갖추어져야 할 바깥 날씨를 정확히 알 수가 없다.
　끈기 있게 몇 주일 동안 혹은 몇 달 동안이나, 매미새끼는 굴 구멍을 청소하고 담벽을 다져서 바른 다음, 다만 맨 윗부분만은 외부로부터 숨어 있기 위해서 손가락 하나의 두께만큼 그대로 남겨둔다. 밑바닥에는 다른 부분보다 정밀하게 손질한 살림방을 장만한다. 이곳이 매미새끼가 거처하는 방이며, 땅 밖의 날씨가 나빠서 이사할 것을 연기해야만 할 때는 대기실이 되기도 한다.

매미새끼는 날씨가 좋을 듯하며 구멍 위로 올라와서 천장 뚜껑이 되어 있는 얇은 흙을 통해서 바깥세상의 날씨와 온도가 어떤가를 조사해 본다.

만일 날씨가 좋지 못해서 소낙비와 찬바람이 불 듯하면, 껍질을 벗을 때의 목숨을 잃을 위험을 피하려고 구멍 밑으로 내려가서 끈기 있게 기다린다.

이와 반대로, 날씨가 좋아지면 매미새끼는 발톱으로 천장을 몇 차례 할퀴어 구멍을 뚫고 세상 밖으로 나온다.

매미새끼의 땅속 굴은 모두가 대합실이며 기상대라는 것을 말해주고 있다. 매미새끼는 그곳에서 오랫동안 머물러 있으며, 바깥세상의 날씨를 조사하기 위해서 구멍 위로 올라왔다 밑으로 내려갔다 하며 자기 몸을 보호한다.

다만 한 가지 내가 알기 어려웠던 것은, 구멍을 팔 때에 나온 흙이 간 곳 없이 눈에 보이지 않는 사실이다. 줄잡아서 한 구멍에서 나올 수 있는 200세제곱센티미터의 흙은 대체 어디로 가져갔는지, 땅 위에는 아무것도 보이지 않고 구멍 안도 텅텅 비어 있었다.

또한 매미새끼는 어떠한 방법으로 전혀 습기가 없는 마른 땅에서 담벽에 바르는 시멘트 대용의 진흙을 만들어 내는 것일까?

이를테면 검은 비단벌레나 참나무 하늘소의 애벌레 따위, 나무를 좀먹는 종류들이 첫 번째 의문에 대답해 주고 있었다. 애벌레들은, 나무줄기 속을 파서 구멍을 뚫고 나가는 동안에 생기는 나무밥을 먹으면서 굴 구멍을 판다. 위 아래 턱으로 깎아 내는 나무밥은 벌레의 창자를 통해서 빠져 나간다. 그것은 벌레의 입을 통해서 빠져 나간다. 그것은 벌레의 입을 통해서 창자를 거치는 동안, 벌레에게 약간의 영양분을 남겨 두고, 두 번 다시 돌아오지 않을 뒷구멍 길을 막아버린다.

벌레의 입이나 창자 속에서 소화되어 가루가 된 나무밥은, 부피가 훨씬 적어져 뒤로 밀려나가게 된다.

이 때문에 굴 구멍을 파고 있는 벌레의 앞에는 공간이 생겨서 애벌레가 살아갈 수 있는 살림방이 마련된다. 그것은 너무 비좁아서 그 속의 벌레가 겨우 몸을 움직일 수 있을 정도의 작은 방이다.

매미새끼도 이와 비슷한 방법으로 구멍을 파는 것이 아닐까? 물론 파내는 동안의 나머지 흙이 매미새끼의 창자를 통하는 예는 없다. 흙은 아무리 부드러운 것이라 할지라도 지렁이가 아닌 이상 식량 구실을 할 수는 없다.

그러면 파낸 흙은 구멍이 뚫리는 데 따라서 매미새끼의 뒤로 버려지는 것이 아닐까?

매미새끼는 4년 동안이나 땅 속에 묻혀 있다. 물론 그 긴 세월을 지금 말하는 굴 구멍에서 살고 있다는 것은 아니다. 아마 꽤 먼 곳에서 이곳까지 올 것이다. 이 벌레는 이 나무뿌리에서 저 나무뿌리로, 뾰족한 주둥이를 꽂고 물을 빨아먹으며 정처없이 떠돌아다니는 부랑아다.

겨울이 되면, 아주 추운 땅에서 덜 추운 곳으로 이사하거나 좀 더 식량을 구하기 쉬운 곳으로 옮겨가기 위해서 그 주둥이로 파헤친 흙이나 모래를 자기 몸의 뒤로 던져버리며, 땅속의 길을 개척할 것이다.

참나무 하늘소나 검은 비단벌레의 애벌레와 마찬가지로, 여행하기를 좋아하는 이 벌레에게는 둘레에 몸을 움직일 수 있는 정도의 공간만 있으면 된다.

습기가 있고 부드러워서 누르기만 하면 부피가 줄어들기 쉬운 흙이, 매미새끼에게는 하늘소가 나무밥을 소화시켜서 부피를 줄이는 작업에 해당한다. 부드러운 흙은 어렵지 않게 다져서, 부피는 줄어들고 점점 공간을 남겨 둔다.

매미새끼가 굴 구멍을 파기 시작할 때에 파낸 나머지 흙의 일부분을 뒤로 던져버린다는 증거는 아무것도 없으나 제법 사실에 가까운 듯이 생각된다. 그러나 굴 구멍의 폭과 그곳에서 나올 것으로 예상되는 흙더미를 비교해 볼 때에, 또다시 의문이 생겨서 이렇게라도 생각하지 않을 수 없다.

"구명을 파는 데 생긴 흙을 처리하는 데는 넓은 공간이 필요하다. 그리고 그 빈 터를 장만하는 데는 이 흙을 없애버려야 한다. 하나의 공간을 마련하기 위해서는 파낸 흙을 두기 위한 또 하나의 공간이 필요하다."

이렇게 이야기하면 말은 꼬리에 꼬리를 물고 한이 없을 것이다. 나머지 흙을 뒤로 던져서 부피를 줄였다고 하면 이렇게 넓은 공간이 생긴 까닭을 설명하기가 어렵기 때문이다.

필요 없는 흙을 처치하기 위해서 매미는 특별한 방법을 갖고 있는 것이다. 어떻게 해서든지 그 비밀을 알아보기로 하자.

먼저 땅속에서 매미새끼가 밖으로 나오는 것을 조사해 보자.

매미새끼는 어느 때를 막론하고 몸 전체가 말라붙은 흙이나 때로는 습기 찬 진흙투성이다. 구멍을 팔 때에 연모 구실을 하는 앞발톱은, 흙덩이에 묻혀서 알아보기가 힘들 정도이다. 다른 발도 모두가 흙신발을 신은 듯하다. 그리고 잔등도 진흙으로 더러워져 마치 흙물을 뒤집어쓰고 나온 하수도 공사의 인부 모양과 같다.

메마른 땅속에서 밖으로 나오는데 이토록 더러워진 것을 보면 놀라지 않을 수 없다. 먼지투성이로 나올 줄 알았던 것이 진흙을 뒤집어쓴 모습이니 말이다.

이러한 방향으로 연구를 좀더 계속해 보자. 그러면 굴 구멍의 문제도 의문이 풀릴 것이다.

나는 매미새끼가 밖으로 나오는 구멍 입구에서 일하고 있는 것을 우연히 파헤친 일이 있다. 내가 발견한 것은 지금 막 굴 구멍을 파기 시작한 때라, 흙무더기도 없는 3센티미터가량의 구멍과 밑바닥의 살림방이 만들어져 있다.

그런데 이 일꾼은 어떠한 모습을 하고 있었던가? 그것은 다음과 같다.

매미새끼는 밖에 나온 것을 잡은 것보다 훨씬 빛깔이 엷다. 그 커다란 눈동자는 더욱 희뿌옇게 흐리고, 사팔뜨기로 물건을 분별하는 힘조차 없는 듯하다. 땅속에서는 눈이 있어도 아무 소용이 없을 것이다.

이와 반대로 땅 밖에 나온 매미새끼의 눈은 까맣고 윤기가 있으며 물건을 보는 힘이 나타나 있다. 햇빛 아래 나왔을 때, 나이 어린 매미는 방금 기어나온 구멍 밖에서 허물을 벗기 위해 올라갈 나무를 찾아야만 한다.

물건을 분명히 볼 수 있어야 하는 것은, 이러한 때에 매미에게 확실히 필요한 것이다.

매미새끼가 세상 밖으로 나오는 굴 구멍은, 임시로 갑자기 만든 것이 아니라 오랜 시일을 두고 공을 들여서 만든다는 것은 밖으로 나오려고 준비하고 있는 동안에 일어나는 눈의 변화만을 보더라도 충분히 알 수 있다.

그리고 또 빛깔이 연하고 앞을 못 보는 매미새끼는, 세상 밖으로 나올 준비가 완전히 되었을 때보다 훨씬 몸집이 크다. 물기에 불어서 마치 부종병에 걸린 것 같다. 손끝으로 잡으면 밑으로 맑은 물이 흐른다.

그리고 몸 전체가 이 물기에 젖어 있다. 창자 속에서 나오는 액체는 오줌일까? 그렇지 않으면 나무진만을 빨아먹고 사는 매미의 창자 속에 남아 있던 물찌꺼기일까?

어느 쪽인가 단정을 내릴 것 없이 여기서는 우선 그것을 오줌이라고 한다.

그런데 이 오줌의 샘통, 그것이 수수께끼를 푸는 열쇠이다. 매미새끼가 구멍 속을 파들어가는 데 따라서 그는 가루같이 부드러운 흙에 이 물을 뿌려서 진흙을 반죽하여 그 자리에서 배 밑에 문지른 다음 담벽에 바른다. 이렇게 해서 구멍 속의 공간이 생긴다는 것이다.

그곳에 나머지 흙이 하나도 없는 것은, 부드러운 흙가루가 뚫고 지나온 흙보다도 진득진득한 흙시멘트로 되어, 그 자리에서 담벽에 발라지기 때문이다.

그러므로 매미새끼는 진흙 속에서 일을 하고 있는 셈이다. 이것이 이 벌레의 몸 전체를 진흙투성이로 만드는 원인이 된다. 매미가 다 자라면 이렇게 괴로운 광부 노릇을 하지 않아도 되지만, 그래도 샘물 주머니를 아주 비워 버리지는 않는다.

여러분은 매미를 잡으러 나갔다가 찔끔 싸갈기는 매미 오줌 때문에 당황한 적은 없는가?

매미는 귀찮게 구는 놈에게는, 오줌을 싸갈기고 휙 날아가버린다. 땅속에 있을 때도 다 자라서도 물을 뿌리는 데는 선수다.

제아무리 물에 부풀어 있다 해도 매미새끼가 오랫동안 굴 구멍을 파고 있노라면 몸속의 물은 말라버린다. 그 물은 새로 또 길어와야 한다. 그러면 어디서 어떻게 길어 오는 것일까? 나는 그것을 알아냈다.

몇 개인가 굴 구멍을 조심조심 파헤쳐서 드러내 보았더니 밑바닥 살림방 담벽에 생나무 뿌리가 끼여 있는 것이 보였다.

그것은 때로는 연필의 굵기 정도 되고, 또 어떤 때는 밀집만한 굵기도 되었다. 나무뿌리가 눈에 보이는 것은 극히 적은 부분이어서 겨우 4, 5밀리미터가량이고 나머지는 흙속에 들어가 있었다.

이 나무진의 샘터는 매미새끼가 구멍을 파는 도중 우연히 드러나게 된 것일까? 그렇지 않으면 일부러 찾아낸 것일까?

나는 후자라고 생각한다. 내가 그만큼이나 여러 차례 구멍을 파헤치는 동안 작은 나무뿌리가 발견되는 일이 많았다.

매미는 장래의 출입구가 되고 굴 구멍의 시초가 되는 살림방을 마련할 때에 조그마한 생나무뿌리와 이웃이 되는 장소를 선택하는 것이다.

매미는 뿌리의 일부분을 드러내지만 이것은 특별히 구멍 가운데로 내놓는 것이 아니고 담벽에 기대어 박혀 있도록 한다.

담벽 가운데 박혀 있는 생나무의 뿌리는, 내 생각으로는 매미의 샘통이며 몸의 물이 말라서 필요한 때에는 여기서 길어내는 것 같았다. 메마른 흙을 진흙으로 변모시킬 때 물주머니가 마르면 매미새끼는 자기 방으로 내려간다.

그리고 담벽에 박혀 있는 나무뿌리 샘터에 주둥이를 꽂고, 배가 부르도록 나무진을 빨아들인다.

물주머니가 가득 차면 다시 올라와서 일을 시작한다. 발톱으로 긁어내리기 쉽도록 마른 흙을 축이고 흙가루를 진흙으로 변화시켜서 담벽 주위에 발라붙여 통할 수 있는 길을 뚫는다.

만일 나무뿌리의 샘통이 없고, 또 뱃속의 저수지인 물주머니가 마르면 어떻게 될 것인가. 다음의 실험이 그것을 우리들에게 가르쳐 준다.

매미의 새끼가 땅 속에서 나온 것을 잡아서 시험관 속에 넣고, 메마른 흙기둥을 그 위에 씌워서 약간 눌러 두었다.

흙기둥의 높이는 10.5센티미터가량, 매미새끼가 빠져나온 구멍은 이보다 3배나 길고, 또 흙은 같은 흙이라도 훨씬 굳은 것이었다.

지금 부드럽고 짧은 흙기둥 아래 파묻혀 있는 이 벌레는, 밖으로 기어올라올 힘이 있을 것인가?

만일 체력이 튼튼하기만 하면 확실히 밖으로 기어올라올 것이다. 그렇게 굳은 흙에 구멍을 뚫고 기어나오는 벌레가, 이토록 부드러운 장애물을 뚫지 못할 리가 없다.

그래도 어쩌면 나는 잘 기어나오지 못할지도 모른다는 의문이 생겼다. 굴 구멍이 안팎을 가로막고 있는 흙담을 깨뜨리기 위해서, 매미새끼는 체내에 저축했던 물을 다 써버렸던 것이다.

물주머니는 말라버렸고, 더욱이 이곳에는 생나무뿌리도 없기 때문에 새로이 물통을 채울 만한 방법이 없었다.

나의 의심은 틀림이 없었다. 실제에 있어서 3일 동안이나 시험관 밑바닥에 묻혀 있던 매미새끼는, 목숨을 돌보지 않고 밖으로 나오려고 기를 쓰지만 좀처럼 올라오지를 못했다.

이 흙에는 물기가 없으므로 반죽이 안 된다. 그리고 흙은 건드리기만 해도 부서져서 매미 등에 떨어진다. 커다란 효과도 나타나지 못하는 일을 처음부터 다시 시작해야만 했다.

4일째 되던 날, 가엾게도 매미새끼는 죽고 말았다.

물통에 물이 가득 차 있었더라면 결과는 달라졌을 것이다.

자기 집을 떠나, 세상 밖으로 나오려는 일을 방금 시작한 매미새끼에게 나는 같은 실험을 또 해 보았다.

매미새끼는 물에 불어서 몸 전체가 물기에 젖어 있었다. 이 벌레에게 있어서는 일이 간단하다. 물주머니에서 뿌려지는 습기는, 흙을 진흙으로 변하게 하고 그것을 다시 반죽해서 옆담에 들러붙게 한다. 곧 구멍이 뚫리게 된다.

가장 서투른 솜씨로 뚫은 구멍이며, 벌레가 위로 올라오는 데 따라서 뒤는 허물어져 거의 구멍이 막힐 정도이다. 다시 말하면 매미는 물을 절약해서 평소에 살고 있던 자기 방과는 환경이 다른 이곳에서, 될수록 빨리 기어나오기 위해 꼭 필요한 물만을 사용하고 있는 모양이다.

매미의 이 절약성은 꼭 알맞아서 10일이 지난 다음, 시험관 위의 흙 밖으로 기어나왔다.

허물을 벗기까지

매미새끼가 흙을 헤치고 구멍에서 밖으로 나오면 구멍은 그대로 벌어지고 만다.

매미새끼는 잠시 동안 근처를 두리번거리며 잡초가 우거진 풀숲이나 나뭇가지와 같이 약간 높은 곳의 발판을 찾아다닌다. 이윽고 적당한 자리를 찾으면 매미는 기어올라가서 머리를 위로 하고, 앞 발톱으로 나뭇가지를 꽉 붙잡는다.

그리고 매미새끼는 잠시 동안 쉬었다. 그러는 동안에 몸 전체를 받들고 있는 앞발이 굳어져서 나뭇가지를 잡아 흔들어도 꿈쩍도 하지 않을 만큼 단단한 몸가짐이 된다.

맨처음에는, 가슴팍의 한가운데서 복판으로부터 갈라진다. 그와 동시에 가슴의 앞부분도 갈라진다. 이렇게 새로 갈라지는 선은 머리 아래서부터 가슴의 뒷등까지 계속되는 것이나 그 이상은 더 갈라지지 않는다. 눈 달린 앞이 가로 갈라지며, 빨간 눈알이 드러난다. 커다랗게 갈라진 틈으로는 초록색의 가슴 중간이 드러나기 시작한다. 그것은 맥박이 느릿느릿 뛰놀 듯 번갈아가며 부풀었다 줄어들었다 한다.

이 운동은 처음은 껍질 속에서 시작되어 가장 갈라지기 쉬운 곳에서부터 껍질을 벗기 시작한다.

지금 머리가 나왔다. 몸은 배가 달린 곳을 위로 하고 껍질과 직각을 이루었다. 커다란 입을 벌린 껍질 아래 맨 나중에 나오는 뒷다리가 보이고 날개는 체내의 물기로 부풀어 있었다.

한참 동안 쭈글쭈글하며 아치형으로 구부러져서 펼쳐지지 않고 접혀 있는 날개 같았다. 이렇게 해서 허물을 벗는 첫 단계는, 보통 5분 정도 지나면 끝난다.

이제 남은 것은 좀더 시간이 걸리는 둘째 단계이다. 매미는 껍질 속에 끼여 있는 배 아래의 끝 이외에는 모두 빠져 나왔다.

껍질은 나뭇가지에 단단히 잠긴 채로 달려 있었다. 점점 말라서 물기가 하나도 없어져도 맨처음에 가졌던 몸가짐의 자세를 바꾸지 않고 계속 달려 있었다. 그 까닭은 이제부터 시작되려는 것을 위한 준비 때문이다.

배 밑의 한 끝이 여전히 벗어지지 않고 묵은 껍질에 매달려 있었다. 매미는 머리를 아래로 하고 한 번 거꾸로 재주를 넘었다.

이제 매미는 노란빛이 섞인 연녹색으로 변했다. 이때까지도 허리에 두툼하게 접힌 채 달려 있던 날개는 체액의 흐름을 받아서 팽팽하도록 펼쳐져 있었다.

이렇듯 느릿느릿하면서도 세밀한 변화가 끝나면, 매미는 허리에 힘을 주어서 거의 눈에 띄지 않을 만한 운동으로 몸을 바로잡으며 머리를 위로 하고 본래대로의 자세로 나무에 붙어앉는다.

앞발은 아직도 빈 껍질을 붙들고 있었다. 그리고 맨 나중에 몸 중간이 담겼던 껍질로부터 빠져 나온다. 이것으로, 매미의 일생에서 가장 중대한 허물 벗는 일은 끝이 났다.

허물을 깨끗이 벗어버리기까지는 약 30분이 걸린다. 지금 이 곤충은 완전히 번데기 껍질에서 빠져서 밖으로 나왔다. 그러나 그 모습은 앞으로 이 벌레가 갖게 될 모습과는 사뭇 달랐다.

날개는 축 늘어져서 젖어 있었으며, 유리 속에 연푸른 힘줄이 뻗쳐 있는 것 같았다. 가슴의 위와 중간쯤은 약간 검붉고 침침한 빛을 띠고 있었다. 몸 전체는 연한 초록색으로 군데군데가 흰빛이 섞여 있었다. 이 애송이 곤충이 몸을 단단하게 만들고 제대로 빛깔이 나타나려면 오랫동안 햇볕과 공기를 쐬어야 할 것이다. 3시간가량이 지나도 별다른 변화는 없었다.

파브르 곤충기

매미는 앞 발톱으로 빠져나온 껍질에 매달려 있었으며 아직도 연약하여 바람이 약간만 불어도 몸을 떨었다. 겨우 몸 전체에 검붉은 빛이 나타나고 조금 뒤 붉은빛이 더 짙어질 때에 급작스럽게 모든 것이 끝났다. 그것은 30분가량으로 충분했다.

아침 9시에 나뭇가지에 기어오른 매미가, 12시 반에 내 눈앞에서 날아가버렸다.

옛날에 걸치고 있던 껍질이 찢어진 자국 이외에는 변함이 없이 그대로 남아 있었다. 너무 단단하게 붙어 있었기 때문에 늦가을의 모진 비바람에도 떨어지지 않고 달려 있는 경우가 있었다.

그로부터 몇 달이 지나서 한겨울이 되어도 이 낡은 껍질은 허물 벗을 때의 모양 그대로 풀끝이나 작은 나뭇가지에 매달려 있는 것을 볼 수 있었다.

매미가 변태, 즉 허물을 벗을 때 운동하는 모습을 다시 한 번 되풀이해서 살펴보자. 우선 매미는 맨 나중까지 껍질 속에 끼여 있는 배 끝으로 몸을 지탱하며, 머리를 아래로 하고 재주를 넘는다.

머리와 가슴은 이미 껍질을 찢고 밖으로 나와 있으므로 이번의 재주넘기로 자유롭게 된 것은 날개와 다리뿐이다.

다음에 다시 재주넘기를 받들어 준 배 끝을 자유롭게 하기 위해서 매미는 잔등에 힘을 주며 일어나서, 머리를 치켜들고 앞 발톱으로 껍질을 붙들고 매달린다.

새로운 발디딤이 마련되니까 벗어나지 못하던 배 끝이 껍질로부터 완전히 밖으로 나오게 된다.

매미 요리

매미의 변태가 빠르다는 것은, 벌써 오래 전부터 유명한 이야기다.

아리스토텔레스는 매미를 가리켜서, 그리스 인이 대단히 진귀하게 여기는 음식물이었다고 말했다.

나는 이 위대한 박물학자의 원문을 읽은 일이 없다. 시골에 살고 있는 나의 서재에 그렇게 훌륭한 책이 있을 리가 없다. 우연한 계기로 나는 이 사실을 배우는 데 가장 알맞은 옛날 책을 구경하게 되었다.

이것은 마치오르가 쓴 책을 뒤오스코리뒤스가 주석을 붙인 것이다. 뛰어난 박물학자였던 마치오르는 아리스토텔레스를 잘 알고 있었음에 틀림없었다.

그런 그가 다음과 같이 말하고 있다.

"아리스토텔레스가 말한 것은 하나도 이상하게 여길 것이 없다. 어미매미가 껍질을 벗기 전에는 참으로 맛있는 벌레다."

어미매미라고 한 말은 그 옛날 새끼매미를 가리키던 말일 것이다.

마치오르는 아리스토텔레스가, 껍질을 벗기 전에 어미매미의 맛이 말할 수 없이 좋다고 말했다는 것이다.

아직 허물을 벗지 않았다는 사실로써, 이 특별한 음식물을 그리스 인이 어느 시기에 보았을지 짐작할 수 있다. 그것은 밭을 깊이 갈아 제치는 초겨울에는 발견하는 것이 불가능하다.

왜냐하면 그 시기에는 새끼매미가 껍질 속에서 나올 때가 아니기 때문이다. 따라서 초여름 매미가 땅속에서 밖으로 나올 무렵이다.

그때쯤 새끼매미를 찾아보면 땅 위에서 한두 마리쯤은 발견할 수 있을 것이다. 이때야말로 아직 허물을 벗지 않은 매미를 찾기에 가장 좋은 시기이다.

그것은 또 매미를 잡아서 모아 두는 데도, 부엌에서 요리를 하는데도 서두르지 않으면 안 될 시기이기도 하다. 왜냐하면 몇 분만 지나도 매미 껍질은 쉽게 부서지기 때문이다.

맛있는 요리라고 해서 옛날부터 "그 맛이 지극히 감미롭다"고 구미를 돋우는 형용사로 높이 평가한 것은 사실일까?

그렇지, 이번이 가장 좋은 기회이니 놓치지 말고 이것을 시험해 보리라. 사실이라면, 옛날부터 아리스토텔레스가 높이 평가한 것을 다시 칭찬해 주리라.

그것은 힘을 들일 만한 가치가 있는 일이었다.

7월의 어느 날 아침, 벌써 찌는 듯한 햇볕이 새끼매미들을 어서 땅속에서 나오라고 손짓하고 있을 때에 집안 식구들은 어른 아이 할 것 없이 새끼매미를 찾으러 나섰다. 우리들 다섯 사람은 담장 안팎, 특히 가장 많이 있을 듯싶은 적은 길 변두리를 찾았다.

껍질을 벗어 버리지 못하도록 새끼매미를 발견하기만 하면 컵의 물속에 담가서 가라앉혀버렸다. 이렇게 해두면 질식해서 변태의 활동도 멈출 것이다.

두 시간 동안이나 모두가 이마에 땀을 흘리며 눈을 부릅뜨고 찾은 결과 우리는 4마리의 새끼매미를 얻을 수 있었다.

더할 나위 없이 좋다는 그 맛을 가능하면 변치 않게 하기 위해서 요리는 가장 간단하게 만들었다. 올리브유 4~5방울, 소금 한 스푼, 양파 약간, '가정 요리법 해설'에도 이 이상 간단한 방법은 쓰여 있지 않으리라. 식사 때가 되자, 모든 집안 식구들에게 이 요리를 나누어 주었다.

모두들 "맛이 괜찮다"고 했다. 하기야 우리들은 왕성한 식욕과 아무런 편견도 없는 위장을 갖고 있는 사람들이기는 하지만 새끼매미는 흡사 새우를 볶아 놓은 것 같은 맛이었다. 이것은 메뚜기를 볶은 것과 그 맛이 비슷했다.

그러나 이 요리는 무척 딱딱하고 물기가 없어서 마치 진짜 양피지를 깨무는 듯했다. 나는 아리스토텔레스에게 찬양받은 요리지만 아무에게나 권하는 것을 피하리라 마음먹었다.

물론 이 이름 높은 박물학자는 전체적으로 생각할 때는 모든 것에 지식이 풍부했다.

그의 제자였던 알렉산더 대왕은 그 당시 신비스러운 국가라고 하던 인도에서, 마케도니아 사람들의 이목을 놀라게 할 만큼 진귀한 물건을 이 선생님에게 보내도록 하였다. 그리하여 대상들은 그가 있는 곳에 코끼리며 표범, 물소, 공작, 호랑이 같은 것을 끌어다 주었다. 이리하여 그는 그것들 하나하나에 대한 사실을 써서 남겨 놓았다.

그러나 마케도니아 본국 안에서 그가 매미를 알게 된 것은 한낱 농민의 말을 그대로 들었기 때문임에 틀림없었다.

부지런히 땅을 파고 일하는 농민들은, 연장 끝에서 새끼매미를 발견하고 거기서 나온다고 알고 있었기 때문에 소박하고 믿음성이 많은 아리스토텔레스도 시골 사람들의 말을 진실이라고 믿고 자료로써 기록에 남겨 놓은 것이다.

어느 나라에서나 무식한 사람들은 짓궂은 심술을 갖고 있다.

그들이 볼 때는 보잘것없지만 우리가 과학이라고 부르고 있는 것을 그들은 즐겨서 바보로 취급하기를 좋아한다.

대수롭지도 않은 벌레를 유심히 들여다보는 것을 비웃고 이름 모를 것이라도 보기만 하면 그야말로 큰 웃음거리가 된다.

그리스의 농민들도 이러한 심술을 갖고 있었을 것이다. 그들은 도시 사람들에게 이렇게 말했을 것이다. 어미매미는 신에게 바칠 만한 음식물이며 그 맛이 비할 데 없이 진귀한 것이라고.

그러나 이 농민들은 지나친 찬사로써, 신기한 것을 좋아하는 도시 사람들을 솔깃하게 해놓고는 그 진귀한 음식물의 재료가 좀처럼 구하기 힘들다는 듯이 말해 두는 것을 잊지 않았다. 왜냐하면 이 어미매미는 껍질을 벗고 나오기 전에 잡아야 하기 때문이다.

"맛있는 요리를 많이 만들기 위해서, 어미매미를 잡으러 가 보십시오. 우리는 다섯 사람의 수색대로 매미가 많다는 부근을 두 시간 남짓 찾아다녔어도 겨우 4마리를 잡았을 정도입니다."

그리고 찾는 동안에도 껍질을 벗지 못하도록 주의해야 한다. 잡기 위해서 찾는 기일은 며칠이 걸려도 좋으나, 허물을 벗기 위해서 껍질을 찢는 것은 단 2, 3분 동안에 끝나버린다는 것을 잊지 말도록.

아리스토텔레스는 분명히 어미매미 볶음을 한 번도 먹어 본 적이 없었을 것이다. 내가 만든 요리가 그 증거이다.

그는 농민들의 말을 믿고, 그대로 되풀이한 모양이다. 그들이 말하는 신에게 바치는 음식이란 그리 대단한 것도 아니었다.

시골에서 전해지는 매미 이야기 중에서 하나만 더 이야기해 볼까 한다.

지금 당신이 신장에 이상이 생겨서 앓는다거나, 그렇지 않으면 부종병에 걸려서 퉁퉁 부었다고 하자. 그런 경우 시골에서 약에 대한 상식이 있는 사람이라면 모두 한결같이 매미가 무엇보다도 효과가 있는 약이라고 권할 것이다.

시골 사람들은 여름철에 매미를 잡는다. 그것을 목걸이처럼 주렁주렁 매달아서 햇볕에 말려, 소중하게 선반 위에 간직해 둔다.

이 말린 매미를 실에 꿰어 매달지도 않고 7월 장마 중에 곰팡이가 나도록 그대로 버려두는 아낙네들이 많으니, 얼마나 지각없는 사람들인가?

지금 신장병에 고통을 받는다고 하자. 즉석에서 매미를 달여 먹으라고 할 것이다. 이 이상 효력 있는 약은 없다고.

얼마 전 나는 매미를 달인 약을 마셨던 적이 있다.

그러나 그 효과는 지금도 의심하지 않을 수가 없다. 어째서 이 벌레가 신장에 효험이 있다고 소문이 났는가 하면 그 까닭은 놀랄 만큼 소박한 이유에서이다.

매미는 여러분도 잘 아는 바와 같이 잡으려고 하는 사람의 얼굴에 갑자기 오줌을 찔끔찔끔 갈기고 날아가버린다.

그러므로 우리들이 매미를 달여서 마시면, 그 힘을 입을 것임에 틀림없다고 프로방스의 농민들은 생각하고 있었던 것이다.

아아! 선량한 사람들이여! 만일 당신들이 매미새끼가 굴 구멍을 파서 만들 때에, 오줌물로 흙가루를 시멘트처럼 반죽해서 담벽에 바르는 것을 알고 있었다면 대체 무엇이라고 했을 것인가?

매미의 노래

레오뮈르가 분명히 말하고 있듯이 그는 매미가 노래하는 것을 한 번도 들어본 적이 없고, 살아 있는 매미를 한번도 본 적이 없었다. 이 벌레는 아비뇽의 근처에서 알코올에 담겨서 그에게 보내졌다.

그러나 위대한 해부학자에게는 그것으로 충분했고, 매미의 발음 기관에 대해서는 정확하게 설명할 수가 있었다. 훌륭한 학자의 날카로운 눈은, 매미의 노래가 흘러나오는 이상한 발음 기관의 구조를 참으로 놀랄 만큼 세밀하게 조사해서 알아낸 것이다.

그렇기 때문에 그가 연구 발표한 이후, 매미의 노래에 관해서 무엇인가 말하려는 사람은 누구를 물론하고 그의 연구에 의지하게 되었다.

그가 연구를 발표한 후에도 수확은 있었다. 그러나 남아 있는 것은 약간의 떨어진 이삭뿐이며, 제자들에게는 그 이삭을 주어서 자그마한 묶음을 만드는 정도의 희망이 있었을 뿐이다. 그렇건만 레오뮈르에게는 없었던 것을 나는 많이 가지고 있다.

나는 매미의 시끄러운 심포니를 듣기 싫을 정도로 들었다. 그러므로 이미 아무것도 말할 것이 없을 만큼 이야기되었다고 생각되는 이 제목에 대해서도 무엇인가 새로운 사실이 있을지도 모른다. 그러니까 나도 다시 한 번 매미의 노래에 대한 문제를 생각해 보고자 한다.

내가 사는 근처에서 채집할 수 있는 매미는 다섯 종류가 있다. 참매미, 산매미, 붉은매미, 검정매미, 애매미가 그것들이다.

처음의 두 종류는 보통 흔히 볼 수 있으나, 다음의 세 종류는 보기 드문 것이며, 시골 사람들에게는 그다지 알려져 있지도 않은 것이다. 다섯 종류 중에서 참매미가 가장 크고, 사람들에게 가장 잘 알려져 있다. 보통 매미의 발음기관을 설명하는 데 대상으로 삼는 것은 이 매미이다.

　수컷의 가슴 아래, 뒷발이 달려 있는 바로 뒤에 반달 모양의 큰 비늘이 두 장 있고, 오른쪽 것이 왼쪽 위에 겹쳐져 있다.

　이른바 이것은 문짝이며 소리를 내는 기관의 뚜껑이다. 이번에는 그것을 들춰 보기로 하자. 그러면 오른쪽에 하나, 왼쪽에 하나 해서 모두 2개의 넓은 구멍이 있다.

파브르 곤충기

　프로방스에서는 이 구멍을 비밀실이라고 부른다. 이 두 구멍은 소위 합창실을 이룬다.

　구멍의 앞쪽은 부드러운 노랑색의 얇은 막으로 덮여 있고, 뒤쪽은 얇은 껍질로 막혀 있다. 이것은 샤봉의 풍선처럼 오색이 영롱하게 빛나며, 프로방스에서는 거울이라고 부른다.

　양쪽에 있는 2개의 구멍과 거울과 뚜껑을 합쳐서 대개는 노래를 만들어 내는 기관이라고 생각하고 있다.

　그러나 거울을 뚫고 뚜껑을 가위로 잘라내거나 또 앞쪽의 노란색 얇은 막을 찢어도 매미의 노랫소리는 멎지 않았다.

　이 상처는 다만 노래의 높고 낮음을 변하게 하고, 소리를 약하게 할 따름이었다.

　비밀실은 소리를 한층 높이 나게 하는 공명장치다. 이곳에서는 소리를 만들어 내지는 않는다. 앞뒤에 있는 얇은 막의 진동으로 소리를 강하게 하기도 하고, 문짝을 크게 또는 적게 가지각색으로 여닫음으로써 소리의 높고 낮음을 조절한다.

　정작 소리를 내는 기관은 다른 곳에 있으며, 익숙지 못한 사람에게는 찾아내기가 무척 힘들다.

양쪽의 비밀실 바깥쪽의 배와 등이 연결되는 한구석에 단춧구멍 같은 곳이 있다. 이곳의 담벽 둘레는 각막질로 되어 있고 뚜껑으로 덮여 있다. 이것을 창문이라 이름 붙여 두자. 이 창문은 이웃에 있는 비밀실보다 깊이는 깊으나 좁다란 진동실에 통하고 있다. 뒷날개가 달려 있는 바로 뒤에, 달걀 모양에 가까우면서도 약간 튀어나온 것이 보인다. 이것은 검은 빛깔에 윤기가 없어서 둘레의 다른 부분과 구별은 할 수 있으나, 이 튀어나온 것이 진동실의 바깥 담벽인 것이다.

이곳을 넓게 쪼개 보자. 그러면 그 속에는 소리를 나게 하는 것이 드러나 보인다. 이것은 조그마한 고막으로서 언제나 말라 있으며, 흰 빛깔의 달걀 모양처럼 생긴 이 기관이 진동함으로써 일종의 독특한 소리가 울려 나오는 것이다.

지금으로부터 약 20년 전, 정확하지는 않으나 파리에서 한 장난감이 유행했던 일이 있다.

이것은 짧고 얇은 강철판의 한 끝을 쇠붙이의 틀에 붙인 것으로서, 엄지손가락 끝으로 눌러 구부렸다가 그대로 놓아 주면, 얇은 강철판은 달리 할 수가 없어서 요란한 소리를 냈던 것이다.

고막으로 된 매미의 심벌과 지금은 깨끗이 잊어버리고 있는 강철판으로 된 장난감과 거의 비슷한 생김새를 갖고 있다. 두 가지가 모두, 본래 생긴 대로의 모습으로 돌아가려 할 때에 소리가 나는 것이다.

이 장난감을 올리려면, 엄지손가락 끝으로 구부리는 것이나 매미의 심벌을 부풀게 하는 데는, 어떻게 해서 홀쭉하게 하였다 부풀게 하였다 하는 것일까?

합창실로 돌아와서 각기 비밀실의 윗부분을 막고 있는 노란 고막을 뜯어보기로 하자.

그곳에는 두 줄기의 힘줄 기둥이 나타난다. 이것은 엷은 귤빛으로서, V자 모양으로 연결되어 맨 끝은 매미의 배 한가운데 있다. 이 굵은 힘줄의 두 갈래에서는 짧고도 가는 손잡이가 나와서 각각 심벌과 연결되었다.

매미가 노래하는 모든 장치는 그곳에 있었다. 쇠붙이 장난감과 마찬가지로 지극히 간단했다.

이 두 줄기의 커다란 힘줄 기둥이 늘었다 줄었다 하는 데 따라서, 각각의 심벌은 팽팽해지고 심벌 그 자체의 탄력성이 합쳐져서 소리를 내는 두 가지의 기구가 진동한다.

이 장치의 능력을 시험해 보기로 할까. 죽은 지 얼마 되지 않는 매미에게 노래를 시켜 보지 않으려는가? 이처럼 쉬운 일은 없다. 핀셋으로 그 힘줄 기둥의 하나를 집은 다음 조심해 가며 잡아 당겨 보자. 그동안 조용했던 장난감은 되살아나는 것은 물론, 움직일 때마다 심벌의 소리가 난다.

하지만 그 소리는 매우 약하다. 이것은 살아 있는 연주가인 매미가 그의 공명실에서 소리를 크게 나지 못하게 하기 때문이다.

또 나뭇가지에 앉아서 즐거운 노래에 흥겨워하는 살아 있는 매미를 한번 벙어리로 만들어 볼 생각은 없는가?

그렇다면 비밀실을 부숴 보아도 그 속의 거울을 깨쳐 보아도 소용없다. 그렇게 난폭한 짓을 해도 매미를 벙어리로 만들 수는 없다.

그러나 우리가 창문이라고 이름 붙인 옆의 단춧구멍으로부터, 바늘 같은 것을 들이밀어, 진동실 밑에 있는 심벌을 한번 찔러 보자. 조그마한 상처만 받아도 그 심벌은 멎어 버린다. 다른 한쪽의 옆구리에 같은 방법으로 상처를 내면 이것으로 매미는 완전히 벙어리가 되고 만다.

그러나 상처가 극히 적을 때는 찔리기 전과 같이 다른 부분과 마찬가지로 팽팽하다.

이런 줄을 모르는 사람들은 거울이나 다른 기관을 모조리 깨뜨려서도 매미의 노랫소리를 멈추지 못했는데, 내가 바늘만 한번 찔러 가지고 완전히 벙어리매미로 만든 것을 보고 깜짝 놀랐다.

그다지 심하지 않은 약간의 상처를 내어 벌레의 배를 가르다시피 해서도 멈추지 못했던 것을 아주 손쉽게 해치운 셈이다.

매미의 오케스트라가 맨 처음 연주되는 것은, 매일 아침 7, 8시에 시작해서 저녁 8시쯤 황혼이 짙어 갈 무렵에야 겨우 조용해진다.

전체로 보아서 시계판의 둥근 위를 시계바늘이 한 바퀴 도는 동안 매미의 음악은 계속되는 셈이다. 그러나 검은 구름으로 하늘이 낮아지고, 차가운 바람이 불면 매미는 침묵을 지킨다.

참매미보다 절반이나 작은 산매미를 이 지방에서는 깽깽이 매미라고 부른다. 어지간히 근사할 정도로 그 울음소리와 비슷한 이름이다.

이 매미는 참매미보다도 한층 더 날쌔고 조심성이 많다. 그 소프라노에 가까운 노랫소리는, 잠시도 쉴 사이 없이 맴! 맴! 맴! 하고 계속된다.

소리가 변화 없이 단순하면서도 날카롭고 높은 음성 때문에 이 매미의 노랫소리는 여러 소리 중에서도 귀가 따갑게 들린다.

더욱이 한여름에 우리 집 뜰에 있는 두 그루의 플라타너스 위에서, 오케스트라가 몇 백으로 헤아릴 수 없을 정도로 많은 매미의 합창으로 시작되면 도저히 견딜 수가 없을 정도이다.

이것은 아주 말라버린 호두알을 자루에 넣고, 껍데기가 깨질 정도로 흔들어 대는 것과 다름이 없다. 정말이지 형벌이나 받는 것 같이 마음을 안절부절 못하게 하는 음악에도 한 가지 조그마한 위안거리는 있다.

그것은 이 산매미가 참매미보다는 잠꾸러기이고, 또 저녁에도 일찌감치 연주를 끝마치는 성미를 갖고 있기 때문이다.

복잡한 설명을 여러 가지로 거듭해 왔지만 맨 끝으로 매미들은 어째서 이처럼 아침부터 저녁까지 줄곧 노래로 시간을 보내는 연주회를 열고 있는 것일까? 그 목적을 알아보기로 하자.

이처럼 소란스러운 소리를 내어서 대체 무엇이 이루어진단 말인가? 언뜻 보기에 생각나는 것은 다음과 같은 대답일 것이다. 그것은 상대자를 불러들이려는 수컷의 호소이며, 애가 타도록 상대방을 그리는 마음을 읊는 가요곡이라고.

이 대답은 대단히 자연스럽기는 하지만 나는 다시 한 번 생각을 해 보고 싶다.

참매미와 깽깽이 매미가, 나로 하여금 그들의 세계에 이끌어 넣은 지 이미 15년이 된다. 여름마다 두 달 동안을 나는 매미의 모습을 보고 그 노랫소리에는 귀가 아플 정도이다.

나도 즐겨서 그 노랫소리에 귀를 기울이고 싶은 마음은 조금도 없지만 상당히 열심히 그들을 관찰했다.

나는 그들이 플라타너스의 나뭇가지 끝에 줄을 지어서 모두가 머리를 위로 하고 암컷과 수컷이 서로 몇 센티미터씩 떨어져 앉아 있는 것을 자주 볼 수 있었다.

매미는 나무껍질에 주둥이 끝을 꽂은 채로 가만히 앉아서, 나무진을 빨아먹고 있었다. 어느덧 해가 기울어져서, 그림자가 짙어짐에 따라 그들도 나뭇가지를 천천히 기어서 가장 햇빛이 잘 드는 편으로 옮겨 간다. 주둥이 끝이 나무진을 빨아들일 때도 자리를 옮겨가는 도중에도 노랫소리는 멈추는 일이 없다.

가슴속에 맺힌 생각을 하소연하기 위해서 끊임없이 아리아를 노래하고 있다는 것은 이유에 합당한 말일까?

나로서는 꼭 그렇다고만 생각되지 않는다. 그들이 모여 있는 곳에는 암컷과 수컷이 서로 가까운 곳에 있다. 더구나 바로 눈앞에 있는데도 몇 달을 두고 불러들이려고 한다는 것은 있을 수 없는 일이다.

그리고 가장 시끄러운 오케스트라가 연주될 때에 수컷이 암컷 한테로 달려가는 것을 본 적이 없다. 상대방을 찾는 방법으로서는 매미들이 갖고 있는 아주 밝은 눈만으로도 충분하다. 노래의 상대자인 암컷이 바로 옆에 있는데, 끊임없는 시끄러운 노랫소리로서 '프로포즈' 한다는 것은 아무런 도움도 되지 않는다.

파브르 곤충기

그런데 어떻게 따라오지 않는 암컷의 마음을 끌어보려는 수단이라고 말할 수 있을까? 나는 그렇게는 생각되지 않는다.

속이 타도록 상대를 부르고 있는 수컷들이, 심벌의 음향을 아낌없이 진동시키고 있을 때에 암컷들이 조금이라도 기뻐하는 것을 본 적이 없다.

우리가 살고 있는 근처의 농민들은, 가을에 곡식을 거둬들일 때가 오면, 농사일에 시기를 놓치지 말고 부지런히 일하라고 해서 Sege(거둬들여라). Sege, Sege! 하고 노래 부르는 것이라고 한다.

사랑을 받아들이는 것도 밀이나 보리를 거둬들이는 것도 사람이 하는 일이다.

그러므로 나는 농민들이 설명하는 뜻도 잘 알 수 있다. 그리고 인정이 두텁고 소박한 마음씨의 나타남을 여기에 기록해 두기로 한다. 이 이상 나에게는 매미들이 무엇 때문에 울고 있다는 것은 알 수가 없다. 내가 알 수 있는 것은, 암매미들이 수매미의 노랫소리를 옆에서 들으면서도, 겉보기에는 아무것도 들리지 않는 듯한·태도를 갖고 있다고 말할 수 있을 뿐이다.

또 한 가지 이상하게 생각되는 것이 있다. 노래를 잘 하는 작은 새들은 어느 새건 굉장히 민감한 청각을 갖고 있다. 가지 사이의 나뭇잎 하나만 흔들거려도 새들은 금세 부르던 노래를 멈추고 불안한 눈초리로 주위를 경계한다. 그러나 매미는 이러한 감정과는 얼마나 동떨어져 있는 것일까?

매미는 무척 밝은 시각을 갖고 있다. 커다란 겹눈은, 오른쪽에서 일어나는 일도 왼쪽에서 일어나는 일도 다 잘 볼 수 있게 생겼다. 루비로 만든 듯한, 작은 망원경이라고도 할 수 있는 3개의 홑눈은 이마 앞의 공간을 끊임없이 지켜보고 있다.

우리가 가까이 가는 것을 보면 매미는 금세 노래를 멈추고 날아가 버린다. 그러나 매미가 노래하고 있는 나뭇가지의 반대쪽에 몸을 숨기고 이야기를 하거나 휘파람을 불거나 손뼉을 쳐 보라!

새들이라면 우리들이 보이지 않아도 즉시 노래를 멈추고 정신 없이 달아날 것이다. 그러나 매미는 태연하게 앉아서 아무 일도 없다는 듯이 노래만 계속하고 있다.

나는 이러한 실험 중에서 한 가지 가장 잊을 수 없었던 일을 이야기하기로 하겠다.

마을 사람들이 명절날이면 항상 축포로 쏘는 읍사무소의 대포를 빌려 왔다. 포수들은 기뻐하며 매미들을 위해서 대포약을 넣고, 우리 집으로 끌고 와서 발사해 주기로 했다.

대포는 모두 두 대였으며, 축제일의 행사 때와 같이 많은 화약이 사용되었다. 어떠한 정치가가 선거 운동을 하러 왔을 때도 이처럼 많은 화약을 써서 존경의 뜻을 표현한 적이 없었다.

　나는 유리창이 깨어지지 않도록 창문을 모두 열어 놓고, 이 두 대의 폭음 장치를 뜰 앞의 플라타너스 밑에 준비해 놓고, 별로 가리려는 생각을 하지 않았다. 나뭇가지에서 노래만 부르고 있는 매미는 그 나무 아래에서 무엇을 하고 있는지 알 수가 있을 테니까.

　그 자리에 나선 사람은 우리들 여섯 명이다. 약간 조용해질 때를 기다리고 있던 우리들은, 노래하고 있는 매미의 수와 매미소리의 높고 낮음 등을 조사해 두었다.

　준비가 완전히 끝났으므로, 공중에서 울려오는 오케스트라 연주의 한가운데를 향해서 우리들은 이제부터 일어나려는 사건에 귀를 기울이기로 했다. 대포 소리는 맑은 하늘에 뇌성벽력같이 일어났다. 나무 위에서는 아무런 소동도 일어나지 않았다. 연주자의 수효는 마찬가지이고, 리듬도 멜로디도 변함이 없었다.

　여섯 명의 증인이 말하는 것은 모두 같았다. 하늘을 찌를 듯한 폭음에도 매미의 소리에는 변화가 없었고, 두 번째의 포성에도 결과는 마찬가지였다.

　오케스트라 연주에 변함이 없는 태도를 어떻게 생각하면 좋을까? 이러한 사실로 미루어, 매미를 귀머거리라고 추측해도 좋을까? 이렇게까지 단정하는 것은 보류해 두기로 하자.

　그러나 어떤 대담한 사람이 그렇게 단정해서 말했다고 하면 나는 이에 대해서 무엇이라고 대답해야 좋을까?

  적어도 매미는 귀가 먹었다는 것과 '귀머거리의 고함소리' 라는 속담을 부합시켜도 좋다는 사실만은 찬성해야만 될 것 같다.

  한 길가의 자갈 위에서 눈부신 태양 광선을 온몸에 받고 있는 푸른 날개의 매미가, 기분이 좋은 듯이 그 굵직한 다리로 날개를 부비며 찌르륵찌르륵하고 있을 때, 초록빛의 청개구리 — 깽깽이 매미에 지지 않게 시끄럽도록 울어대는 청개구리가 나뭇잎 속에서 소낙비가 내릴 것을 미리 알리고 있을 때 그들은 모두가 자기 옆에 있는 상대자를 부르고 있는 것일까? 아니다, 결코 그렇지는 않다.

  매미의 날개는 겨우 들릴까말까 할 정도의 찌르륵 소리를 내고 있을 따름이다. 개구리의 드높은 노랫소리도 보람없이 저 하늘 멀리 사라져 갈 뿐이다. 기다린다는 상대자는 한 마리도 날아오지 않는데.

  벌레들은 그들의 가슴 속에 타는 듯한 생각을 호소하기 위해서, 그토록 시끄럽게 높은 소리로 오랫동안 길게 울어대야만 되는 것일까? 수많은 벌레를 조사해 보면 대개는 암컷, 수컷은 아무 소리도 없이 서로 상대자에게 가까이 다가가는 것이다.

  나는 매미의 바이올린이나 청개구리의 피리 소리나 깽깽이 매미의 심벌은 이 지구상의 모든 동물이, 각각 자기 뜻대로 삶의 기쁨을 축복하기에 적당한 음악이라고 생각한다.

  만일 어떤 사람이, 매미는 자기들이 살고 있다는 것을 즐기기 위해서 그토록 소리 높여 노래하고 있는 것이며, 마치 우리들이 만족하고 있을 때에 두 팔을 휘두르는 것과 마찬가지라고 말한다고 해도 나는 크게 반대하지는 않을 것이다.

파브르 곤충기

곤충 세계의 청소부 상관

송장벌레

농사일이 한창인 4월이 되면, 농부의 괭이나 삽 따위에 배가 찢겨서 죽은 두더지를 볼 수 있다.

담장 밑에는 봄볕을 찾아 소풍 나왔던 도마뱀이 무심한 어린이들의 돌팔매에 맞아서 목숨을 잃기도 한다. 아직 털도 나지 않은 어린 새끼도 바람에 쓸려 둥지에서 떨어져 죽기도 한다.

이렇게 죽어간 조그마한 시체나 그 밖의 생물들의 시체는 어떻게 치워지는 것일까?

우리가 눈으로 보기도 싫어하고 코를 찌르는 냄새도 그리 오래 가지는 못한다. 들판에는 청소부대가 얼마든지 있으니까.

더러운 것이건 깨끗한 것이건 무엇이든지 싫다고 할 줄 모르고 약탈하기를 좋아하는 개미 부대가 맨 먼저 달려온다. 그리고 한

조각 한 조각 뜯어내는 일을 시작한다. 시체의 썩은 냄새가 징그러운 구더기의 어미인 파리를 불러들인다.

어디 있다가 오는지 넓적송장벌레, 제자리걸음하는 풍뎅이붙이, 뱃가죽만 유난히 흰수시렁이, 늘씬하게 생긴 반날개들이 무리를 지어서 달려온다. 이놈 저놈 할 것 없이, 앞을 다투어 부지런히 썩은 시체를 끄집어내고 속으로 파고들며, 시체에서 흐르는 국물을 말려버린다.

죽은 두더지의 시체 아래서는 어떤 광경을 볼 수 있을까? 이 기분 나쁘고 더러운 일터에서도 보는 눈과 생각하는 방법만 달리하면 그저 지나쳐 버릴 수 없는 장소도 된다.

기분 나쁜 것을 참고 발끝으로 더러운 시체를 뒤집어 보자. 그 아래서는 얼마나 많은 벌레가 바글거리는 것이냐? 한참 바쁘게 덤비는 청소부들이 야단법석을 떨고 있다. 넓적하고 검은 상복을 입은 듯한 날개를 가진 송장벌레는 깜짝 놀라서 도망치다가 오목한 땅 속에 납작 엎드린다. 햇빛이라도 비칠 만큼 반들반들한 흙단색의 루리 풍뎅이붙이는 제자리걸음을 하며 일자리에서 물러선다. 여우 목도리를 두른 듯한 수시렁이는 달아나려고 하다가 시체가 있던 물에 미끄러져서, 등거죽 빛과는 어울리지도 않는 하얀 배를 드러내며 벌렁 나자빠진다.

이렇듯 일에 열중하는 무리들은 대체 그곳에서 무엇을 하는 것일까? 그들은 삶을 위해서 주검을 산산조각 떼어내는 것이다.

천성이 세공장이처럼 생긴 이 벌레들은 더럽고 무서운 시체를,

생명을 유지하는 데 해롭지 않은 물건으로 만들고 있는 것이다.

그들은 위험한 시체를 말려서, 가을의 찬서리와 여름의 찌는 듯한 더위에 나글나글하게 되면, 나중에는 길바닥에 던져버린 헌 구두처럼 만들어버리는 것이다.

이보다 더 작고 한층 더 끈기 있는 벌레들이 또 몰려온다. 이런 벌레들은 시체 처리의 나머지 일을 인계받아서 힘줄이나 뼈대, 또는 털 따위를 하나하나 자기 살림의 보고에 옮겨갈 때까지 정성을 다해서 일한다.

이들 중 송장벌레는 시체에 밀려드는 벌레들보다는 몸통도 몸단속도 그리고 습성도 엄청나게 다르다. 중요한 직책을 맡은 때문인지 몸에서는 제법 사향초 냄새 같은 향기로운 냄새까지 풍긴다. 더듬이의 끝에는 빨간 단추로 장식하고, 가슴에는 무명빛 프란넬을 걸친 다음, 딱딱한 날개 위에는 방울 같은 두 개의 빨간 리본을 비스듬이 달고 있다. 이런 몸맵시는 아주 그럴듯한 모습이다.

다른 놈들의 모습이 초상집 일꾼처럼 음산한 의복을 걸치고 있는 데 비하면 근사하리만큼 훌륭한 옷차림이다. 송장벌레는 주둥이에 달린 해부도로써 재료를 썰고, 그 살을 도려내는 해부학자는 아니다. 이놈은 글자 그대로 무덤 구멍을 파는 일꾼, 매장의 청부업자이다.

다른 벌레들은 자기가 뜯어낸 고깃덩어리를, 물론 가족들을 생각하지 않는 것은 아니지만 우선 자기부터 배불리 먹는데, 이놈은 이와 정반대로 약간 입을 대는 둥 마는 둥 하고 자기가 발견한 먹이라고 혼자만 먹는 일은 전혀 없다.

이놈은 그것을 흙창고 속에 묻어버린다. 이것은 먹기에 적당한 시기가 오면 애벌레의 식량이 된다. 이 시체로 저장하는 청소인부는 느림보 같지만, 한번 시체를 창고에 넣는 작업이 시작되면 놀랄 만큼 재빠르게 해치운다.

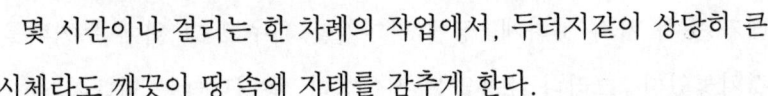

몇 시간이나 걸리는 한 차례의 작업에서, 두더지같이 상당히 큰 시체라도 깨끗이 땅 속에 자태를 감추게 한다.

다른 놈들은, 말라버린 시체를 땅 위에 남겨둔 채로 몇 달이고 바람을 맞고 비에 젖도록 내버려 둔다. 그러나 이놈만은 송두리째 그 자리에서 깨끗이 청소해버린다. 일 끝에 남는 것이라고는 다만 두더지 무덤이 흙만두처럼 남아 있는 것을 볼 따름이다.

재빠르게 일하는 품으로 보아서 송장벌레는 들판에 있는 다른 조무래기 청소부에 비하면 장관 격이다. 이 청소부 장관은 꿀이나 먹이를 채집하는 벌 따위 중에서 가장 소질을 갖춘 벌레라 할지라도 갖고 있지 못한 지혜를 갖고 있다고 전해 온다. 내가 가지고 있는 책 중에서 라코르네르의 《곤충학 서설》에는 다음과 같이 이 벌레를 찬양하고 있다.

'크레르뷔르의 보고에 의하면, 송장벌레는 죽은 생쥐를 묻으려 했으나 시체가 넘어져 있는 땅이 지나치게 굳은 것을 알고, 약간 옆으로 비켜서 좀 물기 있는 흙에 구멍을 팠다. 이 작업이 끝나자 그 구멍에 생쥐를 묻으려 했다. 그러나 일이 잘되지 않았기 때문에 송장벌레는 어디론가 사라졌다. 잠시 뒤 그는 4, 5마리의 동료들을 데리고 돌아왔다. 동료들은 그를 거들어서 생쥐를 옮겨다 묻었다.'

또 라코르네르는 송장벌레의 추리 능력에 관해서도 언급하고 있다.

'친구가 두꺼비를 햇볕에 말려 보관하려고 했다. 그는 송장벌레가 훔쳐 가지 못하게, 땅에 막대기를 세우고 그 위에 두꺼비를 걸쳐놓았다. 그러나 소용없는 짓이었다. 송장벌레는 막대기 둘레의 흙을 파서 막대기를 쓰러뜨리고 두꺼비를 땅 속에 묻어버렸다.'

곤충이, 원인과 결과, 목적과 수단을 확실히 알 수 있는 지혜의 힘을 갖고 있다고 인정하는 것은 참으로 엄청난 일이다. 나는 이보다 더 엉터리 같은 이야기를 들은 적이 없다.

그러나 앞서 두 가지 이야기는 정말일까? 그 이야기에는 말하고 있는 것과 같은 사실의 연결성이 포함되어 있는 것일까?

어린아이들처럼 다른 사람이 말하는 것을 무엇이든 그대로 믿는다는 것은 그만두기로 하자. 벌레의 이성을 움직이기 전에 우리들의 이성을 좀 활용시켜 보자. 특히 실험으로서 현실적인 사실을 말하게 해보자. 우연히 손에 들어온 사실을 비판하지 않고 그대로 믿어서는 안 된다.

이러한 사실을 알기 위해서는 운좋게 우연히 베풀어 준 사실에 의지해서는 안 된다. 진실을 알기 위해서는 아무래도 벌레들의 집을 마련해야 된다. 그것이 있으면 무엇이든지 물어볼 수 있고, 몇 차례라도 계속해서 신문하거나 여러 가지 계략을 써볼 수도 있다.

그러나 어떻게 하면 자기 집에서 살림하는 벌레를 잡을 수가 있을까? 나로서는 아무래도 12, 13마리는 필요하다. 올리브가 잘 자라는 고장에서는 송장벌레를 좀처럼 구하기가 어렵다.

들에 있는 이 청소부 장관을 찾으러 간다면 기껏해야 헛수고만 할 뿐이다. 그러면 앞뜰에 죽은 두더지를 많이 갖다놓고 이곳으로 불러들이도록 해 보자.

두더지의 시체가 태양열에 쬐어서 먹기 알맞게 되면, 자연의 선물로 음식 냄새를 맡는 재능을 갖고 있는 벌레들은, 사방팔방에서 모여들 것이 분명하다.

나는 1주일에 두세 차례씩은 우리 집에 야채를 팔러오는 이웃의 꽃나무 장수와 약속을 했다. 내가 빠른 시일 안에 두더지가 많이 소용된다는 사실을 말했을 때는, 꽃나무 장수는 나락의 뿌리를 송두리째 파헤치는 이 장난꾸러기 두더지와 매일 같이 부삽과 가레로 싸우고 있는 참이었다.

다음날부터는 두 마리, 세 마리, 때로는 네 마리씩 양배추 떡잎에 싸여서 꽃나무 장수의 광우리 밑에 담긴 채로 우리 집으로 옮겨왔다. 나의 기묘한 부탁을 기분 좋게 승낙해 준 이 소박한 꽃나무 장수는, 내가 벌레와 사람과의 비교 심리학을 연구하기 위해서 얼마나 고생하고 있는지는 꿈에도 모를 것이다.

며칠이 지나지 않아서, 나는 30마리 가량의 두더지를 손에 넣을 수 있었다. 이놈들을 가져오는 대로 앞뜰의 여기저기 만년청이나 신이화나무 사이에 드러난 땅 위에 널어놓았다.

다음은 기다리는 것뿐이었다. 그리고는 하루에 몇 차례씩 이 조그마한 썩은 고기를 놓아 둔 장소를 찾아가 보기만 하면 된다. 이러한 일은 혈관 속에 거룩한 지식의 불꽃을 갖고 있지 못하는 사람으로서는 코를 쥐고 달아나고 싶은 일일 것이다.

집안 식구 중에는 단 한 명, 꼬마 포루가 거들어 주어서 그 재치있는 손끝으로 달아나는 벌레를 잡아 주었다. 이 소중한 송장벌레를 얻는데, 한 명의 어린아이와 또 한 명의 눈 뜬 소경 꽃나무 장수만이 나를 도와주었다.

꼬마 포루와 나는 번갈아 가면서 조사하러 갔다. 시간이 그렇게 오래 걸리는 것도 아니었다. 이리저리 공중을 제멋대로 불어오는 바람이 썩은 고기 냄새를 사방으로 풍겨다 주면 벌레의 청소부들은 달려왔다. 나의 계략은 정확하게 맞아들어갔다.

마련해 준 벌레집에서 어떤 결과를 얻었는가를 이야기하기 전에 우선 송장벌레에게 맡겨진 노동은 대개 어떤 것인가를 이야기해 두자. 이 벌레는 살아 있는 먹이를 사냥하는 벌처럼 자기 힘에 알맞은 먹이 사냥감을 선택하는 것이 아니고 운명의 손이 보내 준 것을 그대로 받아들인다.

송장벌레가 발견한 먹이 가운데는 생쥐같이 몸이 작은 놈부터 들쥐처럼 좀더 큰 놈과 두더지가 시궁쥐나 누룩뱀처럼 한 마리의 청소부가 구멍을 파는 힘으로서는 벅찰 만큼 큰 놈도 있다.

대개의 경우, 운반해 간다는 것은 어림도 없는 이야기이며 먹이의 크기로 말하면 먹는 놈의 체통과는 조금도 어울리지 않는다. 등으로 떠다민다 해도, 약간 들썩거리기나 할까 말까 하는 정도가 고작이다.

나나니벌과 진노래기벌, 대모벌은 마음에 드는 장소를 선택해서 집 구멍을 판 다음, 먹이를 그곳으로 옮겨다 놓고 먹이가 지나치게 무거울 때는 발끝을 세워 디딘 다음 이끌고 간다.

송장벌레에게는 이렇듯 재치있는 기술은 없다. 어느 때 어디서 부딪칠지도 모르는 무거운 짐을 모조리 옮겨갈 수는 없기 때문에, 이 벌레는 시체가 있는 장소에다 구멍을 판다.

이렇게 무턱대고 정해지는 매장 장소는 메마른 땅이기도 하고 돌 섞인 땅일 때도 있다. 그곳은 풀이라고는 한 포기도 없는 땅일 때도 있고, 또 잔디 뿌리가 그물처럼 가로 세로 뻗어서 흙을 파기가 무척 어려울 때도 있다.

청소부에게는 이렇게 여러 가지 생각도 못했던 어려운 일이 있기 때문에, 송장벌레가 일정한 순서와 방법에 따라서 일을 진행시킬 수 없다는 것은 상상하기가 어렵지 않다.

그때그때 운수에 따라가는 이 벌레는, 자신의 조그마한 두뇌로 해결할 수 있는 범위 안에서 전술을 바꿀 수 있는 힘을 가지고 있을 것이다.

톱으로 자르듯 하고, 구부러뜨리고, 잡아당기고, 치켜올리고,

물어 흔들고, 이끌어가는 따위는 어려운 경우에 부닥쳤을 때에 이 구멍 파는 청소부에게 없어서는 안 될 처치 방법이다. 이러한 방법을 생각지 못하고 일정한 방법만 취한다면, 이 벌레는 맡겨진 천직을 감당해낼 수가 없을 것이다.

그러나 이 벌레는 그 한 가지 한 가지 방법이 가장 훌륭하다고 판단하면서 일하는 것일까? 우리들은 우선 그 일 전체를 이해해 보자.

맨 먼저 식량에 대해서 한 가지 말해 두기로 하자. 청소부 장관인 송장벌레는 썩은 시체라면 어떤 것이라도 싫다는 것이 없다. 자기 힘에 넘치지만 않으면 짐승이건 날개가 돋친 것이건 무엇이든지 고맙게 받아들인다. 개구리 종류건 뱀이건 한결같이 기분좋게 처치해버린다.

그 증거로 나의 벌레통에서는, 중국에서 나는 붉은잉어의 시체도 좋은 먹이로 인정되어 규칙에 따라서 땅속에 묻혔다. 푸줏간에서 파는 고기도 싫어하지 않았다. 생선 요리 찌꺼기, 비프스테이크의 부스러기 따위가 맛있는 냄새만 풍기면, 두더지나 시궁쥐를 처치하듯이 정성스럽게 땅속에 묻어버렸다.

결국 송장벌레는 먹이의 좋고 나쁨을 가리는 법이 없다. 이 벌레는 썩은 물건이라면 무엇이든지 창고 속에 넣어 간직했다.

자아, 그러면 이번에는 일하는 모습을 구경하기로 하자. 두더지는 상자 속 한가운데 가로놓여 있다. 흙은 모래알처럼 말라 있고 섞인 것이라고는 아무것도 없기 때문에 일하기에는 아주 편하다.

네 마리의 송장벌레 중에서 세 마리는 수컷, 한 마리는 암컷이 괴물의 시체를 상대하고 있다. 벌레는 시체의 아래로 들어가 있기 때문에 눈에는 보이지 않는다. 시체는 때때로 청소부들의 등에 의해서 아래위로 들렸다 놓이기 때문에 살아나는 것같이 보인다.

이런 사정을 모르는 사람은, 죽은 두더지가 움직이는 것을 보고 깜짝 놀랄 것이다. 극히 드문 일이지만, 구멍을 파던 벌레가 한 마리 — 이놈은 항상 수컷이지만 — 흙 위로 나와서는 두더지의 둘레를 한 바퀴 돌아본 다음 그 털 모습으로 조사해 본다.

파브르 곤충기

그리고는 분주히 들어갔다가 다시 나와서 또 한 번 조사해 본 다음 시체 아래로 기어들어갔다. 두더지의 움직임은 점점 심해 갔다. 시체는 움직이고, 그러는 사이에 안에서부터 밀려나온 흙더미가 둘레에 쌓여갔다. 두더지는 자기 몸무게와 아래서 부지런히 파고 있는 청소부들의 노력에 의해서 받들고 있는 지반이 무너지며, 조금씩 조금씩 땅속으로 기어들어갔다.

그러는 사이에 밖으로 밀려나온 흙더미는 눈에 보이지 않는 인부들의 힘에 의해서 흔들리며, 구멍 속으로 허물어져 들어가서 그 속에 있는 시체를 덮어버렸다. 이것은 겉보기에는 비밀 매장과 다름이 없었다. 시체는 물속에 빨려 들어가듯이 저절로 사라져서 없어졌다. 그리고는 좀더 긴 시간에 걸쳐서, 깊이가 이제는 충분하다고 느낄 때까지 아래로 파고들어갔다.

요컨대 하는 일은 아주 간단하다. 파묻는 인부들이 아래서 구멍을 깊게 하면, 시체는 그 아래쪽에서 움찔거리고 빨아들이듯 해서 기어들게 한다.

그에 따라서 청소부들이 직접 손을 대지 않아도 무덤 구멍은 파낸 흙더미가 무너지기 때문에 저절로 묻히는 것이다.

발끝에 달린 억센 발톱, 땅이라도 떠받칠 수 있는 튼튼한 잔등, 이러한 장사꾼에게는 이 이상의 다른 것은 필요없다. 중요한 사실을 한 가지만 더 말해 두자. 그것은 가끔씩 시체를 흔들어서 부피를 작게 오므라들게 하므로 통과시키기 어려운 길도 지나갈 수 있었다. 이 솜씨야말로 송장벌레가 일하는 데 얼마나 중요한 구실을 하는가? 얼마 지나지 않아서 우리들은 이것을 알 수 있게 될 것이다.

볼 수는 없지만 두더지는 아직도 그가 가야 할 목적지까지는 가 닿지 못했다. 장례식을 치르는 벌레들에게 그 일을 하도록 내버려 두자. 지금 땅 속에서 그들이 하고 있는 일이란 처음 하던 일과 다름이 없었으며, 새로운 것은 하나도 없었으니까 앞으로 2, 3일 기다려 보기로 하자.

지금이 적당한 시기이다. 땅속에서 무슨 일이 벌어졌는지 조사해 보자. 썩은 물건을 조사하는 데는 아무도 도움을 주지 않았다. 다만 집안 식구 중에서도 나이 어린 꼬마 포루만이 용기를 내서 내가 하는 일을 거들어 줄 뿐이었다.

두더지는 이미 두더지가 아니었다. 털은 빠져 달아났고, 고약한 냄새와 퍼렇게 멍든 알몸뚱이뿐이었다. 돼지의 털을 모두 벗겨 놓은 것 같았다. 요리사의 손에 튀겨진 통닭처럼, 털이 하나도 없어질 때까지는 아무래도 특별한 기술이 가공되었을 것임에 틀림없었다.

이것은 털을 싫어하는 애벌레를 위해서 잘 먹을 수 있도록 솜씨를 보인 것일까? 그렇지 않으면 별다른 목적은 없어도 썩었기 때문에 저절로 털이 빠진 것일까?

나는 어느 쪽이 맞다고 판단할 수가 없었다. 어느 쪽이건 간에 파낸 물건은 하나에서 열까지, 털 있는 짐승은 털이 빠지고 날개 달린 놈은 날개가 빠져 다만 꽁지와 날갯죽지만이 남아 있을 뿐이었다. 한편 생선이나 뱀 따위는 비늘이 남아 있을 뿐이었다.

깨끗이 탈바꿈을 한 두더지의 모습을 살펴보기로 하자. 그것이 있는 땅속 창고에는 뿔풍뎅이의 방보다 지지 않을 만큼 담벽을 바른 공사장이 있었다. 벗겨진 털을 한군데로 몰아치면 두더지는 알몸뚱이가 되었다. 구멍을 파던 벌레들은 두더지에게는 손도 대지 않는 모양이었다.

이것은 어린것들에게 물려줄 재산이며 어미들이 먹을 식량은 아니었다. 그들은 시장기를 때우기 위해서, 흘러내리는 고깃국물을 맛보는 정도가 고작이었다.

바로 옆에는, 두 마리의 송장벌레가 먹이를 지키고 있었다. 묻을 때는 네 마리가 힘을 합해서 일하고 있었는데, 나머지 두 마리, 즉 두 놈의 수컷은 어디로 갔을까?

나는 그 두 마리가 거의 땅표면 가까운 곳에 붙어서, 몸을 움츠리고 있는 것을 발견했다.

　이것은 이번이 처음은 아니었다. 수컷이 많은 부대에서는, 각자가 그 일을 신나게 하고 있는 매장 공사에 참석할지라도 그 다음 땅속에 묻어버리는 일이 끝나기만 하면, 이 시체를 간직한 창고에는 정해 놓고 한 쌍의 송장벌레만 남는다. 나머지 일꾼들은 묻기까지의 일을 거들어 준 다음에 조용히 물러간다.

　구멍을 파던 벌레의 수컷들은 참으로 훌륭한 어버이들이다. 벌레의 친구 간에 흔히 있는 규율에 의하면, 수놈은 새끼를 위한 괴로움을 어미벌레에게만 맡겨 두는 것이 보통인데, 그러한 아비벌레와 송장벌레의 아비와는 전혀 다른 점이 있다.

　다른 부족에게는 하잘것없는 놈이 여기서는 때로 자기 새끼들을 위해서, 또는 다른 놈의 새끼를 위해서 아무 차별도 없이 열심히 일을 한다. 어떤 부부에게 힘든 일이 있을 때면, 냄새로 알아차리고 달려와서는 어미벌레를 거들어 주려고 먹이 아래로 기어 들어가 있는 힘을 다해서 묻어 준 다음 집주인만을 남겨 놓고 어디론지 사라져버린다.

　그러면 남아 있는 두 마리는 오랜 시간에 걸쳐서 힘을 합하여 시체를 요리하고, 털을 뽑아서 새끼들이 먹기에 알맞도록 잘 익힌다. 모든 준비를 빠짐없이 마치고 나면 한 쌍의 부부는 밖으로 나와서 헤어진다. 각자는 자기가 가고 싶은 곳으로 가서, 할 일이 없으면 남을 돕는 일이라도 한다.

　나는 오늘까지 꼭 두 차례에 걸쳐서, 자식의 장래를 염려하여 재산을 남겨주려고 열심히 일하는 아비벌레를 보았다. 말똥을 처리하는 보라금풍뎅이와 시체를 처치하는 이 송장벌레는, 청소부와 장의사 인부 중에서 유별나게 다른 사람들의 모범이 될 만한 살림을 하고 있었다. 대체 아름다운 덕행은 어떤 곳에 머물게 되는지 알다가도 모를 일이다.

5월 그믐이 되어서 두 주일쯤 전에 청소부들이 파묻은 시궁쥐를 파내어 보았다. 시커먼 콜타르처럼 흐늘흐늘한 보기만 해도 구역질이 나는 시체 옆에서, 나는 열다섯 마리의 애벌레를 잡아냈다. 어미벌레도 몇 마리가 — 이놈은 틀림없이 친척되는 벌레의 어미들일 것이다 — 역시 썩은 물건 가운데서 서성대고 있었다. 이미 알을 낳을 시기는 지났고, 식량은 먹고 남도록 쌓여 있었다. 달리 할 일도 없으니까 어미들은 어린 자식들 옆에서 쉬고 있는 모양이었다.

청소부들이 새끼를 기르는 방법이란 참으로 빠르다. 시궁쥐를 땅 속에 묻은 다음, 불과 15일이 지났을까 말까 한데 벌써 이 원기왕성한 가족들은 탈바꿈의 한 걸음 앞에까지 이르렀다.

이토록 빠른 성장은 나를 놀라게 할 따름이다. 다른 어떤 동물의 밥주머니에 대해서도 목숨을 앗아 갈 만한 시체의 썩은 물이 여기서는 아마도 힘을 강하게 기르는 양식인가 보다.

애벌레는, 어두컴컴한 곳에서 생활하는 벌레들이 모두 그렇듯이 앞을 보지 못하는데다가 흰 빛깔이며 몸은 벗겨져 있다. 몸의 생김새가 창끝처럼 생긴 것이 딱정벌레의 새끼와 비슷하다. 검고

억세게 생긴 큰 턱, 이것은 해부할 때 쓰기 좋은 집게와 같다. 발은 짤막하나 가볍게 몸을 움직여서 대뚝대뚝 걷기도 한다.

애벌레와 같이 있는 썩은 시궁쥐 속에서 발견한 송장벌레의 어미들은, 이놈 저놈 할 것 없이 모두가 진드기 투성이다. 4월에, 저 두더지 시체 아래서는, 그토록 반질반질하게 윤기가 흐르고 몸맵시도 훌륭하던 것이, 6월이 가까워지니까 몹시 더러워졌다.

기생충의 무리가 벌레의 몸 전체를 둘러싸고, 몸 마디마다 파고 들어서 거의 구부릴 수도 없는 가죽처럼 되었다. 벌레는 진드기 옷에 싸여서 제 모습이라고는 찾아볼 수도 없었다. 달라붙은 진드기를 솔로 털어버리는 것도 쉬운 일이 아니다. 배에 붙은 놈을 쫓아버리면 진드기란 놈은 송장벌레를 한 바퀴 돌아 등에 붙어서 떨어지지 않았다.

이놈들은 장수풍뎅이에게 붙어다니는 더부살이 진드기이다. 보라금풍뎅이의 보랏빛 수정 같은 배를 잘 더럽히는 진드기들이다. 아니, 참다운 인간을 구별하는 데 있어서 쓸모 있는 인간에게는 신이 많은 복을 내려 주지 않는다. 송장벌레도 보라금풍뎅이도 그렇고, 그들은 다른 생물을 위해서 위생이라는 쓸모있는 일에 생명을 바치고 있는 놈들이다.

이 두 종류의 일꾼들은 보건이나 위생을 위해서 보람 있는 일을 하고 있으며, 그들 가족생활의 습성으로 볼 때도 참으로 기특한 놈들인데 왜 그처럼 기생충의 시달림을 받고 괴로워하는 것일까?

슬픈 일이지만, 세상을 위해서 힘쓴 사람이 생활의 박해를 받는다는 부조리는, 장의사의 벌레나 청소부 장관의 벌레가 사는 세계 이외에서도 여러 가지 예를 들 수는 있다.

　이들은 가정생활의 모범이라고 할 만하다. 그렇다. 그러나 송장벌레는 최후까지 그것을 다 해내지는 못했다.

　6월 초순에 새끼들에게 충분한 먹이를 마련해 주고 나면, 청소와 매장 작업은 일단 휴업에 들어간다.

파브르 곤충기

　그리고 나의 벌레 우리에서는 땅 위에 벌레의 그림자조차 보이지 않는다. 때때로 구멍을 파던 벌레가 땅속에서 올라와서 바깥 공기를 쐬며, 피로에 지친 듯이 다리를 질질 끌고 있었다.

　바로 그때에 상당히 이상한 일이 나의 주의를 끌었다. 땅속에서 기어올라오는 놈은 모두 다리가 잘려 있었다.

　나는 완전한 다리는 하나밖에 남지 않은 절름발이도 보았다. 그런 놈은 극도로 쇠약해지고, 남아 있는 한쪽 다리와 잘리다 남은 다리로 거죽은 진드기 투성이가 되어서 땅 위를 기어가고 있었다.

　때마침 어디선가 좀더 다리가 성한 놈이 나타나서, 이 병든 놈에게 마지막 침을 한 대 놓아서 목숨을 빼앗은 다음 그 창자를 깨끗이 먹어치웠다.

　이런 것은 나이 늙고 노쇠하기 때문에 일어난다. 앞으로 얼마 남지 않은 목숨의 병적인 발작이다. 인간 사회에서도 그렇듯이, 노동은 청소부 벌레에게 평화로운 습성을 가져다주고 아무 일도 하는 일 없이 살아간다는 것은, 그들에게 포악의 취미를 일으킨다. 이미 아무것도 할 것 없기 때문에 그들은 동료의 팔다리를 부러뜨리고, 자기 손발을 꺾여서 먹히게 될 것을 생각지 않고 상대방을 먹어 버린다. 이런 것은 진드기에게 빨려서 늙어빠진 벌레의 최후이기도 하다.

적당한 크기로 자라면 애벌레는 먹이 옆을 떠나서 땅속으로 깊이 기어들어간다. 이렇게 해서 땅속의 제 집에 틀어박힌 송장벌레의 애벌레는, 10여 일 후에 번데기로 변한다. 직접적인 관찰은 이것으로 끝이며, 송장벌레는 한여름 동안에 성충이 되어 나올 것이다.

송장벌레의 지혜

그러면 다음에 송장벌레의 지혜에 관해서, 크레르뷔르가 말한 사실, 즉 흙이 굳어서 파기 어렵기 때문에 구원군을 청하러 갔다는 이야기를 실험해 보기로 하자.

이 목적을 달성하기 위해서 나는 뜰 안 잔대풀 옆의 화분을 놓아 둔 한가운데, 땅거죽과 높이를 가지런히 해서 벽돌 한 장을 깔고, 그 위에는 모래흙을 두껍지 않게 폈다. 이렇게 한 것은 구멍을 파기 어렵도록 하기 위해서이다. 그 둘레에는 같은 높이로 파기 쉬운 흙을 넉넉히 펴놓았다.

크레르뷔르의 학설과 같은 조건에 가깝도록 하기 위해서는 생쥐 한 마리가 꼭 필요하다. 두더지는 너무 무거워서 움직일 수 없을지도 모른다. 생쥐를 구하기 위해서 나는 친구들과 이웃 사람들까지 모두 동원시켰다. 사람들은 모두 나의 괴상한 취미를 비웃었지만 어쨌든 생쥐를 구해 주는 것만은 승낙해 주었다.
 그러나 생쥐가 필요한 것은 지금 당장이었다. 다른 때 같으면 흔해빠진 생쥐가 막상 구하려고 하니까 좀처럼 구해지지 않았다.
 마침내 여러 사람의 도움으로 생쥐를 구했다. 나는 그놈을 벽돌장 한복판에 갖다 놓았다.

 잔대풀 밑에 있는 생쥐를 파묻은 매장 인부는 지금 일곱 마리이며 그중 세 놈은 암컷이다. 모두가 땅속에 기어들어가 있었다. 어떤 놈은 거의 땅표면 가까이 있어서 아무것도 하는 일이 없었다. 또 다른 놈들은 지금 구멍 속에서 일을 하고 있는 중이었다. 새로운 시체가 있다는 것이 이윽고 여러 놈에게 알려졌다.
 오전 7시, 세 마리의 송장벌레가 달려들었다. 암컷이 한 놈이고, 수컷이 두 마리다. 그놈들은 생쥐 아래로 기어들어갔다. 쥐의 시체가 움찔움찔하는 것처럼 보이는 것은, 매장하려는 인부들이 열심히 일하고 있는 증거이다. 벽돌장을 덮고 있는 모래흙에 구멍을 파려고 하는 것이다.
 시체는 두 시간 동안이나 꿈적거리고 있었으나 아무런 효과도 없다. 시체를 움직일 때 벌레는 드러누웠다. 그는 여섯 개의 발로써 시체의 털을 움켜잡고 등을 제치며 머리와 허리 끝을 지레처럼 만들어 가지고 떠다밀었다. 구멍을 팔 때는 다시 본래대로의 자세로 돌아갔다.
 이렇게 해서 매장 인부들은 시체를 움직여 보며, 아래로 잡아끌

때는 드러눕고, 구멍을 파야 할 때는 땅속을 향해서 손과 발을 부지런히 움직였다.

하지만 끝내는 생쥐를 놓아 둔 자리가 묻기에는 적당치 못하다는 사실을 알게 된다. 한 마리의 수놈이 밖으로 나와서 시체를 자세히 살펴보고는 둘레를 한 바퀴 돈 다음, 그 근처를 조금씩 긁어 보았다. 그놈은 돌아갔다. 시체는 또 움직였다. 정찰하러 나왔던 놈은 자신이 실제 조사한 바를 동료들에게 보고하는 것일까?

그렇지 않으면 그는 좀더 파묻기 좋은 장소를 선택하도록 새로운 방법을 결정한 것일까?

사실 그렇지 않다. 그가 시체를 움직일 때 다른 놈들도 그를 따라서 떠다밀기는 하지만, 그래도 일정한 방향으로 힘을 합해서 하는 것이 아니다.

시체는 벽돌 한 끝으로 약간 밀려갔다가는 다시 제자리로 돌아온다. 서로의 의사가 통하지 않기 때문에 힘들인 지레 작업도 아무런 보람이 없다. 세 시간 동안이나 애쓰며 힘들인 것이 밀었다 당겼다 하는 것으로 끝나고 말았다.

수놈은 다시 한 번 나와서 둘레를 조사하고, 벽돌 바로 옆의 굳지 않는 땅을 시험적으로 파 보았다. 이것은 토질을 알기 위한 것으로 그리 깊지도 않고 벌레가 절반쯤 들어갈 만한 우물이었다.

이렇게 시찰을 마친 놈은 다시 공사장으로 돌아가서 등으로 떠밀어 보았다. 시체는 그곳에서라면 2, 3센티미터쯤 움직일 수 있었다. 이번에는 제대로 될 것인가? 그렇게는 안 되었다. 잠시 지나고 보면 생쥐는 다른 곳으로 비뚤어져 들어갔다. 좀처럼 해결되지 않았다.

다른 두 마리의 수놈은 잔대풀 밑그루 옆이 마음에 들었는지 그곳을 몇 차례에 걸쳐서 파 보았다. 벽돌 이외에는 어디나 마찬가지로 파기 쉬운 곳이었다. 나로서는 무슨 까닭인지 모르지만, 맨 처음에 시험적으로 파 본 장소는 제2의 장소로 바뀌었고, 이것도 낙제라고 생각되면 제3, 제4의 장소가 차례로 계속되다가 여섯 번째에 가서 장소의 선택이 결정되었다.

그러나 이것도 생쥐를 맞아들이기 위한 구멍은 아니었다. 단지 시험적으로 파 본 데 불과했으며, 깊이도 얕아 파는 벌레 자신만 간신히 들어갈 정도였다.

시체 있는 곳으로 돌아오면 생쥐는 갑자기 흔들리기 시작했고, 이쪽저쪽으로 나왔다 들어갔다 하다가는 마침내 작은 모래 언덕을 넘고야 말았다.

지금은 벽돌 밖으로 벗어나서 파기 적당한 땅에 왔다. 시체는 조금씩 앞으로 옮겨졌다. 옮기는 것은 벌레가 밖에서 끌어가는 것이 아니라 모든 것이 밖에서는 보이지 않는 지레의 작용에 의해서 움직이는 것이었다.

그만큼이나 방황한 나머지 이번에는 힘을 합해서 일을 진행시킬 수 있게 되었다. 먹이는 내가 생각한 것보다 빨리 정찰해 둔 장소까지 온 셈이었다. 이렇게 되면, 평소에 하던 솜씨로 파묻기가 시작된다. 지금은 오후 1시, 주변 환경을 조사하고 생쥐를 옮겨 오기까지, 송장벌레는 시계바늘이 숫자판을 반 바퀴나 돌 시간을 필요로 한 셈이었다.

이 실험에서는 무엇보다도 먼저, 수놈이 집안일을 처리하는 데 큰 역할을 하고 있다는 것이 확실했다. 아마 암놈보다는 타고난 소질이 풍부한 모양이었다. 하는 일이 어려워지면, 수놈은 조사하기 위해 밖으로 나와서 대지를 돌아보고, 일이 잘 진행되지 않는 원인을 알아낸 다음 구멍을 파야 할 장소를 정했다.

먼저 구멍을 파서 준비해 놓고, 그곳에 시체를 옮겨다 놓는 방법은 여기서는 어림도 없는 이야기다. 송장벌레가 발톱으로 땅을 파는 데는, 잔등에 먹이를 지고 있다는 무게의 느낌이 없이는 안 된다. 그들은, 잔등이 먹이의 시체에 닿지 않는 한 일을 하지 않는다. 이제부터 묻으려는 먹이가 대지 위에 확실히 놓여 있지 않으면 결코 구멍을 파려고 하지 않는다. 2개월 남짓한 동안 매일 관찰한 결과 그것을 알아낼 수 있었다.

크레르뷔르에 의하면, 송장벌레가 혼자서 어찌할 수 없게 되면, 구원해 줄 벌레는 찾아가서 동료들과 힘을 합하여 먹이를 묻는 데 도움을 받는다고 했다.

쥐의 시체를 발견한 임자는 네 마리의 구원군을 데리고 돌아왔다고 하지만, 그것을 본 사람은 어느 놈이 쥐를 발견한 최초의 임자인지를 분별하기 위해서 어떤 주의를 기울였던가? 그 점에 대해서는 아무것도 말해 주지 않았다.

이러한 점은 가장 중요한 사실이니 진실한 관찰자라면 잊어서는 안 될 일이다. 차라리 부근에 있던 다섯 마리의 송장벌레가, 서로 아무 연락도 없이 냄새만 맡고 버려진 쥐의 시체가 있는 곳으로 달려와서 제멋대로 쥐를 처분했다고 하는 것이 타당한 것이 아닐까. 나는 그렇게 생각하는 데 찬성한다. 정확한 자료가 없으므로, 여러 가지 중에서 이것이 가장 사실에 가까운 추론일 것이다.

파브르 곤충기

벽돌 실험은 우리들에게 그런 것을 가르쳐 준다. 세 마리의 송장벌레는 5시간 동안이나 있는 힘을 다해서 애쓴 끝에, 겨우 먹이를 움직여서 파기 쉬운 땅으로 옮겨간다. 이렇게 오랫동안 힘들인 일에는 도와주는 동료가 많아도 나쁠 것이 없다.

쇠그물 우리 안에는 또 다른 네 마리의 송장벌레가 있어서, 엷은 모래흙 속에 여기저기 들어가 있었다. 그들은 서로 알고 있는 동료들로서, 그 전날에는 일도 한군데서 하고 있던 놈들이다. 그럼에도 불구하고 지금 일하고 있는 어느 놈도 그들에게 구원을 청하려고는 생각하지 않았다.

쥐를 처리하는 데 열중하고 있는 벌레들은, 어려운 고비를 당하고 있으면서도 손쉽게 도움을 받을 구원군도 없이, 최후까지 자기들만으로 일을 해냈던 것이다.

나는, 송장벌레가 이렇게 굳은 대지보다 훨씬 더 어려운 환경 속에서도, 혼자서 죽을 힘을 다하여 애쓰고 있는 것을 몇 차례나 보았다. 그러나 그들은 단 한번도 일터를 떠나서 구원을 청하러 간 일은 없었다.

물론 협조하는 놈이 가끔 뛰어드는 것도 사실이지만, 이것은 냄새를 맡고 온 놈이지, 처음부터 송장벌레의 부탁으로 온 놈은 아니다. 이것은 다른 사람의 수고에는 아랑곳도 없이, 두더지의 냄새에 끌려서 달려온 놈이다. 친절한 협조자라고 여러 사람들에게 칭찬받는 놈은 사실은 이런 놈들이다. 구원군이 온다는 것은, 어린이들을 위한 동화 속에서나 나올 이야기며, 어린아이들을 즐겁게 하는 미담에 지나지 않는다고 하는 것이 마땅하리라.

시체를 딴 곳으로 옮겨 놓아야만 할 굳은 땅, 송장벌레가 겪어야 하는 어려운 일이 이것만은 아니다. 대개의 경우 땅 속에는 풀뿌리, 잔디뿌리 따위가 노끈처럼 가로 세로 뻗어 있었다. 그물 같은 그 틈을 팔 수는 있으나, 시체를 묻는다는 것은 구멍을 파는 것과는 별문제다. 풀뿌리 틈으로 시체가 지나다니기에는 걸리는 곳이 너무 많다. 매장 인부들은 항상 부닥치는 장애물 앞에서 오도가도 못 할 것인가? 그런 일은 있을 수 없다.

송장벌레는 미장이 솜씨 이외에 또 한 가지 기술을 가지고 있다. 풀뿌리, 나무뿌리 따위처럼 시체를 구멍으로 내려보내는 데 방해가 되는 것을 잘라버리는 기술이다. 흙삽이나 갈퀴가 하는 일에다 나무를 자르는 가위 역할까지 하는 셈이다. 이것은 쉽게 상상할 수 있는 일이지만 실험이라는 증인으로 하여금 명백히 증언하도록 해보자.

나는 부엌에서 풍로의 삼발이를 빌려왔다. 그 쇠테두리는, 지금 내가 생각하고 있는 장치물의 튼튼한 뼈대가 될 것이다. 장치물이란 잔디의 뿌리를 정확하게 본떠서 만든 그물이다.

 그물 구멍은 지극히 불규칙하지만, 두더지를 통과시킬 만큼 넓지는 못하다. 이렇게 만든 삼발이 장치물을 벌레들이 있는 땅 표면에 가지런히 박아 놓는다. 약간의 모래와 흙으로, 노끈이 안 보일 정도로 가린다. 두더지는 그 한가운데 놓여지고, 다음은 나의 매장 부대를 두더지의 시체 위에 놓아 준다.

 파 묻는 작업은 아무런 방해도 없이 반나절 동안에 끝났다. 한 차례도 옮겨 놓으려 하지 않고, 두더지는 놓아두었던 자리에서 땅속으로 끌려들어갔다. 일이끝난 다음 삼발이를 뽑아 본 즉, 시체가 놓여 있던 곳에 그물 노끈이 끊겨 있었다.

파브르 곤충기

 매장부대의 벌레들은 그것을 참 근사하게 해치웠다. 역시 그들의 솜씨는 내가 생각했던 것과 다르지 않았다. 가위 대신 아래 위의 큰 턱으로 잔디뿌리를 물어뜯듯이, 내가 만든 그물 노끈을 참을성 있게 물어 끊은 것이다. 이것은 훌륭한 솜씨임에는 틀림없으나, 같은 환경에 놓인다면 다른 벌레라고 해서 못 하지는 않으리라.

 좀더 단수를 높여서 어렵게 해보자. 이번에는 두더지의 앞뒤를 수평이 되도록 가름대에 붙들어매고, 꿈쩍도 안 하는 양쪽 뻗침 말뚝에 걸쳐 놓았다. 이것은 마치 생선을 통구이하다가 뒤집어 놓은 듯한 두더지 요리이다. 동여맨 시체의 몸은 땅에 닿아 있었다.

 송장벌레는 시체 아래로 자태를 감추고, 그 털과 가죽이 등에

175

닿는 것을 느끼며 파기 시작했다. 구멍은 점점 깊어져서 등에 아무것도 닿지 않게 되었다. 그래도 내려와야 할 시체는 내려오지 않았다. 양쪽 뻗침 말뚝이 지탱하고 있는 가름대 덕분에 시체가 매달려 있었기 때문이다. 구멍을 파는 놈들은 오랜 시간을 어물어물하기만 했다.

그러는 동안에 한 마리의 매장인부가 위로 올라와서, 두더지 위를 돌아다니며 조사하고, 끝내는 앞 끝에 붙들어 맨 노끈을 발견했다. 벌레는 열심히 그것을 물어뜯기 시작했다. 나는 노끈을 끊는 가위소리를 들었다. 조금 뒤 노끈은 끊어지고야 말았다. 자기 무게에 이끌려서 두더지는 구멍 속으로 떨어졌다. 머리는 또 하나의 노끈으로 매어졌기 때문에 아직도 위의 절반은 땅 밖에 있었다.

뒤쪽 절반만이 매장 중이었다. 그로부터 상당히 긴 시간을 이리 끌었다 저리 끌었다 했다. 아무리 애써도 효과가 없었다. 그중 한 마리가 또 한번 조사를 시작했다. 그리고 윗부분이 어떻게 되었는가를 살펴본 끝에 두 번째에 붙들어 맨 노끈을 발견했다. 이것도 끊기고야 말았다. 이쯤되면 일은 마음대로 진행된다.

일부러 붙들어 매놓은 노끈도 밝은 눈으로 찾아내어 끊어버리니 참으로 용했다.

그러나 이런 것쯤을 가지고는 칭찬할 것도 없다. 두더지를 붙들어 맨 노끈은, 그들에게는 잔디뿌리와 다름이 없으니까.

이번에는 그레디츠가 예찬하고 있는 두꺼비 나뭇조각을 세워

볼 참이다. 여기에 쓰이는 먹이는 구태여 개구리 종류가 아니면 안 될 까닭은 없다. 두더지에게도 좋고 어떻게 보면 이것이 더 좋을지도 모른다.

나는 가죽끈으로 두더지의 뒷다리를 나뭇조각에 붙들어 맨 다음, 나뭇조각을 똑바로 땅속에 꽂았다. 두더지는 똑바로 옥문기둥에 거꾸로 매달리고, 머리와 어깨만이 땅 위에 넉넉히 닿았다. 구멍을 파는 인부들은, 땅에 닿아 있는 부분의 아래에 세워 놓은 나뭇조각 밑에서 일을 시작했다. 그들이 나팔꽃 모양으로 구멍을 파면 두더지는 코, 머리, 목덜미의 차례로 점점 구멍 속으로 기어 들어간다. 옥문 기둥은 그만큼 밑그루통의 흙이 무너져서, 맨 나중에는 매달린 짐승의 무게에 끌려 쓰러진다.

파브르 곤충기

나는 나뭇조각으로 쓰러뜨린다는 벌레의 솜씨를 높이 평가하는 사람들이, 지금까지 한 번도 가르쳐 주지 않은 합리적이고도 놀랄 만한 기술을 부리는 것을 직접 본 셈이었다.

본능 문제를 이러쿵저러쿵하는 사람들에게는 이런 현실이야말로 감동적인 광경이다. 그러나 결론을 내리는 것은 잠깐만 멈추도록 하자. 성급해서는 안 된다. 우선 나뭇조각이 쓰러진 것은 확실히 그것을 목표로 해서 한 것인가, 그렇지 않으면 우연의 일치였든가 물어보기로 하자.

송장벌레는 옥문 기둥을 쓰러뜨린다는 목적에서 나뭇조각의 밑그루를 판 것일까? 그렇지 않으면 이와 반대로 땅에 닿아 있는 부분의 두더지를 묻기 위해서만 나뭇조각의 밑그루를 판 것일까?

이것이 문제의 핵심이다. 그리고 문제치고는 해결하기 쉬운 문제이다.

　실험이 또 시작되었다. 그러나 이번에는 나뭇조각이 비스듬히 세워졌다. 바로 매달린 두더지는, 세워진 나뭇조각 밑으로부터 6센티미터쯤 떨어진 곳의 땅에 닿아 있었다. 이러한 조건이라면 세워진 나뭇조각이 쓰러질 염려는 조금도 없다. 나뭇조각의 밑 흙은 한 번도 무너진 적이 없었다.

　구멍을 파는 일 전체가 멀리 떨어진 곳, 어깨를 땅에 대고 있는 시체 아래서 계속되고 있었다. 그리고 그곳에서만 시체의 그 부분이 들어갈 수 있는 구멍이 파지고 있었다. 매단 시체의 위치를 3센티미터만 옮겨 놓으면 저 유명한 전설은 깨끗이 사라져버릴 것이다.

　이와 같이 극히 유치한 분별의 체를 가지고도, 약간의 논리적인 머리를 움직이기만 하면 모든 것을 마구 뒤섞어 쌓은 사실의 산더미를 분별해내서 진리의 씨앗을 골라내는 데 충분할 때가 많다.

　그레디츠가 말하고 있는 두꺼비를 말리던 선생은, 대체 무엇을 보았던 것일까? 좀더 계속해서 실험해보자.

　나뭇조각은 지금 세로로 서 있지만 매달은 물건은 밑바닥에 닿지 않는다. 이것만으로도 나뭇조각의 밑그루는 결코 파질 수 없다. 내가 매달아 준 것은 생쥐이다. 이놈은 무게가 가볍기 때문에, 벌레들이 일하는 데 다루기 쉬울 것이다. 죽은 짐승은 뒷다리를 노끈으로 묶여서 나뭇조각 꼭대기에 매달려 있었다. 그것은 수직으로 늘어져서 나뭇조각을 건드리고 있었다.

두 마리의 송장벌레가 이윽고 먹이를 발견했다. 그들은 이 맛있는 먹이가 매달린 기둥에 기어올랐다. 물건을 조사했다. 머리로 털자국을 헤쳐보기도 했다. 이것은 굉장히 맛있는 물건이라는 것을 알아차린 듯했다.

자아, 이제부터는 일이다, 일. 여기서 장소가 나빠서 시체를 움직이지 않으면 안 될 때에 쓰는 방법이 또 나타난다.

그러나 조건은 한층 더 어렵게 되었다. 두 놈은 생쥐와 나뭇조각 사이에 기어들어가서 나뭇조각을 발디딤으로 하고, 지레 대신으로 등을 대서 시체를 떠다밀고 흔들며 움직여 보았다. 시체는 흔들이처럼 움직이며 기둥으로부터 떨어졌다가는 또 부딪쳤다. 오전 내내 이렇게 필요도 없는 실험이 계속되었다.

오후가 되어서야 잘 진행되지 않는 까닭을 확실치는 않지만 깨닫게 되었다. 이유는 이 끈질긴 송장벌레들은 생쥐 뒷다리를 묶은 바로 아래를 물어뜯기 시작한 것이다. 그들은 생쥐의 다리뒤축 가까이의 털을 뜯고 가죽을 벗긴 다음 살을 저몄다. 뼈에까지 닿았을 때 그중 한 마리의 턱에 노끈이 걸렸다.

송장벌레에게 있어서 이것은 너무나 잘 알고 있는 장애물이며, 잔디밭에 붙어다니는 잔디뿌리와 같은 물건이었다. 그러므로 큰 집게는 언제까지나 이것을 집고 있었다. 노끈은 드디어 끊어지고야 말았다. 그러자 생쥐는 아래로 떨어지고, 뒤이어서 즉시 매장 작업이 시작되었다.

매단 노끈을 끊어버린다는 것은 이것만을 따로 생각한다면 훌륭한 기술이다. 그러나 이 벌레가 평소에 하고 있는 일의 전체적인 면에서 본다면, 그것은 그리 어려운 것도 아니라는 것을 알 수 있다.

벌레는 아침 한나절을 언제나 하는 방법대로 흔들면서 시간을 보냈다. 그리고 맨 나중에야 노끈을 발견하고 땅 속에서 얽힌 잔디뿌리를 끊듯이 그것을 끊었다.

다음은 벌레의 집게로써는 이빨이 들어갈 수 없는 쇠줄과 어미쥐보다 반이나 작은 새끼쥐로 다시 해보았다. 이번에는 발목이 물어뜯겨서 톱으로 잘리듯이 끊어졌다. 한 발목이 빠져 나오면 다른 발목도 빠질 공간이 생겨서 붙들어 맨 쇠줄로부터 떠나게 되었다. 이리하여 작은 시체는 흔들림에 따라 땅 위에 떨어지게 된다.

만일 매달았던 시체가 두더지, 시궁쥐, 참새 따위라면 뼈가 굳기 때문에 그것을 쇠줄로 묶으면, 송장벌레는 1주일 동안이나 매달은 동물을 상대로 고생을 거듭하며, 털을 물어뜯고 날개를 뽑아서 무참한 모습으로 만든다. 이리하여 바람을 맞고 볕에 말려서 꼬장꼬장하게 되면 다시는 돌보지 않고 내버려둔다.

그러나 한 가지 수단 — 합리적이며 실패의 염려가 없는 수단이 그들에게는 남아 있었다. 그것은 나뭇조각을 쓰러뜨리는 것이다. 그러나 어느 놈도 그것을 생각해 내지는 못했다. 더 말할 필요도 없다.

또 한 가지 다른 면에서 송장벌레의 어리석음을 조사해 보자. 내가 가두어 기르는 벌레들은, 그토록 훌륭한 주택을 마련해 주었어도 만족하지 않은 모양이었다. 그들은 달아나려고만 했다.

특히 벌레나 짐승이나 사람에게 있어서도, 번민이 많은 자에게 가장 위안이 될 수 있는 일거리가 없을 때는 더욱 그러하다. 쇠그물 속의 포로 생활은 항상 기분을 무겁게 하는 모양이다.

그러니까 두더지를 묻어버리는 작업이 끝나고 창고 속을 깨끗이 정리하고 나면 송장벌레는 불안에 사로잡혀 그물 천장을 왔다갔다한다. 기어올랐다. 내려왔다. 또 기어오른다. 뛰어보기도 하나, 그물에 걸려서 쓰러진다. 다시 일어난다. 그리고 또 같은 일을 되풀이한다.

하늘은 맑게 개고 날씨는 따스한데, 한적한 오솔길로 먹이를 찾으러 나가기에는 더할나위없이 좋다. 매장 인부들 이외에는 누구의 코에도 느낌을 알 수가 없지만, 아마도 그들은 썩은 고기 냄새가 먼 데서부터 흘러오는 것을 아는지도 모른다.

그러니까 그들은 진정으로 밖에 나가고 싶어했다.

그러면 그들은 밖으로 나갈 수 있을 것인가? 이성의 힘을 약간이라도 빌릴 수 있다면 이보다 더 손쉬운 일은 없다. 그토록 여러 차례나 기어올랐던 그물 밖으로 그들은 자유의 천지, 약속의 땅을 바라보고만 있는 것이다.

그들은 몇 차례나 성벽 밑을 파본 것이었다. 그 파진 구멍 속에서 일이 없을 때면 몇날이고 낮잠이나 자며 쉬는 수밖에 없었다. 내가 새로운 두더지를 내주면, 그들은 출입구의 복도를 따라서 숨어 있던 장소로부터 나와 두더지의 배 밑으로 기어들어갔다. 매장이 끝나면 어떤 놈은 여기서, 어떤 놈은 저기서, 제각기 땅 속으로 모습을 감추어버렸다.

그런데 2개월 반이나 포로 생활을 하는 동안, 우리 밑 2센티미터 가량의 흙 밑에 기어들어가서 오랫동안 머물러 있으면서도 송장벌레는 도망가려고 하지 않았다.

밑으로 구멍을 길게 뚫어서, 우리 저쪽으로 구멍을 통하게 하는 것은 벌레들에게 있어서 어렵지 않은 일이건만 이런 일에 성공하는 벌레는 극히 드물었다. 14마리 중에서 단지 한 마리가 탈주에 성공했을 뿐이었다. 이것도 우연한 탈주이며 계획적인 것은 아니었다.

만일 이렇게 다행한 일이 지혜로 인한 연구의 결과라고 한다면, 다른 포로들도 머리가 좋고 나쁘기는 비슷한 정도일 테니까 한 놈도 남지 않고 밖으로 나갈 수 있는 땅속의 길을 발견하여, 벌레 우리가 얼마 안 가서 빈 집이 되어버렸을 것임에 틀림없다.

우리 속에 갇혀 있는 놈 대다수가 모두 그런 일을 해내지 못하는 것으로 미루어 보아, 단 한 마리가 탈주한 것은 밖으로 뚫린 구멍이 우연의 일치로 발견된 것이라고 단정할 수밖에 없다.

그때의 형편과 사정이 그놈을 구해 준 셈이다. 이야기는 그것뿐이다.

다른 놈들이 모두 실패했는데 그놈만이 성공했다고 해서 그것을 그의 공적이라고 할 수는 없다.

이러한 점에서도 역시 지혜의 흔적은 찾아볼 수가 없다. 전설적인 평판을 받고 있는 송장벌레지만, 다른 벌레들과 마찬가지로 인생의 안내자로서는 본능이라는 무의식적인 충동밖에 갖고 있는 것이 없다.

파브르 곤충기

멋진 그물을 짜는 거미들

그물을 짜는 방법

악랄한 새잡이 중에는 속임수를 사용하여 새를 잡는 이들도 있다. 그물, 말뚝, 네 개의 긴 장대를 사용해서 흙빛과 같은 큰 그물 두 개를, 아무것도 심지 않은 밭 한구석의 오른쪽에 하나, 왼쪽에 하나씩 땅 위에 쳐놓는다.

가늘고 긴 끈 한 오라기를 잡고 있다가, 적당한 시기를 봐서 풀숲에 숨어 있는 새잡이는 끈을 잡아당긴다. 그러면 그물은 움직이고 들어가는 문이 갑자기 좁아진다.

이 두 개의 그물 한가운데에는 꼭두각시의 새장이 놓여 있다. 방울새, 되새, 금작새, 그리고 여러 종류의 참새, 파랑새, 박새 따위는 모두 밝은 귀를 갖고 있어서, 멀리서 동료들이 날아가는 것만 알면 재빠르게 이끌어들이는 울음을 울어 대는 새들이다.

동료를 부르는 꼭두각시 새가 짧은 걸음으로 나는 것을 보면,

겉보기에는 자유로이 날고 있는 듯이 날개를 팔락거리나, 사실은 한 오라기의 가느다란 노끈이 이 꼭두각시 새의 발목을 말뚝에 붙들어 매둔 것이다. 꼭두각시 새가 지칠 대로 지쳐서, 아무리 날아가려 해도 날지 못하고 낙심하고 있어도, 새잡이는 모습을 드러내지 않고 꼭두각시 새를 움직일 수가 있다.

기다란 노끈을 잡아당겨서, 미리 장치해 둔 지레를 움직이는 것이다. 이 기계를 치켜들면, 허공에 매달린 꼭두각시 새는 노끈을 잡아당길 때마다 날다가는 떨어지고 또 날기를 거듭한다.

파브르 곤충기

새잡이는 초가을 아침 온화한 햇볕을 받고 숨어서 기다리고 있다. 갑자기 여기저기서 울어 대는 새소리가 들려온다. 허공에서는 새로운 새 울음소리가 대답하듯이 들려온다. 꼭두각시 새가 덩달아서 울어 대는 것이다.

뭇새들은 소리에 이끌려서 날아와 밭 위에 앉는다. 풀숲에 숨어 있던 새잡이는 황급히 그물에 달린 줄을 잡아당긴다. 그물은 갑자기 오므라들어서 새떼들은 갇히게 된다.

약탈과 속임수에 대해서는 호랑거미의 그물도 새잡이의 새그물에 뒤떨어지지 않는다. 자세히 조사해 보면 볼수록, 그것이 새그물 이상으로 교묘하게 만들어진 것임을 알게 된다. 두세 마리의 파리를 잡아먹기 위해서 만들어진 것치고는 얼마나 치밀한 기술일까?

다른 어느 동물을 보아도 먹어야 하는 필요성에서 이처럼 합리적인 기술을 활용하는 놈은 볼 수가 없다. 이제부터 설명하는 것을 음미해 보면, 독자 여러분도 반드시 나의 말에 동의할 것이라고 믿는다.

우선 무엇보다도 먼저 그물의 제작 현장을 살펴보기로 하자. 그물을 짜는 것을 보고, 다시 보고, 또 한 번 볼 필요가 있다.

이렇게 복잡한 일의 설계는 부분적으로밖에 볼 수가 없다. 오늘 한 부분을 관찰하고 나면, 내일 두 번째 부분을 관찰한다. 그러면 그 사이에 우리는 새로운 사실을 알게 된다. 이렇게 해서 관찰의 횟수를 거듭해 가면 그때마다 하나의 사실이 다른 사실을 보충하며, 어떤 때는 뜻하지 않은 방향으로 생각을 미치게 하면서, 이미 알고 있는 전체의 사실을 확대시켜 준다.

눈사람을 만들 때에, 하얀 눈 위를 굴리면 굴릴수록 묻어나는 눈의 부피가 얇아도 나중에는 엄청나게 큰 덩어리가 된다. 관찰학자의 진리도 이와 마찬가지로, 끈기있게 모아진 것이 처음은 무에서 시작되어 점점 쌓이는 동안에 끝내는 발견하게 되는 것이다.

거미가 그물을 짜는 것을 조사하는 사람이면, 이 무에서 유의 사실을 모으기까지의 시간이 걸리지만, 적어도 좋은 기회를 찾아서 멀리까지 돌아다닐 필요는 없다. 아무리 작은 뜰에도, 훌륭한 은실로써 그물을 짜는 호랑거미는 얼마든지 있다.

우리 집 뜰 앞에는 내 손으로 직접 잡은 유명한 거미가 많이 있다. 실험에 사용할 거미는 여섯 종이 있다. 여섯 종류가 모두 몸집이 크고 훌륭한 솜씨를 가진 방직직공들이다.

긴호랑거미, 색동호랑거미, 붉은십자거미, 십자거미, 흰십자거미, 왕십자거미 따위이다.

여름날 일정한 시간에 이런 거미들을, 때로는 이놈에게 또 어떤 때는 저놈에게 그날의 형편에 따라서 그들이 하는 일을 살펴보는 것은 손쉬운 일이다. 그 전날에 내가 미처 보지 못했던 사실을, 다음날이면 한층 더 좋은 조건 아래서 볼 수 있다. 또 그 다음날이면 보고 싶은 것을 마음껏 볼 수 있다.

파브르 곤충기

이리하여 맨 나중에는 조사하고 있는 사실이 완전히 뚜렷한 모습으로 나타난다.

저녁때마다 키가 큰 만년청 울타리의 이곳저곳을 가 보자. 시간이 오래 걸릴 것 같으면, 그물을 짜는 앞의 광선이 잘 비치는 나무그루에 걸터앉아서 주의 깊게 살펴보자.

저녁때 이렇게 한 바퀴 돌아보면, 먼저 배웠던 지식의 공간을 메우는 사실이 무엇인가 또 새로이 얻어진다.

내가 실험 재료로 사용한 거미는 그리 크게 자라지는 못한 처녀 거미로서, 늦가을에 흔히 볼 수 있는 것들과는 매우 다르다. 실주머니가 들어 있는 배는 후추알보다 크지 않다. 실을 뽑는 처녀가 모두 꼬마거미니까 일하는 솜씨도 변변치 못할 것이라고 생각하면 오산이다.

거미의 솜씨는 연령으로 배워지는 것이 아니다. 엄청나게 뚱뚱한 몸집을 갖고 있는 어미거미라고 해서 솜씨가 더 좋은 것도 아니다.

그리고 일을 갓 시작하는 거미는, 관찰하는 사람에게 커다란 이익을 가져다 준다. 그들은 햇볕이 내려쬐는 대낮에도 일을 한다. 그러나 나이가 먹어서 경험이 많은 놈들은 밤이 되어 어두워지지 않으면 일을 하지 않는다. 젊은 처녀들은 그다지 힘들지 않게 우리들에게 그물 짜는 비밀을 보여 주지만, 나이 먹는 놈들은 일하는 솜씨를 감추어 둔다.

7월이 되면 일이 시작되는 때는 해가 지기 2시간 전쯤부터이다. 이 시간이 되면, 뜰에 있는 실뽑이 처녀들은 낮에 숨어 있던 집에서 나와, 각기 제자리를 골라서 여기저기서 실을 뽑기 시작한다. 지금 이놈은 방금 건축의 기초 공사를 시작하는 셈이다.

거미는 이렇다 할 순서도 없이, 만년청 울타리의 조그마한 가지에서 다른 한 가지 끝에, 50센티미터 가량의 넓이를 기어다닌다. 그리고 뒷다리를 얼게빗 삼아 실주머니에서 뽑아내는 실을 차례차례로 걸어 놓는다.

이 예비 공사에서는 종합적인 계획이 있는 것 같지 않다. 거미는 신나게 왔다갔다하며 또 올라갔다하는 동안, 그때마다 여기저기 걸쳐 놓은 줄로서 걸리는 장소를 튼튼히 한다. 다 된 기초 공사는 난잡하고 빈약한 발디딤줄 같다.

그것을 난잡하다고 말해도 좋을까? 아마 그렇지도 않을 것이다. 이러한 일에 대해서는 내가 보는 바보다도 훨씬 능숙한 거미들이 대지의 전체 형편을 잘 살펴보아서, 거기에 마땅하도록 가느다란 줄로 집을 짓는 것이다.

그것은 내가 보기에는 지극히 불규칙한 것처럼 보이지만 거미의 예산으로서는 아주 적합한 것이다. 대체 거미는 어떤 것을 원하고 있는 것일까?

사냥에 적당한 둥근 그물을 짜는 견고한 테두리다. 지금 공사하고 있는 이상한 뼈대는, 그것에 필요한 조건을 충족시켜 주는 것이다. 그리고 이 공사는 당장에 필요한 것으로 임시적인 것뿐이다. 매일 밤 그것은 다시 고쳐 만들어진다. 사냥을 한번 치르고 나면, 하룻밤 사이에 그물은 엉망진창이 되어 버리니까 사냥하는 그물은 걸려든 먹이가 버둥거리는 것으로 필사의 노력을 지탱하기는 아직도 너무 약하다.

이와는 달리, 어미거미의 그물은 한층 더 튼튼하게 짜였으니까 며칠이고 견디어낸다. 그렇기 때문에 거미는 다음에 기록하듯이, 가장 정성을 들여서 테두리를 그물발로 짜놓는다.

이렇게 멋대로 구획을 나눈 대지 안을 가로질러서 특별히 굵은 줄 하나로 그물의 첫줄을 걸쳐 놓는다. 다른 줄과는 달리, 이 줄의 위치는 세로로 길게 흔들리는 진동을 막을 만큼, 모든 나뭇가지에서 동떨어진 곳에 자리잡게 된다. 그 한가운데는 반드시 명주 방석으로 된 커다란 흰 점이 있다.

이것은 이미 세워진 그물의 중심을 나타내는 곳이다. 이것은 거미의 길잡이이며, 놀랄 만큼 복잡한 선회운동의 질서를 정확하게 하기 위한 표식이다.

사냥을 위한 그물을 짤 시기가 되었다. 거미는 표적이 서 있는 중심을 떠나서 가로줄을 따라 갑자기 테두리로 간다. 또다시 테두리에서 한가운데로 들어온다. 왔다, 갔다, 앞으로, 뒤로, 위로, 아래로 몸을 날쌔게 움직여서 올라갔다 떨어졌다 한다. 그리고는 뜻하지 않은 딴 길을 통해서 중심으로 돌아온다. 그때마다 방사선이 한 줄씩 늘어서 여기저기 마구 걸쳐진다.

  이 공사는 지극히 제멋대로 진행되었기 때문에, 이것을 나중에 분별해서 알아내려면 끈기 있게 조사를 해야 한다. 거미는 앞서 줄친 방사선의 한 줄을 통해서 대지의 변두리를 나온 다음, 그곳에서 다시 몇 걸음 걸어나가서 테두리에 줄을 붙인다. 그러고는 다시 왔던 길을 통해서 중심점에 돌아온다. 거미는 중심에 돌아온 다음에 줄을 적당히 당기고 나머지는 중앙 푯대에 감는다. 하나의 방사선을 칠 때마다 남은 줄은 마찬가지로 처치되기 때문에, 중앙 푯대는 점점 커진다.

  이러한 조그마한 흰 점에 지나지 않았으나 나중에는 꽤 큰 방석 모양이 된다. 부지런한 가정부 같은 거미가, 남은 실줄을 처리해서 만든 이 방석을 무엇에 쓰는가는 뒤에서 이야기하기로 하자.

  지금은 호랑거미가 하나의 방사선을 친 다음 주의를 이끌지 않을 수 없을 정도로 열심히 그것을 다지고 매만져서, 붙들어 매둔다는 것을 기록하는 것뿐으로 그치자. 이렇게 함으로써 거미는 방사선에다 마치 사람들이 수레바퀴의 살통을 만들 듯이, 견고한 공동의 중심점을 만든다.

  완성된 그물의 규칙적으로 짜진 모양을 보면, 방사선은 무질서

한 듯 보이나 사실은 깊이 연구하고 생각해서 만든 것이다.

몇 줄인가의 방사선을 어떤 방향에 걸치고 나면 거미는 거꾸로 가서 다른 몇 줄을 반대 방향으로 걸어 놓는다. 갑자기 이와 같이 방향을 바꾼다는 것은 대단히 논리적이며, 거미가 얼마만큼 그물을 일그러지지 않게 만드는 데 능숙한가를 나타내는 것이다. 방사선이 규칙적으로 차례차례 줄쳐지는 것이라면, 같은 방향의 방사선은 아직도 마주하는 선을 갖지 못하기 때문에 그 당기는 힘만으로는 그물의 형태가 일그러지고, 안정시키는 기둥이 없으므로 그물을 흩어지게 할 염려가 있다.

그러므로 옆으로 흩어지기 전에 반대 방향에 한 무더기의 줄을 걸쳐서 전체의 균형을 유지할 필요가 있다. 한 방향으로만 당기는 힘에 대해서는, 즉시 반대 방향으로 당기는 힘을 대항시켜 놓지 않으면 안 된다.

우리의 역학은 그렇게 가르치고 있다. 아무것도 배우지 않았어도 줄을 쳐서 건축하는 기술자인 거미도 그렇게 하는 것이다. 방사선은 모두가 같은 거리에 있으며, 아름답고 규칙적인 광채를 띠고 있다.

방사선의 많고 적음은 종류에 따라서 다르나, 십자거미는 그물에 21개, 긴호랑거미는 32개, 붉은십자거미는 42개를 둔다. 이러한 숫자는 꼭 일정하지는 않지만 거의 일정한 편이다.

그런데 우리들 중에서 누가 오랫동안 생각하지도 않고 측량기도 갖지 않고, 그 자리에서 이렇게 많고 같은 원심각의 부채꼴로

원을 나누는 일을 할 수 있을까?

호랑거미는 무거운 몸집으로 바람에 흔들리는 실줄 위에서 건들거리면서도 아무렇지도 않은 듯이 미묘한 나눗셈을 하고 있는 것이다.

무질서한 가운데서 질서를 찾아 만들어 놓고 있다. 그러나 거미의 실력 이상의 것은 거미에게서 요구해서는 안 된다. 같은 각도라고는 하지만 그것은 근사치에 불과하다. 그러니까 수학적인 정확성을 말한다는 것은 여기서는 옳지 않다.

그렇지만 그것을 어떻게든 이루어 놓은 결과에 사람들은 놀라지 않을 수 없다. 호랑거미가 그런 방법으로 이 복잡하고 어려운 문제를 근사하게 해치운다는 것은 대체 어떻게 해서 짜놓은 것인지 지금도 나는 생각에 잠겨 있다.

방사선을 줄치는 일이 끝났다. 거미는 맨 처음의 푯대와 줄로 얽어맨 중심의 방석 위에 자리잡고 있다. 이 발판을 기본으로 하여 거미는 조용히 빙글빙글 돌기 시작한다.

이것은 자잘구레한 공사를 마감하는 일이다. 거미는 중심에서부터 다른 방사선에 폭 좁은 소용돌이 선을 그린다. 이렇게 해서 완성된 중심지는 어미거미의 그물이라면 손바닥만한 크기까지 된다. 새끼거미의 그물이라면 이보다 훨씬 작지만 없는 것이 없이 모두 갖추어진다.

다음으로 실줄은 굵어지기 시작한다. 맨 첫 줄은 겨우 눈에 보일까 말까하게 가늘던 것이 이제부터는 뚜렷이 보인다. 거미는 넓은 걸음으로 비스듬히 걸으며 중심과 멀어지면서 점점 간격이 넓어진다. 이에 따라 실줄은 지나온 방사선에 붙들어 매고 맨 끝 테두리의 밑변에 와서 끝맺는다.

거미는 둘레의 간격이 갑자기 넓어진 소용돌이 금을 그린 것이다. 둘레 사이의 평균 거리는, 새끼거미가 지은 건축에서도 1센티미터는 된다. 곡선의 소용돌이 금이라는 말에 그릇된 해석을 갖지 말아야 한다.

거미의 공사장에는 어떠한 곡선도 없다. 거기에는 직선과 직선이 서로 연결하는 결과밖에 없다. 여기서는 다만 곡선의 안쪽 금에서 접촉되는 다각적인 금을 말하는 것뿐이다. 본격적인 거미그물이 짜여지는 데 따라서 없어지는 일시적인 이 다각선을 보조선이라 하겠다.

보조선의 목적은, 그물 끝의 가름대나 중앙에서도 방사선이 너무 떨어져 있어서 적당한 발판이 없을 때에 그 발판의 가름대 구실을 하기 위해서이다. 또 거미가 이제부터 미묘한 일을 시작할 때에 거미를 안내해 주기 위해서이다.

그러나 그보다 앞서서 최후의 준비가 끝나지 않으면 안 된다. 방사선을 걸쳐 놓은 대지는 여러 가지로 변한다. 그것은 받쳐 주는 가지에 따라서 정해지는 것이며 불규칙한 것이다. 오목하게 들어간 곳이 있으면 그 옆에 너무 가까워지기 때문에 짜여지는 그물이 바른 모양이 되지 않는다. 거미에게는 규칙적인 순서로, 소용돌이 금과 같이 줄을 칠 수 있는 확실한 공간이 꼭 필요하다.

한쪽 먹잇감이 걸렸다가 달아날 수 있는 공간을 남겨서는 안 된다.

거미는 이런 점에는 충분히 깨닫고 있으므로, 막아 두어야 할 구석진 곳을 알아낸다. 한쪽으로 돌다가는 다시 반대 방향으로, 서로 아로새겨지는 운동으로써 거미는 방사선을 의지해 가며 줄을 그곳에 걸친다. 그러는 사이에 이 줄은 급격하게 꺾인 들쭉날쭉한 금을 그리게 된다.

여러 군데의 구석진 곳을, 지금 구멍막이의 금이 둘쭉날쭉하게 쳐진다. 여기서 가장 중요한 일, 사냥을 위한 그물짜기의 본격적인 일을 시작할 때가 된다. 지금까지의 모든 일은 이 일을 하기 위한 준비 공사이다. 한쪽은 방사선에, 또 한쪽의 보조선의 가름대에 발을 붙이고, 거미는 소용돌이 금을 그을 때와는 반대 방향으로 걷는다.

먼저는 거미가 중심에서 멀어져 가며 소용돌이 선을 그었지만, 이번에는 중심에 가까워지도록 한층 더 간격이 좁은 선을 그으며 다가간다. 거미는 테두리에서 멀지 않은 보조선의 끝에서부터 출발한다.

이제부터 계속해서 일어나는 것은 관찰하기가 매우 어렵다. 그만큼 운동은 재빠르며 돌발적으로 일어난다. 이것은 눈을 어리둥절하게 하는 엉뚱한 비약과 파동운동, 그리고 곡선운동이 합쳐진 것이다. 일의 진행을 조금이라도 차례대로 알기 위해서는, 끈기 있는 주의력과 여러 차례의 검사가 필요하다.

실을 뽑아내는 도구인 2개의 뒷다리는 끊임없이 움직인다. 이 다리가 공사장에 서게 되는 위치에 따라서 이름을 붙여 두기로 하자. 거미가 그물 위를 걸어다닐 때에 소용돌이의 중심에 가까운 발을 안발, 바깥쪽에 있는 발을 바깥발이라고 해두자. 바깥발은 실주머니에서 가느다란 줄을 끌어내어 그것을 안발에 넘겨주고, 안발은 건너쪽에 있는 방사선 위에 틀림없는 솜씨로 갖다 붙인다.

파브르 곤충기

이와 동시에 앞발은 거리를 재어서, 바로 전에 걸쳐 놓은 돌림금에 발을 걸치고, 새로운 가름줄을 붙여야 하는 방사선 위의 자리를 적당한 거리로 끌어당긴다. 방사선에 닿자마자, 실줄은 제가 갖고 있는 끈끈이로 인해서 달라붙는다. 손질을 많이 해야 할 필요도 없고, 매듭짓는 곳도 없이 자연적으로 달라붙는다.

이리하여 실뽑이 처녀가 좁은 간격을 두고 돌아가는 데 따라서, 발판으로 쓰였던 보조선에 가까이 가게 된다.

거미는 맨 위의 가름대에 매달려 앞으로 나가면서 쓸모없어진 가름대를 하나하나 거두어, 그것을 다음의 방사선이 맞붙는 점에 조그맣게 뭉쳐 놓는다. 이렇게 해서 한 떼의 명주로 된 원자가 이루어지고, 이것이 사라진 소용돌이 금이 지나간 길 자국을 나타낸다.

사라진 보조선의 유일한 자취인 이 점을 분별하는 데는 알맞은 각도에서 광선이 비쳐야 한다. 그릇됨이 없이 규칙적인 간격을 가진 그 매듭은, 없어진 소용돌이 금을 생각해내지 않으면 먼지가 묻은 것같이 생각될 것이다. 그것은 둥근 그물이 찢어져 나갈 때까지 언제까지나 눈에 보이는 매듭처럼 남아 있다.

다음으로 거미는 잠시도 쉬지 않고 돌고 돌아서 중심으로 가까이 간다. 그리하여 반시간 넘어서는 방사선에 그 줄을 걸어 놓는다. 어미거미라면 한 시간 동안이나 맴돌이 금을 돌고 도는 데 시간을 보낸다. 돌아가는 회수는 붉은십자거미의 그물에서는 약 50회, 긴호랑거미의 경우면 약 30회다.

마지막으로 거미는 중심에서 약간 떨어져서, 내가 잠깐 쉬는 곳이라고 불러둔 경계선 위에 왔을 때, 아직 몇 회전을 더 돌아야 할 여지가 남아 있는 데도 갑자기 맴돌이 금을 멈춘다. 왜 그런가는 다음에 이야기하기로 하자. 그때의 거미는 어느 놈을 막론하고, 바쁘게 중심의 방석 위로 올라가서 그것을 벗겨 가지고 공처럼 둥글게 한다.

나는 버리는 것이라고 생각했다. 아니다. 거미로서는 그런 일을 할 리가 없다. 거미는 맨 처음 그물을 짜기 시작할 때의 푯대이며 금줄의 나머지 실을 뭉쳐 놓았던 이 방석을 먹어버리는 것이다. 거미는 이것을 소화기 속에서 녹여 가지고, 틀림없이 실 주머니 속에 다시 넣을 것이다.

이러한 먹이는 소화시키기 어려워서 밥주머니의 활동을 많이 필요로 하는 것이다. 이것은 소중한 재료이므로 버릴 수 없는 것이다. 그것을 먹어치우면 일은 모두 끝난다.

거미는 곧 그물 한가운데로 들어와서 머리를 아래로 향하여 사냥터에 자리잡고 앉는다.

우리는 지금까지 그 일하는 모습을 보았지만 실제 작업은 다음과 같은 것을 생각하게 한다.

우리는 나면서부터 오른손잡이다. 이유는 아직 밝혀지지 않았으나, 좌우 비상칭이라는 원칙 때문에 왼쪽보다는 반 이상이나 힘이 세고 또 운동을 잘 할 수 있는 오른쪽 반신을 갖고 있다. 이 불평 등성은 특히 손에 잘 나타나 있다.

귀뚜라미, 여치, 그 밖의 많은 벌레들은 오른쪽 날개 위에 있는 활로써 왼쪽 날개 위에 있는 발음기를 비벼댄다. 이러한 벌레는 모두가 오른손잡이다.

아무 생각도 없이 획 돌아설 때, 우리들은 오른발 뒤꿈치를 중심으로 해서 돌아간다. 힘이 센 오른발을 중심으로 해서 힘이 약한 왼발을 돌린다. 이와 마찬가지로, 소라와 같이 껍데기를 갖는 연체동물은 거의 모두가 왼쪽으로부터 오른쪽으로 돌아서 몸을 비비 꼰다. 바다에서 사는 동물과 육지에서 사는 동물의 많은 종류 중에는, 몇 종류만이 겨우 오른쪽에서 왼쪽으로 몸을 비꼬아서, 예외로 하고 있을 뿐이다.

대조를 만들어 내는 좌우 비상칭성은 일반적인 규칙일까? 거기에는 똑같이 잘 쓰고 똑같은 힘을 갖는 양다리를 갖춘 중성동물은 존재하지 않을까? 물론 존재하고 있다. 그리고 그런 것 중에는 거미가 있다. 꽤 부러운 존재이지만, 거미는 오른쪽과 마찬가지로 잘 쓸 수 있는 왼쪽 반신을 가지고 있다.

거미는 다음의 관찰이 보여 주는 바와 같이 양손잡이다. 열심히 관찰하면 그물을 짤 때의 모든 호랑거미가 방향에 관계없이 돌아가는 것을 알 수 있다. 그 비밀을 알 수 없으나, 거미는 한번 방향을 정해 놓고는 그대로 실행한다. 한번 그 방향이 정해지면 실 뽑는 처녀거미는 방향을 바꾸지 않는다. 때로는 일의 진행을 방해하는 사건이 벌어져서 일단 중지했다가 시작할 때도 역시 같은 방향이다.

즉 짜인 부분에 파리 같은 것이 걸리는 일이 있다. 그때 거미는 갑자기 하던 일을 멈추고 먹이에 가까이 와서 붙잡은 다음, 다시 멈추었던 일자리로 돌아가면, 앞서와 같은 방향으로 맴돌이 줄을 계속해서 돌린다.

일을 시작할 당시에 어떤 방향으로 돌아가는 것을, 반대 방향으로 돌아가는 것과 마찬가지로 잘 쓰이고 있기 때문에 몇 차례나 다시 만들어지는 그물을 제작하는 데도, 같은 거미가 돌아가는 줄 금의 중심에 오른쪽 반신을 위주로 하기도 하고 왼쪽 반신을 위주로 하기도 한다.

어쨌든 우리가 앞에서 말한 바대로 그물을 짠다는 일은, 일을 빨리 하고 똑같은 거리를 가진다는 두 가지 사실로써 대단한 기술을 필요로 하는 미묘한 일이며, 이 때문에 거미는 언제나 중심에 가까운 발, 다시 말해서 오른발로 하고 다른 경우에는 왼발을 사용한다. 지극히 기술을 필요로 하는 이런 일에 오늘은 오른발 내일은 왼발이 사용되는 것을 본 사람은, 거미 종류가 뛰어난 양손잡이라는 것을 믿는다.

이웃에 살고 있는 집주인들

근본적으로 호랑거미의 솜씨는, 어미거미건 새끼거미건 별 차이가 없다. 1년이 지나서도, 새끼거미 때에 일하던 솜씨와 마찬가지로 일을 한다. 거미들의 직공 조합에는 견습공이나 숙련공의 차별이 없다. 맨 처음 그물의 줄을 짜기 시작할 때부터 모두가 그 기술의 묘미에 통하고 있다. 그러면 새끼거미와 어미거미가 하는 일은 무엇이 다른가?

7월이 되면 실험 재료는 얼마든지 많아진다. 나는 어느 날 저녁, 우리 집 대문 앞에서 큰 거미 한 마리를 발견했다. 이놈은 작년에 태어난 풍채 좋은 거미다. 지금 같은 시기에는 드물게 몸집이 크고, 당당한 체격이 나이 먹은 것을 증명하고 있었다. 그것은 십자거미였다. 회색 거죽에 두 개의 검은 줄무늬로 배를 장식하여, 뒤끝으로 뻗치다가 나중에는 한 줄로 합쳐졌다. 아랫배는 좌우로 퍼져서 뚱뚱한 몸집을 갖고 있다.

시간이 너무 늦기 전에 일을 시작해 주면, 이러한 이웃사촌이야말로 나의 실험에는 안성맞춤이다.

일은 잘 진행될 듯하다. 이 풍채 좋고 체격이 근사한 거미가 그물의 실을 걸기 시작하는 것을 보았다. 이렇게 일이 진행되면 밤이 깊기 전에 끝날 것 같다.

실제로는 7월과 8월의 대부분은 사냥 때문에 밤마다 그물이 찢어지고 지나치게 찢어지면 다음날 다시 짜여지기 때문에, 저녁 8시부터 10시 사이면 그물을 짜놓는 일을 조사할 수가 있다.

　붉은 저녁노을이 사라져 갈 때, 우리들은 날마다 집안 식구가 모두 나와서 거미들이 그물 짜는 곳을 방문한다. 어른이나 어린이나 할 것 없이, 그 뚱뚱한 뱃집으로 흔들거리는 거미줄의 한가운데를 나는 듯이 왔다갔다하는 것을 보면 저절로 감탄한다. 그리고 또 언제나 틀림없이 기하학적으로 짜여지는 그물을 보고는 그 신통한 솜씨에 놀란다.

　하루하루 기록되어 가는 왕십자거미의 일기장이 먼저 우리들에게 가르쳐 주는 것은 건축의 뼈대를 이루는 어미 금줄이 어떻게 만들어지는가이다. 대낮에는 나무 그늘 속에 숨어 있어서 보이지 않던 거미가, 저녁 여덟 시쯤 되면 숨어 있던 집에서 당당한 걸음으로 나타나서 나뭇가지의 맨 끝으로 올라온다. 높은 곳에서 잠깐 동안 대지의 형편을 살펴보고 어떻게 하면 좋을지 방법을 생각한다. 거미는 날씨의 좋고 나쁨을 염두에 두고 밤하늘을 조사한다.

　그러고는 갑자기 여덟 개의 다리를 크게 벌리고, 실주머니에서 뽑혀져 나오는 줄에 매달려서 수직선으로 떨어진다. 마치 노끈 꼬는 사람이 규칙적으로 뒷걸음을 치며 삼노끈을 꼬듯이, 왕십자거미도 낙하운동으로 실줄을 만들어낸다. 몸의 무게가 실을 뽑아내는 힘이 된다.

　이 낙하운동에는 떨어지는 몸의 무게에 의해서, 급격하게 속도가 더해지는 일은 없다. 그것은 떨어지는 놈이 마음대로 실을 만들어 실주머니를 좁히기도 하고, 또 그것을 아주 막기도 하기 때문에 훌륭히 조절시키고 있다.

이렇게 마음대로 하는 운동으로써, 움직이는 저울추에 달린 실은 늘어나는 것이다. 내가 들고 있는 호롱불은 분명하게 거미줄을 비추고 있으나 실줄은 잘 안 보인다. 그럴 때면 배가 뚱뚱한 큰 거미는 아무 발디딤도 없는 공중에 다리를 벌리고 있는 듯이 보인다.

땅 위 7, 8센티미터 되는 곳에서 갑자기 멎는다. 실줄 집은 이미 움직이지 않는다. 거미는 방향을 바꾸어 지금 뽑아냈던 그물에 매달려서 줄을 따라 올라가며 먼저와 같이 실을 또 뽑아낸다. 그러나 이번에는 몸의 무게가 도움이 되지 않으므로 실을 뽑아내는 방법이 다르게 나타난다. 뒷다리의 두 발은 서로 날쌔게 움직여서 등에 달린 실주머니로부터 실을 뽑아내고 나오는 데 따라서 그것을 놓아 준다.

높이 2미터 가량이나 되는 출발점에 돌아왔을 때, 거미는 그곳에서 이중으로 겹쳐진 실줄을 갖게 되는 것이다. 거미는 줄의 한 끝을 손잡이로 하여 적당히 고정시키고, 바람에 흔들리고 있는 다른 한 끝이 나뭇가지에 걸려 붙기를 기다리고 있다.

기다리는 시간이 오래 걸릴 때도 있다. 십자거미의 의젓한 참을성이 도리어 나를 조바심내게 만든다. 더 견딜 수 없게 된 나는 거미를 거들어 주려고 나선다. 집오라기로 바람에 나부끼는 줄을

파브르 곤충기

걷어서 적당한 나뭇가지에 걸어 준다. 내가 건드려서 이루어진 외줄다리는, 바람이 그 장소에 갖다 준 것과 마찬가지라 할 수 있다. 나는 거미에게 베풀어 준 도움이 저세상에 가서 착한 일로 손꼽아 세게 될 것이라고 믿는다.

줄이 겹쳐진 것을 알고 십자거미는 이 끝에서 저 끝으로 몇 차례나 왔다갔다하며, 그때마다 줄의 굵기를 거듭해 간다. 내가 거들어 주건 말건, 이렇게 해서 뼈대를 이루는 중요 부분의 달림줄이 만들어진다.

이 줄은 그다지 굵지는 못하지만, 그 이루어지는 순서로 보아서 나는 이 줄을 달림줄이라고 부르기로 한다. 이 줄은 한 줄 같이 보이나 양끝에는 그 줄이 갈라져서, 왔다갔다할 때마다 뽑아낸 실의 횟수만큼, 여러 갈래로 나누어져 있는 것을 보게 된다. 이 줄은 여러 군데로 걸쳐져 있기 때문에, 양끝이 단단하게 나뭇가지에 연결되어 있다.

이 달림줄은 거미가 걸쳐 놓은 다른 줄에 비교도 안 될 만큼 튼튼하며 무한히 질긴 힘을 갖고 있다. 대기 그물은 밤중의 사냥을 겪고 나면 찢어지기 때문에 다음날 저녁이면 항상 다시 짜여진다. 찢어진 그물을 걷어치운 다음 깨끗이 청소된 대지 위에 모든 것은 새롭게 만들어지는 것이나 다만 몇 차례씩 다시 만들어지는 가운데서도 달림줄만은 남겨 두게 마련이다.

달림줄을 새로 걸친다는 것은 약간 손이 많이 가는 것이다. 이 계획이 잘 실천되느냐 못 되느냐는, 거미의 자주적인 힘에만 의

지하는 것이 아니기 때문이다. 바람의 힘이 실줄을 나뭇가지에까지 가져다주는 것을 기다려야 하기 때문이다. 때로는 바람 한 점 없이 고요한 까닭에, 또 어떤 때는 실줄이 좋지 못한 곳에 걸리는 일도 있기 때문에 어느 때 이루어질지 모르는 성공을 기다리며, 오랜 시간을 낭비하게 된다.

그러므로 이 달림줄이 적당한 자리에서 적당한 방향으로 걸쳐지면, 십자거미는 특별한 경우 이외에는 다시 새로 만드는 일이 없다. 밤마다 거미는 그 달림줄을 왔다갔다하며 새로운 줄로 보강한다.

파브르 곤충기

이렇게 해서 달림줄이 마련되면 기초 공사는 다 된 셈이다. 거미는 제 마음대로, 가느다란 나뭇가지에 걸쳐 놓은 줄에 가까이 갔다 멀리 떨어졌다 할 수 있다.

이제부터 시작하려는 건축의 첫 공사는 달림줄 위에서, 거미는 떨어질 장소를 바꾸면서 약간 떨어졌다가는 떨어질 때에 생긴 실줄에 의해서 다시 올라온다. 그러면 두 겹으로 된 줄이 생기고 이 줄은 거미가 달림줄을 건너서 다른 작은 가지에 그 끝을 걸게 된다. 다시 말하면 가름대 구실을 하는 새로운 줄이 생기게 된다.

이번에는 이 가름대줄이 여러 군데로 방향을 달리하는 다른 가름대줄을 만들게 된다. 가름대줄이 충분한 수에 도달하면, 십자거미는 이제 실을 뽑아내기 위해서 낙하운동을 할 필요가 없게 된다. 거미는 이 줄에서 저 줄로 건너다니며, 언제든지 그 뒷다리로 실을 이끌어내어 그가 짜는 그물을 자리잡게 한다.

이리하여 어떤 수의 직선의 집합체가 만들어지는 것이나 그것은 같은 수준의 동일한 평면에 놓였다는 것을 제외하면 아무런 질서도 없다. 이렇게 해서 지극히 불규칙한 다각형의 대지가 마련되고, 그곳에 굉장히 규칙적인 작업으로 이루어진 작품, 즉 그물이 짜여지게 된다.

이제 이 이야기는 이쯤하고 다른 부분으로 옮겨가자.

거미는 천연스럽게 일만 하고 있을 것인가? 고요한 가운데서 정신을 한군데로 집중시킬 필요가 있을 것인가? 나는 이미 내가 옆에 있건 없건 또 등불을 들고 있건 말건 거미는 조금도 아랑곳없이 자기 일만 한다는 사실을 알게 되었다. 등불에서 비쳐지는 밝은 불빛도 그의 일을 멈추게 하는 일은 없다. 어둠속에서 돌아가고 있듯이 이 거미는 밝은 빛 가운데서도 한결같이 계속해서 돌고 있다. 이것은 내가 생각하고 있는 실험에 대해서 다행한 일이다. 8월의 첫 번째 일요일은 이 마을의 선황제 날이다.

축제가 시작된 지 3일째 되는 어느 날 저녁 9시, 이 즐거운 축제일을 마지막으로 장식할 불꽃놀이를 하기로 되었다. 그것은 마침 우리 집 대문 앞, 거미들이 일하고 있는 데서부터 몇 발짝 떨어진 길거리에서 쏘아올리게 되었다. 실 뽑는 처녀거미들은, 불꽃놀이 대원들이 북을 울리고 나팔을 불며, 관솔불을 켜들은 어린아이들과 같이 왔을 때 바로 그 커다란 맴돌이 선을 두르기 시작하는 참이었다.

나는 불꽃놀이를 구경하기보다는 동물의 심리학에 더 흥미를 가지고 있었기 때문에 호롱불을 손에 들고 왕십자거미가 하는 일을 조사하고 있었다. 많은 군중들이 떠드는 소리, 축포를 쏘는 소리, 밤하늘에 터지는 오색불꽃의 아름다운 연속 폭음, 불꽃 화살이 하늘을 나는 소리, 불꽃이 비처럼 쏟아져 내리는 가운데 갑자기 환하게 밝아지는 흰색, 빨강색, 초록색의 찬란한 빛, 이 소란스러운 밤하늘 아래서도, 거미들은 자기 하는 일에만 열중하고 아랑곳 하지도 않았다. 거미는 보통때와 다름없이 그물짜기에만 바쁘다.

지난날 내가 플라타너스 아래서 쏘아올린 대포 소리는 매미의 오케스트라를 멈추지 못했다. 지금 큰 불꽃놀이의 눈부신 빛과 펑펑 터지는 불꽃의 폭음도 거미의 그물짜기를 멈추지는 못한다. 그러다가 커다란 맴돌이 금은, 쉬는 장소의 경계선에서 갑자기 멈추었다. 그러자 일을 끝마치고 뒷마무리를 실 끝으로 짜서 만들은 중심의 방석은 떼어내서 먹어치우고 있다.

그러나 일을 끝마치는 이 식사를 하기 전에, 호랑거미의 두 종류 색동호랑거미와 붉은호랑거미만은 아직도 그가 하던 공사에 손수 이름을 써서 서명하는 일이 남아 있다. 흰빛에 넓적한 리본 같은 허리띠가 간격이 좁아지고 들쭉날쭉한 그물 중심부의 아래까지 내려온다. 항상 그런 것은 아니지만 때로는 같은 모양의 제2의 끝이 반대로 위에 있을 때도 있다.

이 기묘한 마지막 손질, 즉 사람이 한다면 작품을 완성한 다음 서명하는 일이라고나 할까. 거미의 이런 일을 나는 보강 장치를 하는 것이라고 보고 싶다. 우선 젊은 호랑거미 종류는 결코 이런 일을 하지 않는다. 지금 당장은 젊은 거미는 앞으로의 일을 염려함 없이 짜놓았던 그물이 그다지 많이 찢어지지 않아 아직 쓸모가 있는데도, 매일 저녁 뽑아내는 실을 허비해 가면서 그물을 다시 짠다.

해가 서산에 넘어가면 깨끗이 새로운 그물을 만들어 놓는 것이 젊은 거미들이다. 내일이면 일을 다시 해야 하는 것이니까 추후로 보강하는 따위의 일은 문제가 되지 않는다.

이와 반대로, 계절이 깊어 가면 어미거미는 알을 낳을 시기가 다가오는 것을 느끼고, 알주머니에 사용할 명주실의 소비량에 대비하기 위해서 실을 아껴 쓰고 절약하지 않으면 안 된다. 이 시기의 사냥 그물은 넓이도 넓고 재료가 많이 사용되는 공사이기 때문에 가능하면 오랫동안 이용하려고 한다. 그렇지 않으면 소비량이 많은 알집을 제작해야 할 시기가 닥쳐왔을 때에 저장품이 모자랄 염려가 있다.

이러한 이유인지 또는 다른 이유에서인지 그 비밀은 알 수 없으나 호랑거미와 붉은십자거미는 허리띠로서 짜놓은 그물을 질기게 하고, 먹이가 걸려들 덫을 튼튼하게 해 두는 것이 좋겠다고 생각한다. 다른 거미 종류, 알주머니가 단순한 공 모양이며 제작하는 데 있어서 그다지 재료도 덜 들이고 만드는 거미들은, 이 들쭉날쭉한 보강대를 할 줄 모른다. 그리고 젊은 거미가 하듯이 거의 매일 저녁 그물을 다시 짜고 있다.

나의 이웃집 주인 붉은십자거미에게 등불을 밝혀들고 찾아가면, 사냥 그물의 수리가 어떻게 진행되는지를 알 수 있다.

황혼이 사라지고 어두운 장막이 내리덮이려 할 때 십자거미는 조심조심 낮에 쉬고 있던 방에서 내려온다. 푸른 나뭇잎 그늘을 빠져나와서 덫을 달아 놓은 줄 위로 온다. 그곳에서 잠시 동안 가만히 동정을 살핀 다음, 그물 위로 내려와서 크게 팔을 벌리고 찢어지다 남은 그물 조각을 긁어모은다. 맴돌이 줄도 방사선도 뼈대도 모두 갈퀴 같은 손 아래로 모아진다. 단 한 가지 줄만이 남겨진다. 그것은 달림줄이다. 먼젓번 건축공사 때도 기초가 되었던 것이며, 또 이제부터도 약간 손질만 하면 새로운 건축의 기초가 될 줄이다.

파브르 곤충기

이렇게 긁어모아서 한데로 뭉친 그물 조각은 공처럼 된다. 거미는 먹이를 잡아먹을 때와 같이 그것을 아주 맛있는 것처럼 먹어버린다. 자기가 뽑아냈던 실에 대하여 호랑거미들은 얼마나 아끼고 뒷수습을 잘하는 벌레인가를 여기서도 보여 준다.

먼저는 그물을 다 짠 다음, 나머지 실과 중심 표시의 방석을 호랑거미가 먹어치우는 것을 우리는 보았다. 지금 여기서는 자기가 짰던 그물 전체를 삼켜버리는 것이었다. 이 낡은 그물의 재료는 밥주머니 속에서 삭은 다음, 다시 액체가 되었다가 쓸모있게 되는 것이다.

터전이 깨끗이 청소되고 나면, 남아 있는 달림줄을 기본으로 해서 테두리가 둥근 그물을 짜기 시작한다. 대개의 경우는 낡은 그물이라 해도 찢어진 곳만 꿰매서 수선하면 사용할 수 있는 것이므로 그것을 수선하는 것이 도리어 간단하지 않을까? 그렇게 생각되지만 거미도 가정주부가 헝겊으로 깁듯이 그물을 수선할 수 있을까?

문제는 여기에 있다. 찢어진 그물눈을 꿰매고 끊어진 실줄을 다시 이어서 낡은 것에다 새 것을 꼭 들어맞게 하는 것은 좀처럼 쉬운 일이 아니다.

이것은 지적 연구와 기술을 발휘할 수 있는 지혜가 상당히 높은 정도로 갖추어져 있다는 것을 입증하는 셈이다. 우리의 가정에서 의복을 수리하는 여성들은 이런 일에는 익숙해져 있다. 그녀들은 이성을 지도자로 하여 뚫어진 구멍을 재고, 앞 뒤 끝과 좌우를 맞추어 가면 필요한 장소에 작은 헝겊을 갖다 대어서 맞춘다. 거미도 이와 비슷한 지혜를 갖고 있는 것일까?

사람들은 그렇다고 말한다. 그러나 이것은 확실히 옆에 가서 직접 관찰한 일이 없는 사람들이 하는 말이다. 이론의 배를 불리는 데는 세심한 관찰이 필요치 않다. 그런 사람들은 미리 짐작하고 자기만족에 취해 있는 것이다. 우리들은 그만큼 대담하지 못하니까 우선 조사해 보기로 하자. 거미는 그런 것을 수리할 수 있는지 어떤지를 실험으로 알아보자.

지금까지 여러 가지 많은 기록을 제공해 준 이웃에 사는 십자거미는 저녁 9시에 그물짜기를 끝마쳤다. 밤하늘은 검푸르게 맑고 고요한데, 은하수가 초롱같이 반짝이며 하늘을 가로질러 흐른다.

훈훈한 밤공기는 자벌레나방이 원무곡을 춤추기에 적당한 밤이다. 사냥의 먹이가 많이 걸려들 듯하다.

맴돌이 줄을 걸치는 것이 끝난 십자거미는 중심에 있는 방석을 먹어치우기 위해서 쉬는 장소로 갔을 때, 나는 잘 드는 가위를 가지고 그물의 한복판을 두 갈래로 잘랐다.

방사선의 줄을 서로 당기는 힘을 못 가졌기 때문에 줄어들어서 중간에 구멍이 생겼다.

달림줄에 피난하고 있던 거미는 그다지 두려워하는 빛도 없이 내가 하는 양을 보고 있다. 내가 일을 끝마치자 거미는 조용히 제자리로 돌아왔다. 찢어진 반 조각이 남아 있는 중심에 역시 자리 잡고 앉아 있다. 그러나 한쪽 발에는 디딜 만한 발디딤이 없으므로 이 그물이 불완전하다는 것을 즉시 깨달았다. 여기서 두 가닥의 실줄이 찢어진 구멍을 가로질러서 걸쳐졌다. 실은 두 줄뿐이다. 디딜 자리가 없던 발은 이 줄을 발판으로 했다. 이렇게 한 다음 거미는 사냥에만 열중하여 움직이지 않았다.

나는 찢어진 그물의 양쪽을 연결시키기 위해서 거미가 두 줄의 실을 뽑아 걸치는 것을 보았을 때, 과연 거미가 수리하는 솜씨를 구경하게 되는가 보다 하고 희망을 가졌다. 거미는 찢어진 그물을 한쪽에서 다른 한쪽에 걸쳐진 가로줄을 이제부터 늘려갈 것이라고 생각했다. 그리고 만일 나중에라도 가공한 재료가 이미 짜놓았던 그물과 조화되지 않더라도 적어도 뚫어진 구멍의 공간만은 메우게 되고, 기워서 수리된 그물은 찢어지지 않았던 그물과 다름없이 사용할 수 있게 될 것이라고 생각했다.

그러나 내가 기대하던 것처럼 되지 못했다. 한밤이 지나는 동안, 이 실뿜이 거미는 구멍 뚫린 그물로 사냥을 계속한 모양이다.

다음날 나는 그물이 어제 남겨 둔 그대로이고 조금도 달라진 곳이 없는 것을 보았다. 어디에도 고친 흔적이 없다.

그리고 이것은 이번 경우에 한해서만 부주의했다던가, 어미거미가 관심이 없어서 게을리했다는 것이 아니다. 그물을 짜는 데는 모두가 훌륭한 솜씨를 가진 거미들에게, 이와 같이 수리하는 힘은 없다는 것을 보여 준 것이다. 색동호랑거미와 붉은십자거미가 이 점에서는 주목할 만한 것이다. 십자거미는 거의 매일 밤마다 그물을 새로이 짜고 있는 데 비해서, 이 두 종류의 거미가 그물을 새로 짜는 것은 극히 드문 일이며 웬만하면 그대로 사용하고 있다.

우리들이 사실에서 보고 얻은 논리라고 하면, 거미는 절대로 수선할 줄을 모른다는 것으로, 이는 거미에 대한 명예롭지 못한 일이나 어김없는 사실이다. 거미들은 겉보기에는 깊은 생각을 간직하고 있는 듯하면서도 구멍 뚫린 양말에 적당한 재료를 가져다 메우려는 조그마한 생각도 하지 못했다.

끈끈이 같은 거미줄의 성질

호랑거미들이 맴돌이 모양으로 짜내는 그물줄에는 놀랄 만한 학술적인 연구가 축적되어 있다. 특히 호랑거미나 붉은십자거미를 주의해서 조사해 보자. 이 두 종류의 거미는 모두 다 이른 아침부터 관찰할 수가 있다.

겉보기에도 그들이 맴돌이 금을 만들고 있는 실은 뼈대를 이루는 실이나 방사선의 실과는 다르다. 아침 햇볕에 반짝이는 것을 보면, 매듭진 곳이 무수히 있고 좁쌀알 같은 염주를 생각하게 한다. 그물 그 자체 위에서 실줄을 확대경으로 관찰한다는 것은, 약간만 바람이 불어도 흔들거리기 때문에 거의 불가능하다.

나는 유리판 위에 연구하려고 하는 실 두세 줄을 끊어 놓았다. 자, 확대경과 현미경을 준비하자.

참으로 놀랄 만한 사실을 보게 될 것이다. 눈으로 볼 수 있는 세계와 눈에 보이지 않는 세계의 중간에 있는 이 실은, 몇 갈래가 합쳐서 꼬아진 줄로서, 우리들의 공업 기술이 가는 구리줄을 묶음으로 해서 탄력이 강한 철사를 만든 것과 마찬가지다. 그리고 더욱이 줄은 가운데 속이 비어 있었다. 그 줄은 무한히 가늘고, 비어 있는 구멍에는 아라비아 고무를 녹인 듯한 끈끈이가 가득 차 있었다. 끊어진 양쪽 끝에서 투명한 액체를 기다랗게 흘려보내고 있는 것이 보인다. 현미경의 판유리 위를 덮는 유리의 압력으로, 꼬였던 속은 늘어나서 비틀린 리본처럼 보였다. 그리고 그 끝에서 끝까지를, 한가운데로 중심이 비어 있는 곳을 검은 줄이 통하고 있었다.

비틀린 리본처럼 꼬여 있는 실줄의 거죽을 통해서, 그곳에 있는 액체는 땀이 배어나오듯 밖으로 나올 것이다. 이리하여 액체는 거미줄을 꺼분꺼분하게 해줄 것이다.

그물은 실체에 있어서 놀랄 만큼 달라붙는다. 가느다란 밀짚으로 부채꼴의 가름줄을 가만히 건드려 보라. 아무리 살짝 건드려도 달라붙는다. 밀짚을 치켜올리면 실은 금방 달라붙어서 늘어나고, 마치 고무줄같이 2배나 3배의 길이가 된다. 지나치게 잡아당기면 끊어지지도 않고 떨어져서 제자리에 돌아간다. 꼬였던 줄이 풀려서 늘어났다가는 또 꼬여서 짧아진다. 그것은 속에 들어 있는 끈끈이가 밖으로 배어 나와서 힘줄같이 되기 때문이다.

말하자면 이 맴돌이 금의 거미줄은 하나의 모세관으로서, 이만큼 가는 줄은 인간의 물리학으로서도 만들 수가 없다. 줄은 걸려든 먹이가 버둥거려도 끊기지 않을 만큼 탄력성을 갖고 있다. 줄 구멍에는 끈끈이의 액체가 예비로 저축되어서, 줄이 바람에 말라 거죽의 끈끈한 성질이 약해짐에 따라 항상 밖으로 배어나와, 끈끈이처럼 붙게 마련이다. 경탄할 만한 일이다.

호랑거미 종류도 줄을 던져서 사냥하는 것이 아니다. 거미들은 끈끈이 줄로 사냥을 한다. 더욱이 이 끈끈이 줄은 무엇이든지 잡을 수 있다. 민들레의 씨만큼 가벼운 것도 건드리기만 하면 달라붙는다. 그래도 거미들은 항상 그 그물에 붙어다니는데 왜 발이 붙지 않을까? 어째서 그럴까?

우선 거미는 그가 짜놓은 그물 한가운데에 하나의 광장을 만들고 있다. 이 광장을 만드는 실 가운데는 끈끈이가 배어나오는 줄을 넣지 않는다. 앞에서 나는 이 줄이 중심에서 조금 떨어진 곳에 갑자기 끊어졌다고 썼다. 커다란 그물에서는 대체로 10제곱센티미터 크기의 넓이에 방사선과 보조선을 섞어서 만든 그물, 즉 실험용의 밀짚이 조금도 달라붙지 않는 그물이 만들어져 있다.

호랑거미는, 중심지인 이 휴게소에서 하루 종일 먹이가 걸려들기를 기다리며 앉아 있다. 이 부분에 아무리 오랫동안 앉아 있어도 방사선과 보조선에는 달라붙는 끈끈이가 흘러나오는 구조의 줄이 없기 때문에 거미발은 달라붙을 염려가 없다. 속에 구멍이 없고 곧은 한 줄의 실이, 다른 뼈대의 부분과 마찬가지로 이 부분을 형성하고 있다.

그러나 먹이가 가끔 그물의 변두리에 걸려들면 재빨리 달려가서 이것을 붙들어 매고 달아나려고 버둥거리는 것을 꽉 잡아야 한다. 거미가 그물 위를 걸어야 하지만 거미가 걷는 데 조금이라도 어려움이 있는 것을 본 적이 없고, 꺼분꺼분한 실이 발에 붙어 다니는 일도 없다.

내가 어린 시절에 목요일이 되면, 여러 동무들과 같이 들에 나가서 삼밭의 엉겅퀴벌레를 잡으려 할 때, 우리는 장대 끝에 끈끈이를 바르기 전에 끈끈이가 손에 묻지 않도록 몇 방울의 기름을 발랐던 것이다. 호랑거미들도 기름의 비밀을 알고 있는 것일까?

나는 실험용의 밀짚을 기름이 약간 묻어 있는 종이로 문질렀다. 이렇게 하고 나면, 밀짚을 그물의 줄 위에 놓아도 이미 달라붙지 않는다. 원리는 발견되었다. 살아 있는 호랑거미로부터 다리 하나를 떼어냈다. 그대로 꺼분꺼분한 거미줄에 갖다 대도, 거미다리는 중성의 실, 즉 방사선과 뼈대를 이루는 실 이상으로 달라붙는 일이 없다.

그러나 다음의 실험 결과는 근본적으로 달라진다. 나는 15분가량이나 걸려서, 거미다리를 기름기를 잘 녹이는 이황화탄소에 담갔다. 이 액체를 붓에 묻혀서 거미다리를 정성껏 씻었다. 씻은 다음의 거미다리는, 끈끈이 같은 거미줄에 잘 달라붙었으며, 다른 물건과 다름이 없이 잘 붙었다.

지방질을 달라붙기 잘하는 끈끈이 거미줄의 예방제라고 보는 것은 옳은 일인가?

황산의 작용은 이 사실을 뒷받침하고 있다. 더욱이 이러한 물질은 동물의 신체에서 흔히 볼 수 있는 것이며, 그것이 발한 작용으로 인해서 거미의 몸에 극히 엷게 발라지지 않는다고 누가 단언할 수 있을 것인가?

우리들은 엉겅퀴벌레를 잡으려는 장대 끝에 칠을 하기 위해서 손가락에 약간의 기름을 바른다. 이와 마찬가지로 호랑거미들은 끈끈이에 발목이 붙을 걱정 없이 그물의 모든 부분에서 일할 수 있도록 특별한 땀을 몸 전체에 바르고 있다.

그러나 끈끈이 줄 위에 너무 오래 머물러 있으면 불편한 일이 일어날 것이다. 오랫동안 끈끈이 줄에 머물러 있으면 나중에는 끈끈이에 달라붙고 말 것이다. 그렇게 되면 재빨리 돌아갈 수 없고, 먹이가 떨어져 나가기 전에 습격할 수도 없게 될 것이다. 이렇기 때문에 한없이 기다려야 할 중심지의 구조에는 결코 끈끈이가 배어나오는 줄을 쓰지 않는 것이다.

거미가 그물의 어떤 움직임에도 즉시 느낄 수 있도록 여덟 개의 다리를 모아 가지고 꼼짝도 안 하고 있는 것은, 오직 휴게소 가운데에 있을 때뿐이다. 거미가 먹이를 잡아 놓고 식사를 하는 것도 여기뿐이다. 먹이를 잡아 붙들어 놓고 깨문 다음, 끈끈이가 붙지 않은 줄 위에서 편히 먹기 위해 언제나 줄 끝으로 그 먹이를 이끌고 오는 것도 이곳이다. 기다리는 장소와 식당을 겸해서, 호랑거미들은 끈끈이가 없는 중앙 지대를 준비해 둔다.

이 끈끈이는 분량이 아주 적기 때문에 화학적 성질을 연구하기는 거의 불가능하다. 현미경으로 보면 그것이 줄로부터 약간 알맹이가 있는 유리 같은 액체가 흘러나오는 것을 볼 수 있다. 다음과 같은 실험에 의하면 좀더 여러 가지 사실을 알게 된다.

나는 평평한 유리판에다 거미그물을 잘라서 한 묶음의 끈끈이 줄을 채집했다. 줄은 같은 길이와 방향으로 유리에 달라붙었다. 나는 이 유리판을 덮었다. 다음은 그 아래에 물을 넣었다. 이윽고 습기로 포화된 공기 가운데서 줄은 물방울에 쌓이고 그것이 점점 부피를 늘려 흘러내리게 되었다. 그러자 실구멍 속에 지극히 작고 가느다란 한 줄의 물방울이 나타난다. 24시간 뒤에 실줄은 가운데 구멍을 잃어버리고 거의 눈에 보이지 않을 정도가 된다.

만일 그때에 유리판에 물을 한 방울 떨어뜨리면, 아라비아 고무의 작은 방울이 만들어 내는 듯한 끈적끈적한 용액을 얻을 수 있다. 결론은 분명하다. 호랑거미들의 끈끈이는 지극히 습기를 타기 쉬운 물질이다. 습기에 가득 찬 공기 가운데서 이 끈끈이는 충분히 습기를 흡수하여 실 구멍의 담벽을 통해서 배어나온다.

이상의 사실은 끈끈이에 관한 두세 가지 현실을 증명한다. 어미가 된 긴호랑거미와 붉은십자거미는, 이른 새벽에 그물짜기 일을 시작한다. 만일 안개가 짙어지면 짜던 그물을 도중에 내버려두는 일이 있다. 거미는 전체의 뼈대를 세우고, 방사선의 줄을 치고, 보조선의 맴돌이 금 따위와 같이 습기가 지나치게 많아도 변질하지 않는 모든 부분을 만들기는 하나, 끈끈이 줄은 안개에 젖으면 쓸모가 없이 끈적끈적하기만 한 덩어리로 녹아서 물기에 엷어지고 힘을 잃기 때문이다.

끈끈이 그물이 지극히 습기에 예민하다는 것은 불편하기도 하나 장점도 가지고 있다. 이 두 종류의 호랑거미는 항상 대낮에 사냥을 하며, 메뚜기가 좋아하는 햇볕이 강하게 내려쬐는 시기를 즐겨한다. 그러므로 특별한 준비가 갖추어 있지 않는 한, 삼복더위에는 끈끈이 줄은 마르고 쓸모없는 꼿꼿한 섬유로 변해버릴지도 모른다.

그러나 실제로 나타나는 것은 이와는 반대다. 가장 볕이 뜨거운 시간에도 끈끈이 줄은 변함없이 탄력성이 있고 부드러워서, 점점 더 달라붙기를 잘한다.

어째서 그런 것일까? 그것은 습기에 지극히 민감하다는 사실에서 오는 것이다. 공기 중에 습기가 포함되지 않는 일은 없다. 습기는 천천히 거미줄에 배어들어서, 적당할 정도로 줄 구멍 속의 액체를 엷게 하고 끈끈이의 힘이 약해짐에 따라서 그것을 밖으로 발산시킨다. 끈끈이로 먹이를 잡는 기술이라면 어느 새잡이가 호랑거미에게 대항할 수 있을까? 한 마리의 자벌레나방을 잡기 위한 것으로는 얼마나 교묘한 방법일까?

그리고 또 얼마나 제작에 대한 욕심이 왕성한 벌레들일까?

둘레의 지름과 둘레 수를 안다고 하면, 끈끈이 줄의 맴돌이 금 길이를 계산하기는 쉬운 일이다. 십자거미는 그 그물을 다시 만들 때마다 한 차례에 끈끈이 줄을 20미터가량 뽑아낸다. 붉은십자거미는 좀더 솜씨가 좋아서 30미터가량을 뽑아낸다. 붉은십자거미는 거의 매일 저녁 그물을 짜고 있다. 이 기간을 통해서 회전수가 많고 끈끈이로 부푼 구멍 뚫린 줄을, 1킬로미터 이상이나 생산하는 셈이다.

파브르 곤충기

나는 나보다 좀더 기구를 갖추고, 또 나의 눈보다 피로하지 않는 눈을 가진 해부학자가 이 미묘한 실로 그물짜기를 하는 거미의 일을 설명해 주었으면 좋겠다고 생각한다. 어떻게 해서 모세관꿀로 실줄이 뽑아져 나오는 것일까? 또 어떻게 해서 같은 실구멍이 뼈대를 만드는 실, 맴돌이 금을 만드는 실, 알주머니를 부풀게 하는 솜실, 그리고 같은 주머니 실에서도 날금 모양으로 검은 날금줄의 실을 공급하게 되는 것일까?

나는 기계가 어떻게 움직이는가를 이해하지도 못하면서 다만 그 결과만을 보고 있는 셈이다.

전신줄

내가 관찰한 여섯 종류의 호랑거미 중에서, 긴호랑거미, 붉은십자거미만은 뙤약볕이 내려쬐는 곳에서도 끊임없이 그의 그물 위에서 먹이를 지키고 있었다. 다른 거미들은 대개가 어둠의 장막이 내릴 때가 아니면 모습을 나타내지 않았다. 이러한 거미들은 그물에서 약간 떨어진 나무떨기 속에 숨어 있는 집, 즉 나뭇잎을 끌어당겨 간단하게 통 모양으로 말라붙은 것을 가지고 있다. 대개의 경우, 낮 동안은 이곳에 조용히 틀어박혀 쉰다.

타는 듯이 내리쪼이는 태양열은 거미들을 괴롭히나 들에 있는 모든 벌레에게는 즐거움을 가져다준다. 잠자리는 공중을 시원스럽게 날고, 메뚜기는 풀잎에서 방아를 찧으며 여치는 상추나무에서 노래를 부른다. 가끔 무당벌레 따위가 허공을 가로질러서 날아가다가는 뜻하지 않은 재난을 당한다. 끈끈이 같은 거미줄에 걸려들면 멀리 숨어 있던 거미가 어떻게 알고 뜻밖의 손님을 맞이할 것인가? 염려할 필요는 없다. 거미는 즉시 달려온다. 어떻게 해서 아는 것일까? 이 방법을 설명하면 다음과 같다.

그물의 움직임은 겉보기보다는 훌륭한 경보를 전달해 준다. 지극히 간단한 실험이 그것을 증명해 준다.

이황화탄소로 방금 질식시킨 메뚜기를 호랑거미의 끈끈이 그물에 붙여 놓는다. 이 죽은 벌레를 그물의 어떤 곳에 붙여 놓아도 맨 처음에는 아무 일도 일어나지 않는다. 호랑거미는 먹이가 걸려들어도 모른 체하고 그대로 가만히 있다. 깨닫지 못하는 모양이다.

나는 죽은 메뚜기를 밀짚 끝으로 살짝 건드려 본다. 그 이상의 일은 할 필요가 없다. 호랑거미와 붉은십자거미는 중심에 자리잡은 방석에 달려나오고, 다른 거미라면 숨어 있던 나뭇가지에서 달려나온다. 거미는 한결같이 메뚜기에게로 가서 보통 살아 있는 메뚜기가 걸려들었을 때와 같이 취급을 한다. 공격시키기 위해서는 그물을 흔들 필요가 있다.

이번 메뚜기는 회색빛이었기 때문에 어쩌면 확실히 눈에 뜨일 만큼 주의를 끌지 못했는지도 모른다. 빨강색, 우리들의 눈에 있어서 가장 뚜렷한 빛으로 나타나는 것은 이 빛깔이므로 나는 양털을 조그맣게 싼 다음 메뚜기만한 크기의 미끼 먹이를 만들었다. 그리고 그것을 그물에 붙였다.

나의 실험은 성공적이었다. 그 물건이 움직이지 않는 동안 거미도 움직이지 않는다. 그러나 그것을 밀짚 끝으로 움직여서 흔들리게 하면 거미는 서둘러 달려나온다.

어떤 거미 중에는, 발끝으로 그 물건을 잠깐 건드려 본 다음, 그 이상은 조사하지도 않고 다른 먹이와 마찬가지로 명주실을 뽑아서 감싸버리는 경솔한 놈도 있다. 또 어떤 놈은 먼저 먹이를 마비시켜 두어야 한다는 통례적인 순서로 미끼 먹이에 덤벼들어 깨물기도 한다. 이렇게 되면 그제야 겨우 잘못 걸렸다는 것을 깨닫고 속은 거미는 달아나고 두 번 다시 그곳에 돌아오지 않는다. 다만 훨씬 시간이 지난 다음 방해가 되는 물건을 그물 밖으로 던져

버리기 위해서 올 뿐이다.

때로는 교활한 놈도 있다. 다른 거미와 마찬가지로 이 교활한 놈도 내가 밀짚으로 흔들어 대는 빨간 양털의 미끼에 달려온다. 그놈들은 나무숲 사이에 숨어 있는 집에서 그물 중심으로 나와서 그것을 앞발로 더듬어 본다. 그러나 즉시 아무 쓸모도 없다는 것을 깨닫고, 그것 때문에 붙들어 매거나 필요없는 실줄을 허비하지 않도록 주의한다. 움직이고 있는 나의 미끼는 거미를 속이지 못한 것이다.

그러나 이 교활한 거미는 허둥대는 놈과 마찬가지로, 나무숲 속에 숨어 있던 집에서 분주히 달려나오는 놈도 있다. 어째서 거미는 그런 것을 알게 될까? 보고 쫓아오지 않는 것은 확실한데 발로 걸린 물건을 붙잡고 또 약간 깨물어 보기 전에는, 사실 먹이인지 아닌지 알 수 없는 것이다. 거미는 지독한 근시안이다. 10센티미터가량 떨어져 있어도 먹이가 움직이지 않으면 깨닫지 못한다. 그리고 대개는 캄캄한 밤중에 사냥을 하기 때문에, 눈이 잘 보여도 소용없다.

만일 눈이 가까이 있는 것도 볼 수 없다고 하면, 멀리서 먹이를 보고 있지 않으면 안 될 때는 어떻게 될 것인가? 이런 경우, 멀리서 무엇이 걸려든 것을 알려주는 길이 있어야 할 것이다. 이러한 시설을 찾아내기는 어렵지 않다.

어떤 거미라도 좋으니 한나절 숨어 있는 호랑거미들의 등뒤를 주의해서 지켜보자. 그물의 중심에서 한 오라기의 줄이 나와서,

이 그물의 바깥쪽으로 비스듬히 뻗어서 한낮 동안 거미가 숨어 있는 장소에까지 가 닿아 있는 것을 볼 수 있다. 중심점을 제외하면 이 줄과 그물의 다른 부분과의 사이에는 아무 관계도 없고, 또 뼈대를 이루는 줄과도 접촉이 없다. 아무 데도 거치는 일이 없이 이 줄은 바로 사냥하는 그물에서부터 거미가 숨어 있는 곳까지가 닿아 있다. 그 길이는 평균 50센티미터이고, 나뭇가지가 높은 곳에 숨어 있는 십자거미는 2, 3미터나 긴 줄을 늘여놓고 있다.

파브르 곤충기

　이 줄은 의심할 여지도 없이 급한 일이 생겼을 때, 재빨리 그물로 거미가 달려가는 줄다리며 또 한 바퀴 돌기를 다 한 다음 숨어 있던 곳으로 되돌아오는 줄사닥다리도 된다.

　실제로 나는 거미가 이 길을 왔다갔다하는 것을 보았다. 그러나 그것뿐만이 아니다.

　만일 호랑거미가 숨어 있는 집과 사냥 그물의 사이를 연락하는 길만을 목적으로 한다면, 이 줄다리는 레이스 같은 그물의 꼭대기와 연결되어 있을 것이다. 그렇게 하면 거리도 가깝고 꺾이는 각도도 그만큼 적어질 것이기 때문이다. 그리고 또 무슨 이유로 이 줄은 언제나 그물의 중심에서 반드시 나와서는 결코 다른 장소에서 나오는 일이 없을까? 그것은 이 출발점이 방사선의 집중점이고, 따라서 진동이 있을 때는 공통된 중심점이기 때문이다. 그물 위에서 움직이는 것은 모두가 한곳에 움직임을 전달한다.

　그렇다면 먹이가 그물의 어떤 점에서 버둥거리고 있다는 것을 멀리까지 전달하는 데는 중심점에서 출발한 한 가닥의 줄로서 충분하다. 그물의 평면 밖으로 뻗어나와 있는 이 엇비슷한 금은, 줄사닥다리 이상의 구실을 한다. 그것은 무엇보다도 통신기와 같은 구실을 하며 또 전신줄도 된다.

　이런 점에 관해서는 실제 실험을 해보기로 하자. 나는 메뚜기를 잡아서 그물 위에 놓았다. 그물에 걸린 벌레는 버둥거린다. 거미는 즉석에서 숨어 있던 곳으로부터 뛰어나와, 줄사닥다리를 거쳐서 메뚜기를 습격하고, 그놈을 잡아넣은 다음 마비시켰다.

　잠시 뒤 거미는 메뚜기를 가느다란 줄로 실주머니에 매달아서 이끌고 제 집으로 돌아간다. 그곳에서 제법 긴 시간의 식사가 시작된다. 여기까지는 별로 신기할 것도 없고 모든 일은 여느 때와 마찬가지로 이루어진다.

　나는 며칠 동안 거미를 가만히 내버려두었다가 거미에게 손을 대기 시작했다. 내가 거미에게 주려고 생각한 것은 이번에도 메뚜기다. 그러나 이번에는 줄이 흔들리지 않도록 살짝 가위로 통신선을 끊어 놓았다. 그리고는 먹이를 그물 위에 올려놓았다. 성공이다. 그물에 걸린 메뚜기는 버둥거리며 사냥 그물을 흔들어 댔으나 거미는 이런 소동을 알지 못하는 듯이 가만히 있다.

　이러한 경우 거미는 줄사닥다리가 끊어졌기 때문에 달려올 수가 없고, 수풀 속 제 집에 그대로 머물러 있다고 생각할지도 모른다. 그러나 눈을 비비고 다시 보아야 한다. 한 가닥을 끊어도 거미에게는 백도 넘는 다른 길이 있다. 그 길은 어느 것이나 모두 거미가 나올 수 있는 길과 연결되어 있다. 사냥 그물은 여러 갈래의 줄로서 작은 나뭇가지에 매어졌고 그 줄은 어느 줄이나 손쉽게 건너다닐 수 있다. 그런데도 불구하고 거미는 그런 줄에는 가려고 하지 않고 언제까지나 우두커니 숨어 있다.

왜 그럴까? 전신줄이 끊어져서 이미 거미의 그물에 움직임을 전달해 주지 못하기 때문이다. 거미는 너무 멀어서 먹이가 걸려든 것도 보이지 않고 알지도 못한다. 한 시간 동안이나 메뚜기는 버둥거리고 거미는 우두커니 있고 나는 그것을 바라보는 동안에 시간이 지나가 버렸다. 그래도 거미는 발밑의 가위로 잘린 전신줄이 아무 연락도 보내 주지 않기 때문에, 나중에는 사정을 조사하려고 내려왔다.

거미는 만들어 놓은 뼈대줄을 따라서 아무 지장 없이 그물로 건너왔다. 메뚜기는 즉시 발견되어 결박당했다. 그리고 전신줄은 다시 만들어져서, 이 길을 통하여 거미는 먹이를 끌고 제 집으로 돌아갔다.

이웃에 있는 억센 십자거미는, 3미터 이상이나 긴 전신줄을 갖고 있기 때문에 나에게는 더할나위없는 실험 재료였다.

아침나절에 보면, 그물은 하나도 상한 데가 없고 먹이는 아무것도 걸리지 않았다. 이것은 지난 밤 동안에 사냥이 시원치 않았다는 증거이다. 이놈은 굶주려 있을 것이 분명하다. 먹이를 보여 주면 높은 곳에 숨어 있던 집으로부터 내려오게 할 수 있을까?

나는 거미가 좋아하는 잠자리를 그물에 붙여 보았다. 잠자리는 죽을 듯이 버둥거리며 그물 전체를 흔들어댄다. 높은 데 있는 거미는 나무숲에 숨어 있던 집을 나와서 전신줄을 따라 황급히 내려온 다음, 잠자리에게로 달려와서 먹이를 묶어 가지고 즉시 왔던 길을 되돌아 발뒤꿈치의 줄로 먹이를 달아매어 끌면서 제 집으로 돌아간다. 그리고는 숲속의 조용한 자기 방에서 먹이를 먹는다.

며칠이 지난 다음, 같은 조건 아래서 전신줄만 미리 끊어 놓고 다시 실험해 보았다. 이번에는 힘이 강하고 버둥거리기를 잘하는 잠자리를 골랐으나 성공하지 못하고 공연히 기다리기만 했다. 거미는 하루 종일 달려오지 않았다. 전신줄이 끊어져 있기 때문에 거미는 숨어 있는 집 3미터 아래에서 일어나는 일을 알지 못한다. 걸려든 잠자리는 그 자리에 남아 있다. 이것은 먹이가 마땅치 않아서가 아니라 그것이 있는 줄을 모르기 때문이다.

저녁때 날이 어두워지자 거미는 집을 나와 찢어진 그물 위로 와서 잠자리를 발견하고 그 자리에서 먹어버렸다. 그 뒤에 통신줄은 새로 만들어졌다.

한낮 동안 먼 곳에 숨어 있는 모든 거미들은, 아무도 지키고 있는 이가 없는 사냥 그물의 형편을 끊임없이 연락해 주는 줄이 없이는 견딜 수가 없다. 그리고 또 실제로 모두가 다 줄을 갖고 있다.

그러나 이런 것은 나이 많이 먹어서, 휴식과 평안을 좋아하고 하는 일 없이 한가하게 지내는 것을 즐기는 나이가 되었을 때뿐이다. 젊은 시절에는 몸이 날쌔기 때문에 호랑거미들은 전신줄의 기능을 모른다. 더욱이 그 그물이란 매일 다시 짜게 되는 일시적인 것이기 때문에 이러한 기술을 갖고 있지 못하다. 아무것도 걸려들지 못하게 찢어진 그물에 비용과 힘을 들여서 통보 기관 같은 것을 만드는 것은 헛일이다.

나는 먹은 거미들은 다만 제 집에 엎드려서 생각에 잠기고 세월이나 보내는 늙은이기 때문에, 그물에서 일어나는 것을 전신줄의 중계로 먼 데서도 알고 있을 따름이다.

지나치게 긴장하고 있으면 견딜 수가 없기 때문에, 그러지 않아도 되게 하기 위해서 또 조용히 쉬면서 사냥 그물과 등지고 있으면서도 사정을 잘 알 수 있도록 하기 위해서, 숲속에 숨어 있는 거미는 항상 전신줄을 발아래 닿도록 해둔다. 이 문제에 관하여 내가 관찰한 중에서 우리를 이해할 수 있도록 가르쳐 주는 다음의 사실을 이야기해 두자.

아직 나는 늙지 않은 왕십자거미 한 마리가 두 포기의 부들 사이에 거의 1미터 가량이나 되는 넓이의 그물을 쳤다.

태양은 지금, 날이 새자마자 자리를 떠난 거미줄에 햇볕을 비추고 있다. 거미는 숲속의 제 집에서 쉬고 있다. 이 집은 전신줄을 따라가면 곧 발견할 수 있다. 그 집은 몇 오라기의 거미줄로 끌어당겨서 만든 가랑잎으로 이루어져 있다. 거미가 숨어 있는 이 장소는 안 구석이 깊숙하고, 들어가는 출입구를 막고 있는 거미의 둥근 엉덩이를 제외하고는 모두 가려져 있다.

이렇게 머리부터 그 초가집 방 속에 틀어박고 있다. 이 십자거

파브르 곤충기

미들이 그물을 지켜보고 있지 않는 한 눈을 갖고 있다고 해도 이런 모습으로는 먹이가 걸려드는 것을 알 수는 없다. 햇볕이 따사롭게 내려쬐는 이 시간에 사냥을 단념하고 있는 것일까? 결코 그렇지는 않다. 좀더 자세히 관찰해 보라.

놀랄 만한 일이다. 다리 하나는 가랑잎으로 만든 초가집 밖으로 나왔고, 바로 그 발끝이 닿은 곳에 전신줄이 와 닿아 있다. 십자거미가 전신줄을 밟고 있는 모습을 보지 못한 사람은, 이 벌레들의 두뇌가 영리하다는 사실을 모를 것이다.

먹이가 걸려들면 건들건들 졸고 있던 거미는, 발에 닿아 있는 진동의 수신기로써 소식을 전해 듣고 벌떡 일어나서 달려나온다. 내 손으로 사냥 그물 위에 메뚜기를 놓아 주면, 보기에도 시원스럽고 날쌘 솜씨를 보여 준다. 거미는 붙잡은 먹이에 만족하겠지만 나는 지금 가르쳐 준 사실에 한층 더 만족을 느끼고 있다.

이런 일은 가장 좋은 기회이기 때문에, 이웃집 주인이 지금 가르쳐 준 것을 좀더 가까이서 잘 조사해 두지 않고는 견딜 수가 없다. 다음날 나는 전신줄을 끊었다. 이 줄은 60센티미터 남짓한 길이며, 어제와 같이 집 밖으로 내민 뒷다리에 줄이 감겨 있다. 이때에 나는 잠자리와 메뚜기를 한꺼번에 먹이로 그물 위에 놓아 보았다. 메뚜기는 모질게 생긴 뒷다리로 버둥거렸으며, 잠자리는 날개로 푸드덕거렸다. 사냥 그물은 몹시 흔들렸는데, 이 십자거미가 숨어 있는 집 가까이의 나뭇잎까지 흔들릴 정도였다.

그러나 흔들리는 정도는 바로 옆에 있는 거미를 조금도 움직이게 하지 못했다. 또 어떤 일이 벌어졌는가 하고 조사하러 나오게 도 하지 못했다. 전신줄이 끊어진 다음부터 거미는 무슨 일이 생겼는지를 전혀 알지 못한다. 하루 종일 거미는 움직이지 않았다. 저녁 8시쯤, 새 그물을 짜려고 나와서 비로소 처음으로 지금까지 모르고 있던 먹이를 발견했다.

또 다른 한 가지 사실이 있다. 그물은 바람에 흔들리는 일이 많다. 뼈대를 이루는 여러 부분은 바람이 부는 대로 흔들리고 잡아당기기 때문에, 그 움직임은 자연적으로 전신줄에 통보하게 마련이다. 그래도 거미는 그물의 움직임에 관계없이 제 집에서 나오는 일이 없다.

파브르 곤충기

그러므로 통보 장치는 잡아당기기만 하면 충동을 전달하는 초인종 이상의 구실을 하는 셈이다.

이 장치는 우리가 사용하고 있는 전화와 마찬가지로, 음향의 시초인 분자 운동을 전달하는 것인지도 모른다. 이로써 거미는 잡힌 벌레로부터 오는 진동과 바람에 의한 진동을 구별하게 된다.

각자가 소유하는 재산에 관해서

한 마리의 개가 소뼈를 발견했다. 배를 땅에 대고 그늘에 엎드려서, 개는 소뼈를 앞발로 움켜잡고 깎고 저미면서 혀로 핥고 있다. 이것은 누구도 손댈 수 없는 개의 재산이고 개의 소유물이다.

한 마리의 거미가 그물을 쌌다. 이것 역시 하나의 소유물, 더욱이 개의 소뼈보다 훨씬 값이 비싼 소유물이다. 개는 운좋게 냄새를 잘 맡는 덕택으로 자본도 들이지 않고 수고한 것도 없이 좋은 음식을 발견할 수 있다. 거미는 그물을 우연히 손에 넣은 것이 아니라 그 재산을 만들어 낸 주인이다. 거미는 그 재료를 뱃속에서 끌어내어 자기 힘으로 손수 만든 것이다. 만일 세상에 신성한 소유물이 있다고 하면 이 그물이야말로 바로 그것이다.

약육강식의 이론이 가장 잘 통용될 수 있는 이론이라고 한 라 퐁텐의 말은 많은 평화주의자들을 분노케했다. 라 퐁텐은, 개와 개가 싸우는 경우나 그 밖의 짐승들 사이의 싸움에서 강한 놈이 뼈다귀를 가질 수 있다고 말하고 싶었을 것이다.

야만스런 생각으로 '주먹은 법보다 앞선다' 라는 규율을 만든 사람들은 분명히 인간의 도리를 벗어나 살아가는 사람들일 것이다.

애벌레들은 피부 빛깔을 조금씩 변화시켜 간다. 인간은 힘보다 법을 앞선 것으로 여기는 사회로 조금씩 발전해 가는 작은 애벌레와 같다. 언제쯤 되어야 그 위대한 발전이 모두 완성될 것인가?

우리 인간이 짐승과 같은 그 성질에서 벗어나려면, 오세아니아가 유럽으로 흘러가고, 맘모스가 활약했던 빙하시대가 또다시 돌아오는 것을 기다려야 할 것이다.

정말로 그럴지도 모른다. 그만큼 도덕의 진보라는 것은 느리다.

양육강식의 이론을 바로 눈앞에서 보고 싶은 사람은, 몇 주일 동안 거미와 같이 생활해 보는 것이 제일이다. 거미의 그물은 거미가 손수 만든 제품이며 가장 합법적인 재산이다.

그렇다면 그 제품에는 어떤 표시가 있어서, 다른 거미의 그물과 구별할 수 있을까?

나는 이웃에 사는 두 마리의 호랑거미를 상대로 실험해 보았다.

거미를 맞바꾸어 다른 거미의 그물 위에 갖다 놓았다. 거미는 옆집에서 온 것을 아는지 모르는지 별다른 행동을 하지 않았다. 거미는 자기 자신의 소유물 위에 있다고 믿는다. 나도 그럴 것이라고는 생각하고 있었다. 이 두 개의 그물이 짜인 솜씨는 너무 비슷했다.

이때 나는 두 종류의 거미 그물을 다시 바꿔야겠다고 생각했다. 나는 호랑거미를 붉은십자거미의 그물 위에다 갖다 놓고, 붉은십자거미를 호랑거미의 그물 위에 옮겨 놓았다.

이 두 종류의 그물은 서로 다르다. 붉은십자거미의 그물은 서로 접촉한 수많은 회선을 가진 끈끈이의 맴돌이 금을 가지고 있다. 이렇게 생소한 그물 위에서 시험당한 거미는 어떻게 할 것인가?

발밑에 있는 그물눈이, 한쪽은 지나치게 넓고, 한쪽은 너무 좁은 것을 보고, 이 갑작스러운 변화에 불안을 느끼고 달아나려 할 것이라고 생각했다. 그러나 결코 그런 일은 없었다. 불안한 빛도 없이 거미들은 그곳에 머물면서, 한가운데 몸을 뻗친 채로 먹이가 걸려오기를 기다리고 있었다. 그뿐만이 아니다. 며칠이 지나서 손이 서투른 남의 그물이 찢어지지 않는 한, 거미는 손수 제 그물을 다시 만들려고도 하지 않았다.

호랑거미들은 자기 그물을 분별할 능력이 없는 것이다. 다른 사람이 만든 건축물을, 더욱이 다른 종속의 손으로 지어진 것까지라도 자기 집으로 아는 모양이다. 이러한 잘못에 의해서 일어나는 비극적인 장면을 들여다보기로 하자.

연구 재료를 항상 풍부하게 마련해 두고, 나는 뜰에서 발견된 여러 종류의 거미를 채집해다가 뜰아래 나무 숲에서 살게 했다. 바람이 잘 통하고 햇볕과 그늘이 잘 드는 만년청 울타리 밑은, 이렇게 해서 많은 거미의 사육장이 되었다.

옮겨오기 위해서 각각 다른 종이 깔때기에 넣었던 것을, 별로 준비한 것도 없이 그 자리에서 끄집어내어, 거미를 나무숲 위에 놓아 주었다. 적당한 자리를 골라서 집을 짓는 것은 거미 스스로 할 일이다. 대개는 한낮 동안 내가 놓아 준 자리에서 움직이지 않는다. 거미는 밤이 되기를 기다려서, 적당한 대지를 찾아 그곳에 그물을 만든다.

그중에는 그다지 참을성이 강하지 못한 놈도 있다. 조금 전까지도 그들은 자그마한 갈대 사이나 우거진 떡갈나무 숲에 그물을 가지고 있던 것이, 지금은 이미 그것을 갖고 있지 못한다. 그래서 자기의 소유물을 찾기 위해서 — 또는 남의 재산을 빼앗기 위해서 마땅한 곳을 찾으러 나간다.

나는 새로 붙들어온 한 마리의 호랑거미가, 며칠 전부터 우리 집 뜰에서 생활하고 있는 붉은십자거미의 그물 위에 발을 올려놓고 있는 것을 보았다.

붉은십자거미는 그물의 한가운데 도사리고 앉아 있었다. 겉보기에는 태연하게 다른 거미가 올라오는 것을 기다리고 있는 것처럼 보였다. 얼마 후 맞붙잡고 필사적인 격투가 벌어졌다.

붉은십자거미가 졌다. 호랑거미는 끈끈이 줄이 없는 쪽으로 끌고 가서, 붉은십자거미의 껍질만 천연스럽게 먹고 있었다. 24시간이 지났을 때 조각조각이 씹고, 마지막 국물까지 빨아먹는 다음 호랑거미는 던져버렸다. 폭력으로 정복당한 그물은 침입자의 소유물이 되고, 그는 이 그물이 찢어져서 못 쓰게 될 때까지 이용하는 것이다. 이런 경우에는 어떤 명분이 없는 것도 아니다. 두 마리의 거미는 서로 다른 종류이기 때문에, 이렇게 서로 다른 종족 사이에서의 살생은 생존 경쟁에 있어서 있을 수 있는 일이다. 만일 두 마리의 거미가 같은 종류에 속해 있었다면 어떻게 되었을까?

이 결과는 곧 알게 되었다. 자연적인 조건 밑에서 흔히 있을 수 있기 때문에 침입자가 나타나는 것을 기다릴 수 없으므로, 나는 한 마리의 호랑거미를 그 동료의 그물 위에 놓았다. 당장에 맹렬한 공격이 시작되었다.

한때는 어떻게 될지 모르던 전투의 승리가, 이번에는 외부에서 침입한 놈에게로 돌아갔다. 싸움에 진 동료 거미는 아무런 거리낌 없이 먹히고 말았다. 그리고 그 그물은 이긴 거미의 소유물이 되고 말았다.

여기에 강자의 이론이라는 것이 그 모든 위력을 무섭게 나타내고 있다. 즉 형제를 잡아먹고 그 재산을 빼앗는 것이다.

그러나 우리는 거미를 악당 취급하지는 말자. 거미는 동쪽끼리 싸우며 생활하는 것이 아니다. 또 일부러 남의 재산을 빼앗으러 가는 일도 없다. 이렇게 흉악한 성격을 나타나게 하는 것은, 이 벌레에게 보통과는 다른 환경이 생겼을 때이다. 자기 그물에서 끄집어내어 남의 그물에 올려놓는 것은 내가 한 일이다.

이때부터 자기 것과 남의 것을 분별하는 데 아무런 경계선도 필요없게 되었다. 발에 닿은 것이 그대로 자기 소유물이 되고 말았다. 최후의 침입자가 강한 경우 먼저 살고 있던 놈을 잡아먹는데, 이것은 경쟁을 간단히 해결하는 철저한 수단이다.

나의 손으로 만들어 준 변칙, 이러한 변칙이 생기지 않는 한 거미는 자신의 그물을 소중히 여기는 까닭에 남의 그물도 소중하게 생각하는 모양이다. 거미가 동족끼리 빼앗고 빼앗기는 쟁탈은 그물을 만들지 않는 시간, 즉 대낮에 그물을 잃어버린 경우에 일어난다. 거미는 생활의 도구가 없어졌고, 자기가 강하다고 느꼈을 때에 비로소 이웃의 다른 놈을 공격하여, 배를 가르고 그것을 잡아먹고 재산을 약탈하는 것이다.

이번에는 습성이 서로 크게 다른 거미를 조사해 보기로 하자. 붉은십자거미와 호랑거미는 그 형태도 빛깔도 많이 다르다. 붉은십자거미는 배통이 크고 형태는 올리브의 열매 같으며, 노랑, 검정, 흰빛의 찬란한 띠를 두르고 있다. 이와는 대조적으로 호랑거미는 몸집이 작고 하얀 명주실로 배를 감싸고, 그 겉을 꽃무늬 모양으로 아로새기고 있다. 윤곽과 몸맵시를 보면, 이 두 마리의 거미를 가까운 친척이라고 생각할 수가 없다.

그러나 겉모양보다도 소질이 모든 것을 지배한다. 소질이란 가장 중요한 성질이며 겉모양의 세밀한 부분까지 끄집어내는 분류학은 이런 점을 충분히 염두에 두어야 한다. 서로 비슷하지 않은 두 종류의 거미는 조금도 다름이 없는 생활 방법을 가지고 있다.

두 종류는 모두 낮에만 사냥한다. 그리고 결코 그물을 떠나는 일이 없다. 두 종류는 그들이 만드는 건축공사가 완성되면, 들쭉날쭉한 모양의 특수한 표적으로 마지막 이름을 적어 놓는다.

그물은 서로 비슷해서 어느 것이 호랑거미 것이고, 어느 것이 붉은십자거미 것인지 분간하기 어려울 정도이다. 또 붉은십자거미도 강한 경우에는 호랑거미의 재산을 횡령하고, 그 소유자를 잡아먹어버린다. 남의 그물 위에 있으면서, 각기 굳센 놈이 싸움을 해결하고 나면 자기 집처럼 그 집을 점령하고 만다.

이번에는 얼룩이에다 여러 가지 독수리빛을 가지고 있는 왕십자거미를 조사해 보자.

이놈은 등에 세 개의 흰 십자가 나란히 줄지어 있다. 특히 밤에만 사냥하는 이 거미는, 햇볕을 피해서 한나절에는 가까운 나무 숲 그늘진 곳에 몸을 숨기고 있다.

끈끈이의 그물줄과는 전신줄의 도움을 받아서 연락되고 있다. 그렇기는 하나, 그의 그물은 구조도 겉보기도 앞서 두 종류의 거미와 거의 다름이 없다. 만일 내가 일부러 그 그물에 호랑거미를 찾아가게 한다면 어떻게 될 것인가?

한창 햇볕이 내려쬐는 대낮에, 나는 세 갈래의 십자가를 걸머지고 있는 십자거미의 그물에 침입자를 보냈다. 그물에는 아무것도 없다. 그물 주인은 가랑잎으로 만든 오두막집에 숨어 있다. 전신줄은 곧 움직인다. 침입당한 거미는 달려나온다. 성큼성큼 자기 그물의 이곳저곳을 살펴본다. 위험하다고 생각한다. 그러고는 침입자에게 대항하지 않고 제 집으로 재빨리 돌아가버린다.

침입자는 침입자대로 즐거운 빛이 없다. 같은 종류의 그물 위건, 붉은십자거미의 그물 위에서건, 상대자와 맞닥뜨리면 생사를 건 결투가 끝나자마자 그물 한복판의 자리를 점령할 것이다.

이번에는 그물 위에 아무도 없기 때문에 결투는 벌어지지 않는다. 전략상 중요 지점인 중심지를 점령하는 데 방해하는 놈은 아무도 없다. 그래도 내가 놓아 준 장소에서 움직이려 하지 않는다.

나는 길다란 밀집 끝으로 그 거미를 건드려 보았다. 자기 집에 있을 때 같으면, 이렇게 귀찮게 굴었을 때의 호랑거미는 다른 거미가 그렇듯이 공격자를 위협하기 위해서 그물을 심하게 흔든다. 지금은 아무런 공격도 하지 않는다.

내가 여러 번 건드려도 거미는 발 하나 움직이지 않는다. 두려움 때문에 어쩔줄 모르는 꼴이다. 그것도 무리는 아니다. 다른 거미가 감시하는 초소 위에서 감시하고 있는 것이다.

다른 이유가 원인이 되어서 이렇게 두려움에 떨고 있는지도 모른다. 내가 건드려 주는 밀짚 때문에 거미가 발을 움직이려고 할 때 거미는 약간 발을 치켜들기를 꺼려하는 모양이다.

거미는 허우적거려서 발끝에 달린 줄을 떼어버릴 정도로 발끝을 끌어당긴다. 이것은 몸을 날려서 줄타기 재주꾼이 걷는 걸음걸이가 아니다. 줄이 발에 걸렸을 때의 조심스러운 걸음걸이다.

아마도 끈끈이 줄이, 자기가 뽑아낸 것보다 더 끈적거리는 모양이다. 끈끈이의 성질이 다르고, 더욱 거미의 신발에는 이 새로운 끈끈이에 적당할 만큼 기름칠을 하지 못한 까닭일 것이다.

아무리 시간이 지나가도 이런 모습이다. 몇 시간 동안이나 같은 상태가 계속되고 있다. 호랑거미는 그물 한구석에 가만히 앉아 있고, 다른 한 놈은 오두막집에 틀어박혀 있다. 두 마리가 모두 불안에 떨고 있는 것이다.

해가 지고 나면, 어둠과 친숙한 거미들은 용기를 회복한다. 그리고는 오두막집에서 나와서 침입자가 있건 없건 전신줄이 통해 있는 그물의 중심부에 똑바로 달려온다. 호랑거미는 상대자가 나타남에 공포를 느끼고, 만년청이 우거진 숲속으로 달아나버린다. 여러 차례 다른 종류의 거미로 실험을 해보았으나, 이 실험에서 색다른 결과는 가져오지 못한다.

자기가 짜낸 그물의 구조 위에서가 아니라 적어도 그 끈끈하기가 같은 그물 위에서는 자신을 잃어버리고, 그렇게 대담한 호랑거미도 겁쟁이가 되어서 왕십자거미를 공격하지 못한다.

십자거미는 십자거미대로, 대낮에는 나뭇잎 오두막집에서 나오려고 하지 않는다. 그렇지 않으면 낯선 침입자를 한번 흘겨 본 다음, 급히 자기 집으로 돌아와버린다. 여기서 밤이 되기를 기다린다. 어두운 밤이 오면 용기를 회복하고 무대에 다시 나타난다. 그리고 다만 자태를 나타내는 것뿐으로, 또는 필요에 따라서는 솜씨를 보여줌으로써 침입자를 물리친다. 승리는 권리를 침해당한 쪽에 돌아온다.

이것은 이치에 맞는 이야기다. 그러나 이런 일로 거미를 칭찬해서는 안 된다. 외부에서 온 놈이 침해당한 자를 존경한다고 해도, 이것은 지극히 중대한 여러 가지 이유가 그렇게 만드는 것이다.

우선 내막을 모르는 요새 안에 숨어 있는 적과 싸우지 않으면 안 된다. 둘째로, 그물을 정복하지만 항상 사용하던 자기 그물과는 끈끈이 정도가 다르기 때문에 사용하기가 불편하다.

그만큼 가치가 있느냐 없느냐도 모르는 그물을 위해서, 자기 생명까지 걸고 싸운다는 것은 어리석기 짝이 없는 일이다. 거미는 그런 것을 잘 알고 있다. 그러므로 적극적이지 못한 것이다.

그러나 호랑거미가 그물을 잃어버리고 그 동족의 그물이든가 끈끈이 줄 같은 붉은십자거미의 그물에 부닥치면, 그때는 아무런 거리낌이 없이 도전해 온다. 소유자의 배를 무참히 갈라놓고 재산의 소유권을 강탈한다.

힘은 법률보다 앞선다고 동물은 말한다. 아니, 오히려 법률이라는 것은 동물 세계에서는 존재하지 않는다. 동물 세계에서는 무력으로 모든 것이 결정된다. 본능의 밑바탕에서 빠져 나올 수 있는 인류만이 양심이 뚜렷한 자태를 가짐으로써, 법률을 만들고 그것을 점점 발전시켜 가는 것이다.

비록 오늘이 완전하지 못하다 할지라도 시간이 흐르고 해가 거듭됨에 따라서 증가해 가는 이 신성한 빛으로 인류의 앞길에 밝은 등불을 만들어 놓을 것이다. 이 등불은 인간 사회에서 야수의 법칙을 전멸시켜버리고, 언젠가는 새로운 사회로 반드시 변화시키고야 말 것이다.

파브르 곤충기

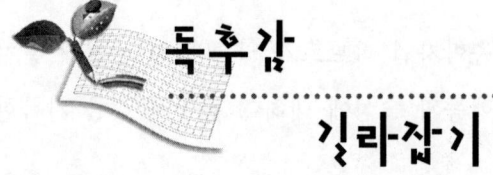

독후감 길라잡이

1 내용 훑어보기

　이 책은 프랑스의 곤충학자인 파브르가 약 30년의 세월에 걸쳐 완성하였으며, 곤충의 행동과 습성에 대하여 관찰한 것을 기록한 것입니다.
　모두 10권으로 된 책으로서, 1879~1907년에 걸쳐 발표했다고 합니다.
　내용은 날카로운 통찰력과 풍부한 경험을 통하여 관찰한 곤충의 생태가 자세하고도 흥미롭게 기록되어 있습니다.
　파브르는 젊었을 때 우연히 읽은 곤충생태에 관한 책에서, 곤충이 본능적으로 일정한 틀에 의해 행동하는 신기한 습성이 있다는 것을 읽고, 그에 대하여 호기심을 가지게 된 후 곤충에 대해서 연구하게 되었다고 합니다. 예를 들면 '쇠똥구리'는 쇠똥이나 말똥, 낙타똥을 마구 먹음으로써, 들판의 청소부라 할 만하다고 기록하고 있습니다.
　어느 해 파브르는 우연히 양치기들과 생활하게 되었는데 그때, 들판에 양의 똥이 많아서 쇠똥구리들도 많았는데, 하루는 양치기가 달려와서 쇠똥구리가 나오는 땅속을 파 보았더니, 그곳에서 꼭지 달린 과일처럼 생긴 매끄러운 갈색 구슬이 나왔고, 실수로 깨진 구슬 속을 보니 하얀 밀알 같은 알이 있었다고 기록하고 있습니다.
　다음날 파브르가 양치기와 함께 다시 그곳을 찾아가 봤더니, 주먹만한 쇠똥구리의 집에 양치기가 말한 구슬들이 많이 있었습니다.

파브르는 여름동안 여러 개의 쇠똥구리 집에서 백 개가 넘는 쇠똥구리 구슬을 찾아냈는데, 이 구슬은 쇠똥구리가 쇠똥으로 동그랗게 만든 다음 겉에 묽은 흙을 발라 만든 것이며, 이 흙이 마르면 손톱도 안 들어갈 만큼 딱딱해서 새끼를 보호한다는 것을 알아냈습니다.

또한 알은 숨을 쉴 수 있도록 꼭지처럼 볼록 튀어나온 곳에 있었는데, 이 알은 애벌레가 되어 구슬을 조금씩 파먹고 자란다는 사실도 알게 되었습니다.

또 하나의 예로서 파브르가 서재에 두었던 번데기에서 암컷 '공작나방'이 허물을 벗고 나왔는데, 매일 밤 수많은 수컷나방들이 서재에 들어와서는 떼를 지어 춤을 추며 암공작나방의 주위를 날아다녔습니다.

그는 수컷나방들이 어떻게 암컷이 태어난 것을 알고 왔는지 궁금했는데, 한 소년이 공작나방의 번데기를 가져왔고, 얼마 후 번데기에서 공작나방의 암컷이 태어났지만, 공작나방은 날개도 펄럭이지 않고 더듬이도 움직이지 않았습니다.

그런데 이번에는 수컷나방들이 전혀 찾아오지 않았습니다. 파브르는 어린 공작나방을 가지고 여러 가지 실험을 한 결과, 암컷이 들어있는 상자를 조금이라도 공기가 통하는 곳에 두어야 수컷들이 온다는 것과 수컷나방들이 눈으로 암컷을 찾는 것이 아니라, 냄새로 찾는다는 것을 알아냈습니다.

그는 날벌레들의 생태를 연구하면서도 매우 중요한 사실을 발견했는데, 날벌레들은 아무런 목적도 없이 무턱대고 앞에서 날고 있는 날벌레들만 따라서 빙빙 돈다는 사실이었습니다.

바로 밑에 먹이를 가져다 놓아도 앞에 있는 놈만 따라 7일 동안 무턱대고 돌다가 결국은 굶어서 죽어가는 것이었습니다. 그것들은 새로운 변화를 두려워하기 때문이라 할 수 있습니다.

파브르는 기존에 다른 사람이 쓴 책을 그대로 받아들인 대신 60여 년 동안 자신의 끈질긴 관찰과 실험을 통해 눈으로 확인한 것만 기록하였습니다.

이 기록 이후로 그때까지 알지 못했던 자연계에서의 곤충의 구실이 어느 정도 밝혀졌고, 또 곤충에 대한 연구의 방향과 방법이 발전하게 되었음은 물론 동물학에 큰 영향을 끼쳤습니다.

《곤충학적 회상록》이라는 원제목이 가리키는 것처럼 파브르 자신의 회상이 곳곳에 표현되어 있어 문학적으로도 높은 평가를 받고 있습니다.

 작품 분석하기

《파브르의 곤충기》에는 그가 한 곤충의 관찰 결과뿐만 아니라, 그의 인생관이나 자연을 보는 태도, 자연을 사랑하는 마음씨까지 들어 있습니다.

그는 벌레의 세계에서도 책임을 소중히 여기는 인격과 양심, 의무, 일하는 존엄성이 있음을 강조하였고, 곤충의 본능이나 습성, 그리고 곤충계의 숨은 비밀을 알게 함으로써 자연의 신비함을 깨우쳐 주었습니다.

뿐만 아니라 그는 작품 속에서 은연중에 정당한 자연관과 굳건하고 웅대한 인생관을 세울 수 있도록 제시하고 있는 데 그 가치가 더 크다고 할 수 있습니다.

이 책은 부제가 '곤충의 본능과 생활 기술의 연구'로 되어 있을 정도로 많은 노력과 인내, 곤충에 대한 깊은 애정이 담겨 있는데, 파브르는 이 작품을 통해 인간 사회의 보편적 고찰까지도 언급하고 있으며, 곤충 세계의 단순한 연구서에 머물지 않고 생생한 시적 문체로 표현하고 있습니다.

◎ 장르 : 관찰기 혹은 중수필
◎ 구성 : 소주제별 구성
◎ 시점 : 관찰자적 작가 시점
◎ 주제 : 곤충들의 삶과 특징
◎ 공간적 배경 : 프랑스의 여러 곳
◎ 시간적 배경 : 1870~1900년대

3 등장인물 알기

파브르 곤충들의 관찰자, 집필자.

양치기 소년 등 파브르를 도와주는 사람들.

벌 수술을 잘하며 사냥도 잘하고 자기 집을 잘 찾음.

독거미 새끼들을 업고 다님.

쇠똥구리 짐승들의 똥을 뭉쳐 굴려다가 새끼를 키움.

왕노래기벌 바구미를 마취시켜 잡아먹음.

노예개미 불쌍하게 다른 개미들을 위하여 일함.

호랑거미 위대한 건축가임.

송장벌레 깔끔한 청소부임.

매미 가수이며 건축가이며, 개미에게 먹이를 주기도 함.

구멍벌 마취를 잘 함.

날벌레 목적없는 날기를 함.

쇠똥구리 먹이로는 말똥을 먹고 애벌레를 낳는 데는 양똥을 사용함.

엄마거미 알집을 바꿔놔도 모름.

침략개미 다른 개미의 집을 빼앗고 번데기를 훔쳐 옴.

바구미 도토리 속에 알을 낳음.

4 작가 들여다보기

　J. H. 파브르(Jean Henri Fabre)는 곤충학자이자 박물학자이며, 곤충의 해부 구조와 행동에 관한 연구로 유명합니다. 그는 1823년 프랑스 남부의 아베롱 주 생 레옹에서 태어났습니다. 집안은 무척 가난했으나 공부하는 것을 좋아해서 고학으로 사범학교를 졸업한 그는 1842년에 프랑스 카르팡트라스 리세의 교사로 임명되었고, 1843~1851년에는 코르시카의 아작시오 리세에서 물리학을 강의했으며, 1853년에는 아비뇽 리세의 교사가 되었습니다.

　교사로 지내면서 독학으로 물리, 수학, 자연과학 학사 자격과 이학(理學)박사 학위를 받았습니다.

　1854년 겨울의 어느 날 밤, 그가 31세가 되었을 때 파브르는 레옹 뒤프레의 작은 책을 읽었습니다. 이후 그의 일생의 항로가 바뀌고 말았습니다. 즉 평생을 바쳐 곤충을 연구하기로 작정한 것입니다.

　1854년에는 박물관 연보(年報)에 '노래기벌'에 관한 논문을 발표했습니다. 그 결과 1856년에 파브르는 드디어 과학자로서 최고의 명예가 되는 프랑스 학사원의 학술상을 받게 됩니다.

　1854년부터《파브르 곤충기》를 쓸 연구를 시작하였는데, 이것이 책으로 출판되기 시작한 것은 1879년 그가 50세가 되던 때였습니다. 그동안 파브르는 곤충에 관하여 기록한 원고를 쌓아 두었던 것입니다.

그 해 겨울 그는 심한 폐렴을 앓기도 했습니다. 병이 나은 뒤에 그는 마지막 은신처가 된 세르니앙에 있는 알마스로 이사를 갔습니다. 마지막 은신처가 된 알마스에서 그는 자연 속에서 곤충을 벗 삼아 평화로운 생활을 할 수 있었습니다.

1871년에는 아예 교사를 그만두고 곤충학자가 되어, 곤충의 생활을 연구하는 데만 몰두하였습니다. 그리하여 1879년에 꾸준히 연구한 자료를 바탕으로 하여 《곤충기》 제 1권을 출판하였으며, 그 후 28년에 걸쳐서 《곤충기》 10권까지 완성하였습니다.

이 책은 곤충들의 집만들기, 먹이 먹기, 유충 기르기 등 곤충들의 습성을 자세히 관찰·기록하고 있으며, 파브르를 세계적으로 유명한 사람으로 만들어 주었을 뿐만 아니라 '곤충학'이라는 새로운 학문 분야를 열어주었습니다.

스웨덴 스톡홀름의 과학 아카데미에서는 그에게 '린네 상'을 수여하였고, 프랑스 정부와 세계 각지에서 그에게 여러 가지 선물을 보내 왔지만, 파브르는 당황하여 선물 중에 보내 온 돈은 하나하나 되돌려 보내고, 주소 없이 보내 온 나머지는 가난한 사람들에게 나누어 주었다고 합니다. 파브르의 명성은 날로 높아져 《종의 기원》을 쓴 찰스 다윈은 파브르의 연구를 "흉내낼 수 없는 관찰"라고 칭찬하였고, 시인 로맹 롤랑은 그를 "들에 사는 벌레의 말을 알아듣는 마음이 따뜻한 사람"이라고 불렀다고 합니다.

이 책은 문학 작품으로서도 높은 평가를 받고 있으며, 그의 자연 관찰 방법과 태도는 생물학에 큰 영향을 주었습니다

1915년 92세의 고령으로 파브르는 조용히 파란 많은 일생을 마쳤습니다.

1823년 프랑스 나부 아베롱주 생 레옹에서 출생.

1842년 사범학교를 졸업하고, 프랑스 카르팡트라스 리세의 교사로 임명.

1843~1851년 코르시카의 아작시오 리세에서 물리학을 강의.

1853년 아비뇽 리세의 교사가 됨. 교사로 지내면서 독학으로 물리, 수학, 자연과학 학사 자격과 이학(理學)박사 학위를 받음.

1854년 겨울의 어느 날 밤 레옹 뒤프레의 책을 읽고 난 후 평생을 바쳐 곤충을 연구하기로 작정함.

1854년 박물관 연보(年報)에 '노래기벌'에 관한 논문을 발표.

1856년 프랑스 학사원의 학술상을 수여받음.

1866년 꼭두서니류 식물에서 발색 물질을 분리.

1871년 교사직을 그만두고 곤충학자가 되어 곤충의 생활을 연구하는 데만 몰두.

1879년 그때까지 연구한 자료를 바탕으로 하여 '곤충기' 제 1권을 출판. 이후 28년 간 10권 발간.

1915년 92세로 별세.

5 시대와 연관 짓기

19세기 프랑스 사회는 1830년 7월 혁명, 1848년 2월 혁명, 1871년 파리 코뮌 등 주기적인 거대한 변화를 통해 자유와 평등을 확산시키는 격동기에 있었습니다.

이와 같은 19세기의 혁명은 거리의 바리게이트 위에서 시작되었다고 할 수 있습니다.

한편 19세기 후반 프랑스의 지적 분위기가 가지는 특징 가운데 하나는 자연과학의 눈부신 발전을 꼽을 수 있습니다. 당시의 프랑스 과학자들은 수학, 물리학, 화학, 생리학, 의학, 지질학, 지리학의 연구에 큰 역할을 했으며, 철학 분야 역시 비슷한 분위기였습니다.

칸트식의 인식론은 별로 인정받지 못했으며, 실증주의와 공리주의, 결정론과 진화론이 분위기를 주도하면서 과학만을 최고의 가치로 인정했습니다.

학자들은 과학을 인간의 가장 뛰어난 천재성이 남긴 성과 중 하나로 간주하고 과학을 칭송했습니다.

이처럼 19세기 말과 20세기 초에는 수많은 프랑스의 지식인들이 과학에 사로잡혀 과학을 통한 천 년 왕국의 꿈을 키우고 있었습니다.

당시 유럽에는 생명에 관한 다양한 이론들이 풍미하고 있었습니다. 진화론이 그 예 중 하나입니다. 과학으로서의 진화론의 확립은 1859년 영국의 찰스 다윈의 《종의 기원》이 나온 때부터라고 할 수 있습니다.

다윈은 지금 세계에 있는 동식물의 수많은 종들은 본래부터 그런 상태에 있는 것이 아니고, 생물체가 주위환경에 적응하여 살아나가는 과정에서 단순한 생물체가 보다 복잡한 생물체로 발전하고 수많은 종으로 갈라져서 오늘에 이르렀다는 것을 증명하였습니다.

다윈이 주장한 진화론은 자연도태와 생존경쟁에 대한 이론이라 할 수 있습니다.

사실은 18세기 중엽부터 생물이 진화한다는 개념이 프랑스의 사상계나 학계에서 싹트기 시작하여 18세기 말에야 영국에 이르렀습니다.

체계적인 진화론은 19세기에 이르러 라마르크에 의해서 제기되어, 반세기 후에야 다윈이 진화의 개념을 확실한 사실로 받아 들이게 되었습니다.

19세기 말에는 생리학의 발전에 자극되어 생물학 전체가 실험적 과학의 범주에 들어가게 되었고, 발생이나 유전에 관한 실험적 연구가 활발히 이루어지게 되었습니다. 1860년대 멘델의 유전 연구가 이러한 분위기의 선도적인 역할을 하였으며, 파스퇴르나 코흐에 의하여 창시된 미생물학이나 면역학도 생물학의 주류에 가담하게 되었습니다.

한편 자연발생설은 구더기가 썩은 고기에서, 물고기가 진흙 속에서 생겨난다는 식으로 생물이 무생물에서 생겨날 수 있다는 설도 있었습니다.

아리스토텔레스 이후 17세기 중엽까지 사람들은 이것을 믿다가, 1860년에 이르러서야 프랑스의 미생물학자 파스퇴르가 실험을 통해 증명해 보임으로써 종래의 자연발생설은 완전히 부정되었습니다.

1665년 훅의 세포 발견 이후 세포에 관한 연구가 계속되었으며, 1830~1840년 독일의 H. 몰을 비롯한 여러 학자들이 세포분열을 연구했고, 1838~1839년에는 독일의 M. 슐라이덴과 T. 슈반이 식물이나 동물의 구조 및 기능상의 단위는 세포라는 세포설을 제창했습니다.

그 후 원형질의 중요성이 강조되었고, 감수분열 현상도 밝혀져 생물현상을 세포 수준에서 연구하려는 방향이 설정되었습니다.

유전의 기본법칙은 1865년 오스트리아의 멘델에 의해 발견되었으나, 1900년에 그 법칙이 재발견될 때까지 무시되었습니다. 그렇지만 멘델 이전이나 이후에 유전에 관한 논의는 계속 있었습니다.

19세기 중엽까지는 생물현상에 관한 종래의 견해가 사라지고, 물리화학적 방법을 생물학 연구에 적용하여 생리학이 크게 발달했습니다.

특히 프랑스의 C. 베르나르는 간의 글리코겐 형성 기능을 비롯해 동물생리학에 관한 많은 연구를 했습니다.

17세기에 현미경의 발명이 생물학의 발전에 크게 공헌하게 된 것은 생물학이 물리학 발전의 도움을 받기 시작했다는 증거라 할 수 있습니다.

18세기에는 생물학의 연구에 중요한 산소·이산화탄소·물의 성질에 관한 화학이 발달했습니다.

이와 같이 과학이 우대되고, 모든 학문과 더불어 생물학이 발달하는 시대에 파브르가 실질적인 관찰을 통하여, 곤충학을 발전시킨 것은 우연이 아니었습니다.

그는 메뚜기과 곤충에 관한 중요한 연구를 했으며, 먹이의 자극에 대한 반응으로 나타나는 장수말벌의 마비 행동에 관한 자신의 관찰에 기초하여 곤충의 행동 유형으로서 유전적 본능의 중요성을 기술했습니다.

1866년 꼭두서니류 식물에서 발색물질을 분리했는데, 이는 후에 알리자린으로 밝혀졌으며, 생물학적으로 유용한 염색약이 되었습니다.

그는 그동안의 관찰과 연구를 정리하여 많은 대중 과학서적을 저술했는데,《곤충일기》가 그 대표적 저서입니다. 비록 진화론을 받아들이지는 않았지만 그의 업적은 찰스 다윈에 의해 높이 평가되었습니다.

6 작품 토론하기

> **1** 《파브르의 곤충기》에는 저자가 곤충들을 연구하기 위하여 곤충들의 날개를 부러뜨린다든지, 가는 길을 막는다든지 하여 그들을 괴롭히는 얘기가 나옵니다. 또한 많은 곤충을 잡아 죽여 현대적 개념으로는 환경 생태계를 파괴하고, 동물을 학대한다는 얘기를 들을 수 있습니다. 이에 대하여 자신의 견해를 말해 보도록 합시다.

➔ 과학은 실험을 통하여 관찰하고 거기서 이론을 세우는 것입니다.

그러므로 더 효율적이고, 차원 높은 과학의 경지를 개척하기 위해서는 부분적인 희생은 감수해야 합니다.

파브르는 곤충의 생리와 특징을 규명하기 위하여 많은 시간과 정력을 소비하였습니다.

그는 곤충을 학대하려고 그런 것이 아니라, 그들을 사랑했기 때문에 그들을 연구하기 위해서 불가피하게 여러 가지 실험을 해 본 것입니다.

그리고 곤충은 그와 같은 일부분의 희생으로 멸종되지는 않는다고 생각합니다.

2 《파브르의 곤충기》는 과학적 서적으로서만이 아니라, 문학적 가치로서도 아주 높은 점수를 받고 있는데, 그 이유가 무엇인지에 대하여 설명해 봅시다.

➡ 관찰기는 일종의 수필에 속한다고도 볼 수 있습니다. 수필은 여러 가지 유형으로 나누어집니다. 그러나 일반적으로 몽테뉴형의 경수필과 베이컨형의 중수필로 구분할 수 있습니다.

경수필은 신변·사색·서간·기행수필 등이며, 대개가 주관적·개인적·사색적인 경향을 띠고 있어서 '개인적 수필'이라고 하는 데 비하여, 중수필은 과학·철학·종교 등 주로 사회적인 관심과 객관적·경구적(警句的)인 경향을 보이고 있어서 '사회적 수필'이라고 할 수 있습니다.

사회적 수필은 철학적인 사고나 과학적인 사실, 사회나 문화에 대한 비평을 사색적으로 서술하고 단언적으로 표현하는 것으로서, 학자·사상가·교육자 등에 의해 씌어지는 경우가 많습니다.

이러한 수필은 문장의 흐름이 무거운 느낌을 주고, 사회적이며, '나'가 겉으로 드러나 있지 않고, 보편적인 논리와 이성으로 짜여 있어 소논문과 흡사하며, 지적·사색적인 것이 특징입니다.

그런 점에서《파브르의 곤충기》는 중수필과 같은 성격을 띠고 있다고 할 수 있습니다.

독후감 예시

┃독후감 1┃ 곤충채집 유감

오래 간만에 《파브르의 곤충기》를 읽고, 내가 초등학교 때 경험했던 일들이 생각나서 혼자 아주 즐거웠다. 내가 초등학교에 다닐 때에는 여름 방학이 되면, 으레 선생님은 식물채집이나 곤충채집을 해오라고 숙제를 내 주셨는데, 그게 그렇게 쉬운 것이 아니었다. 물론 시골에서는 쉬운 일일지도 모르지만, 도시에서는 아주 어려운 일이었다. 그러므로 혼자서는 할 수 없었던 나는 아버지께 부탁하여 시골에 내려가곤 했다.

특히 곤충채집은 하루 이틀에 되는 것이 아니었다. 똑같은 곤충은 할 필요가 없으므로, 여러 종류의 곤충을 잡으려면, 여기저기 다니면서 골고루 잡아야 했다. 그중에는 딱정벌레도 있었고, 파리도 있었고, 나비도 있었고, 여치도 있었고, 잠자리도 있었다.

이놈들을 잡는 것도 어렵지만, 썩지 않게 보관하는 일도 쉽지 않았다. 그러기 위해서는 알코올에 넣어 잘 말려야 했다. 그 다음에는 핀셋으로 넓은 종이 등에 잘 고정시켜야 했다. 이렇게 해서 개학 후 학교에 가지고 가면 좋은 평가를 받을 수 있었다.

그런데 몇 년이 되지도 않았는데, 내 동생들은 곤충채집 이야기만 나오면 기겁을 하는 것이었다. 그 이유는 환경 파괴가 되니, 식물채집이나 곤충채집을 하면 안 된다고 선생님들이 말씀하셨다는 것이다. 아니 벌써 그동안에 곤충이 없어져 버렸나? 아니면, 환경이 급속도로 나빠졌나?

곤충이라는 놈들은 우리에게 이로움을 주기도 하지만, 어떤 것들은 우리를 아주 귀찮게 하기도 한다. 예를 들면, 모기는 여름에 우리의 피를 빨아먹고, 바퀴벌레는 음식을 더럽히고 병을 옮긴다. 파리도 마찬가지다. 메뚜기는 벼 같은 것을 갉아먹고, 나비 유충들도 농산물을 해치는 경우도 있다. 그렇지만, 여름에 시원하게 울어주는 매미나 여치는 우리를 해치는 경우가 없고, 잠자리나 나비는 오히려 아름다운 모습을 보여주기도 하니, 곤충들은 정말 다양하기도 하다.

독후감 길라잡이

나는 파브르처럼 곤충을 몇 십 년 동안이나 연구하고 싶은 마음은 없지만, 어린이들에게 곤충채집이라도 마음대로 하게 해서 곤충에 대한 이해를 넓히고, 사랑하는 마음을 키워줬으면 하는 바람이다.

환경파괴나 생태계 보존을 말하는 사람들에게는 곤충을 잡지 못하게 하는 것보다는 환경을 깨끗이 해서 많은 곤충들이 자유롭게 살도록 해주는 것이 낫지 않을까 그런 생각을 해보았다.

독후감 2 ┃ 파브르에게 감사하며

나는 곤충을 특별히 좋아하거나 싫어하지는 않지만, 그것에 대하여 아는 것이 별로 없었다. 그러다가 우연히 《파브르의 곤충기》를 읽으면서, 아주 재미있고 또 흥미를 느낄 수 있었다.

도대체 어른이 쇠똥구리가 뒷발로 쇠똥이나 양똥을 동그랗게 뭉쳐서 밀고 가는 것을 들여다보고 있는 모습을 상상해 보라. 그런데 그 쇠똥구리는 그것을 굴려다가 무엇을 하는지에 대해서는 그런 연구자가 없으면 알 수가 없는 것이다. 그러므로 나는 그것을 그렇게 몇 년 동안이나 관찰하지 않고도 파브르 덕에 잘 알게 된 것이다.

또 요즘은 텔레비전 같은 데서도 방영하지만, 암사마귀가 수놈과 교미하고는 그놈을 잡아먹는다는 것을 오래 관찰하지 않고 어찌 알겠는가? 그런데 수놈도 그것을 알고 있으며, 그래서 조심을 하는데, 잡아먹히더라도 결국은 새끼들의 영양분이 된다니 아주 섭섭하지는 않을 것이다.

또 나나니벌 중에는 다른 곤충을 마취시켜서 그놈의 몸에 알을 낳고는 그놈을 구덩이에 넣어 봉해 놓으면, 나중에 새끼가 부화하여 그놈을 먹으면서 자란다거나, 매미가 개미들에게 먹을 것을 나누어 주는데, 서로 돕기 위해서라든가 하는 것들을 파브르는 알려 주고 있다.

이런 연구는 하루아침에 되는 것이 아니다. 그러므로 파브르도 30여년이나 걸려 열 권의 책으로 우리들에게 그런 사실들을 알려 주게 된 것이라고 한다. 사실 파브르의 경우만이 아니라, 우리들이 입고 있는 많은 과학적 혜택 뒤에는 이와 같이 개인적인 모험을 감수한다든지, 오랜 시간과 정력을 투자하는 과학자들이 있었다는 것을 잊어서는 안 된다는 사실을 다시 한 번 일깨워 주었다.
　파브르의 곤충에 대한 사랑과 과학에 대한 열정에 탄복을 하면서, 다시 한 번 곤충에 대한 이해을 하게 해준 파브르에게 감사의 마음을 가지게 되었다.

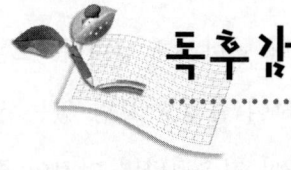

독후감
제대로 쓰기

책을 읽기 전에

우리는 책을 통해서 지식을 쌓고 학문을 연마하게 됩니다. 또한 교양을 얻고 수양을 쌓게 되지요. 그리하여 즐겁고 보람 있는 생활을 할 수 있는 것입니다. 이러한 습관이 지속된다면 이것이 곧 나의 생활 자체가 되고, 책을 읽는 시간이 얼마나 가치 있고 즐거운 시간인지 깨닫게 될 것입니다.

독후감을 쓰기 위해서는 책을 읽어야 함은 말할 것도 없습니다. 그러나 아무 책이나 읽는다고 다 좋은 것은 아닙니다. 특히 중학생은 아직 양서를 구별할 만한 충분한 지식을 갖추지 못했기 때문에 선생님 혹은 부모님, 그리고 선배들이 권하는 책이나, 이미 국내적으로나 세계적으로 잘 알려진 명작이나 명저를 찾아 읽는 것이 바른 방법이라고 볼 수 있습니다. 예컨대 사회적으로 존경받을 만한 사람들의 일대기를 그린 위인전이나 자서전 같은 것은 읽을 가치가 있으며, 명시 모음집이나 명작 소설, 특정한 분야의 관찰기, 평론집 같은 것도 좋은 읽을거리가 될 수 있습니다.

그럼 효율적인 독서를 위해서 유의해야 할 점을 알아볼까요?

첫째, 본문을 읽기 전에 책의 앞부분에 있는 머리말이나 해설하는 글을 먼저 정독합니다. 그러면 책을 쓰게 된 동기나 평가 등에 대하여 잘 알 수 있게 되죠.

둘째, 목차를 잘 살펴봅니다. 목차에서 그 책의 내용이 어떻게 전개될 것인가에 대해 미리 파악할 수 있기 때문입니다.

셋째, 본문을 읽기 시작하면, 그 중에 잘 모르는 단어나 문구가 나오기 마련입니다. 그런 것은 곧 사전을 찾아 뜻을 알아두어야 합니다. 그런 것을 무시했다가는 자칫 전체를 이해하지 못하는 오류를 범할 수 있거든요.

넷째, 각 문단별로 소주제가 무엇인지를 파악하고, 그 줄거리를 요약하는 습관을 길러야 합니다. 특히 필자가 표현하려는 것과 그 뒷받침되는 내용이 무엇인지 알아내는 것이 필수겠지요.

다섯째, 글의 배경은 무엇인지, 앞뒤 맥락이 어떻게 이어지고 있는지를 잘 생각하면서 읽어야 합니다. 그리고 소설일 경우에는 주인공과 등장인물들의 성격이나 특성을 파악해야 하지요.

여섯째, 다 읽은 다음에는 줄거리를 만들어 보고, 전체적인 주제가 무엇인지 정리하는 작업도 필요합니다.

책을 감상하는 방법

책을 읽을 때는 내용을 진지하게 파고들어 가며 읽어야 합니다. 즉, 자기의 현재 생활과 비교해 가며 생각의 폭과 사고를 넓히는 것이 중요하답니다. 그리고 작품의 문체·제목·주제·논제 등도 염두에 두고 읽으면 독후감을 쓰기가 좀더 수월해집니다.

그리고 저자가 강조하고 있는 내용과 사건들이 현재 우리 사회에 어떤 의미를 가지고 있으며 어떻게 발전시켜 나가야 할 것인가를 생각하며 읽습니다. 더불어 저자가 작품에서 강조하려고 하는 것이 무엇인가를 파악하며 읽을 필요가 있습니다. 그렇다고 굉장한 부담을 느끼면서 책을 읽을 필요는 없습니다. 책 읽는 것 자체를 즐긴다면 그리 깊게 생각하지 않아도 작가가 말하려는 바를 깨닫게 될 테니까요.

그렇다면 각 문학 장르에 따라 어떤 점에 유념하여 책을 읽어야 하는지 알아볼까요?

∥소설∥ 작품의 주제를 파악하고 작중 인물의 성격과 배경을 생각하며 주인공이 어떻게 변화되어 가고 있는가를 염두에 두고 읽습니다. 자신의 생각이나 현실과 결부시켜 보는 것도 재미를 배가시켜 줄 거예요.

∥시∥ 선입견 없이 그대로 느낌을 받아들이며 읽습니다.

∥희곡∥ 무대 상연을 전제로 하여 쓰여진 것이기 때문에 시간적·공간적 제약을 받는다는 것을 염두에 두어야 합니다.

∥역사 소설∥ 인물·사건 등을 작가가 상상력에 의존하여 구성한 글로서, 항상 계몽사상이나 민족의식 고취 등 어떤 목적이 들어 있는지를 파악하며 읽어야 합니다.

∥역사∥ 역사는 역사 소설과는 구분지어야 합니다. 이것은 정

확한 기록으로 글쓴이의 주관적 해석이 들어 있을 수 없으며, 시간의 흐름에 따라 사건을 나열한 것임을 생각해야 합니다.

▌수필 ▌ 지은이의 인생관이 들어 있습니다. 심리적 부담감이 적으므로 편안한 마음으로 읽을 수 있습니다.

▌전기문 ▌ 인물의 정신, 자취, 시대적 배경과 사회적 환경을 먼저 파악해야 합니다.

▌과학 도서 ▌ 미지의 세계에 대한 탐구심, 합리적 사고력 배양, 지식과 정보의 입수, 창의력을 기르는 데 도움이 되므로 평소 이에 대한 흥미를 갖는 것이 중요합니다.

독후감이란 무엇인가?

독후감은 말 그대로 어떤 글이나 책을 읽고, 그에 대한 느낌이나 생각을 쓰는 것입니다. 좋은 책을 읽고 그것을 정리해 두지 않는다면 곧 그 내용을 잊어버려, 독서를 한 만큼의 가치를 얻지 못할 수도 있으니까요. 그러므로 한 권의 책을 읽으면 곧 그 책의 내용을 정리하고, 느낌이나 생각을 적어 두는 것이 좋습니다.

독후감은 느낌이나 생각을 거짓 없이 써야 하나, 그렇다고 아무렇게나 써도 되는 것은 아닙니다. 즉, 독후감도 글이므로 수필의 형식으로 쓰든, 논술의 형식으로 쓰든, 정확하게 읽고 주제와 내용에 맞게 써야 함은 물론이죠. 아무리 좋은 글이나 책이라도, 잘못 읽어 실제와 맞지 않는 생각이나 느낌을 쓰게 된다면 좋은 독후감이라고 할 수 없거든요. 그러므로 좋은 독후감을 쓰려면 독서를 잘해야 한다는 것이 전제됩니다. 독서를 잘하는 방법은 따로 있는 게 아니라, 그저 많이 읽다 보면 요령이 생기고, 이해도 쉽게 되며, 능률도 오르게 되는 것입니다.

4 독후감은 왜 쓰는가?

독후감을 쓰는 목적은 독후감을 작성함으로써 독서하는 능력이 향상되고 글 쓰는 훈련을 할 수 있기 때문입니다. 그러므로 독후감을 쓰기 위해 책을 읽으면 보다 깊은 생각을 하면서 책을 읽게 됩니다. 또한 책을 통해 생활을 반성하며, 책에서 얻은 지식과 감명을 음미하여 자기 생활에 적용시킬 수 있습니다. 문장력과 논리적 사고가 향상되는 것은 물론이고요! 그럼 독후감을 왜 쓰는지 다음과 같이 정리해 볼까요?

① 읽은 책의 내용을 되살려 다시 음미해 볼 수 있습니다.
② 감동을 간직하고 책 읽는 보람을 얻을 수 있습니다.
③ 책을 통해 지식을 심화시킬 수 있습니다.
④ 책을 통해 자신의 문제를 연관지어 볼 수 있습니다.

⑤ 글을 써 봄으로 해서 생각을 깊이 있게 할 수 있습니다.

⑥ 독서 목표를 확실히 할 수 있습니다.

⑦ 작품에 대한 비판력과 변별력을 기를 수 있습니다.

⑧ 생각을 조리 있게 쓸 수 있는 작문력을 향상시켜 줍니다.

⑨ 사고력과 논리력, 추리력을 기를 수 있습니다.

⑩ 바르게 책을 읽는 습관을 형성할 수 있습니다.

5 독후감을 쓰기 전에 생각하기

독후감은 수필의 형식이든 논술의 형식으로든 쓸 수 있다고 했는데, 사실 이 둘의 차이는 모호합니다. 다만, 수필이 자유롭게 붓 가는 대로 쓰는 것이라면 논술은 논리 정연하게 쓴다는 점이 다르다고 할 수 있습니다.

붓 가는 대로 자유롭게 수필의 형식으로 쓰는 독후감이라도 글의 앞뒤가 맞지 않는다든지, 주제가 통일되지 않으면 좋은 평가를 받을 수 없습니다. 논리 정연하게 쓰는 독후감이라면, 서론·본론·결론으로 나누어 서술해야 함은 물론이구요.

서론에 해당되는 부분에서는 그 책에 대한 소개나 쓴 사람의 생애, 또는 특기할 만한 일화 같은 것을 적는 것이 일반적입니다.

본론에 해당하는 부분에서는 그 책을 읽고 특별히 다루려는 내용을 체계적이고 구체적으로 써야 합니다.

결론에서는 본론에서 다룬 내용을 요약하거나, 자신이 읽은 후의 감상, 그 책의 좋은 점, 나쁜 점 등을 들어서 마무리를 해야 합니다.

독후감은 짧게 쓰는 것이 상례이므로, 작품 전체를 거론하기보다는 특정한 주제를 잡아서 쓰는 것이 좋습니다. 보편적으로 다룰 수 있는 몇 가지 주제를 제시해 보면 다음과 같습니다.

첫째, 작가의 의식이나 주인공의 언행, 성격과 연관지어 주제를 구현시키는 방법입니다.

문학 작품이라면 주제가 애정이나 애국, 의리나 배반일 수 있으므로 이러한 점에 초점을 두고 써야겠지요. 또한 과학이나 업적에 관계된 것이라면, 그 발명의 의의나 연구자의 노력과 관련시켜 서술해야 하겠지요.

둘째, 저자의 이념이나 생애, 업적에 관심을 두고 쓰는 방법입니다.

그 작품을 통하여 알 수 있는 저자의 철학이나 사상 또는 저자가 그 작품을 남기기까지의 역경이나 작품을 쓰게 된 동기, 작품의 가치나 다른 작품에 미친 영향 등 작품과 연관시켜 쓰는 것이지요.

셋째, 작품의 내용을 중심으로 기술합니다

예컨대, 작품 속 주인공의 성격을 분석하거나 다른 사람과 비교해 볼 수도 있고, 그 작품의 사건이나 시대적 배경을 논의하거나, 작품의 구성 같은 것에 초점을 두고 이야기할 수도 있습니다.

　이와 같이 작품을 읽기 전에 먼저 어떤 점에 중점을 두고 독후감을 쓸 것인가를 염두에 둔다면, 그렇지 않은 경우보다 훨씬 이해가 쉽고, 나중에 독후감을 쓰는 데도 도움이 될 것입니다.

6 독후감의 여러 가지 유형

　1. 처음에 결론부터 쓴 다음 왜 그러한 결론이 도출되었는지 감상을 자세하게 쓰거나, 감상을 먼저 쓰고 결론을 씁니다.
　2. 책을 읽게 된 동기부터 설명하고 글 중간에 자기의 감상을 씁니다.
　3. 저자나 친구에 대한 편지 형식으로 감상을 쓰거나 주인공에게 대화 형식으로 씁니다.
　4. 시(詩)의 형태로 감상문을 씁니다.
　5. 대화문(對話文) 형식으로 씁니다.
　6. 줄거리부터 요약한 다음 자기의 느낌이나 생각을 씁니다.

독후감을 구체적으로 쓰는 방법

어렵게 쓰겠다는 생각은 하지 말고 쉽게 써야겠다는 마음가짐을 가져야 좋은 글이 나올 수 있습니다. 그리고 무엇보다 감상문을 쓰기 전에 무엇을 어떻게 쓸까 조목별로 골자를 먼저 쓰고, 이 골자에 살을 붙이는 방법으로 쓰려고 노력해야 합니다. 이때 의도적으로 아름답게 잘 쓰려고 하지 않는 것이 좋습니다. 자, 그럼 더 자세하게 알아볼까요?

1. 먼저 제목을 붙입니다.
2. 처음 부분(머리글)을 씁니다.
   - 책을 읽게 된 이유나 책을 대했을 때의 느낌을 씁니다.
   - 자신의 생활 경험과 관련지어 써 봅니다.
   - 제일 감동받은 부분을 씁니다.
   - 지은이나 주인공을 소개하는 글을 씁니다.
3. 가운데 부분을 씁니다.
   - 자기의 생활과 견주어 씁니다.
   - 주인공과 나의 경우를 비교해서 씁니다.
   - 시시비비를 분명히 가려야 합니다.
   - 가장 극적이었던 부분을 소개합니다.
4. 끝부분을 씁니다.
   - 자신의 느낌을 정리합니다.

◈ 자신의 각오를 씁니다.

독후감을 쓴 다음에는 다음과 같은 추고의 과정이 필요합니다.
첫째, 쓴 글을 다시 한 번 읽으면서 맞춤법이나 표준어 규정에 어긋나는 것은 없는지 살펴봐야 합니다.
둘째, 문장이 잘 구성되어 있는지, 또 문단이 잘 짜여져 있는지 알아보아야 합니다. 한 문단에는 소주제문과 보조문들이 있어야 하는데, 그런 점이 잘 지켜져 있는지 유의해야 합니다.
셋째, 글 전체의 구성이 잘 이루어졌는지 살펴봅니다. 예를 들어 서론에 해당하는 부분이 지나치게 길다든지, 결론에 해당하는 부분이 너무 짧다든지, 전체적인 구성이 균형을 잃고 있다면 다시 고쳐 써야 하겠지요.

우리가 시간을 들여 열심히 책을 읽고 난 후 독후감을 잘 쓰기 위해서는 책을 읽고 있는 동안의 느낌을 잊지 않고 글로써 표현할 줄 알아야 하며, 책을 읽고 가장 감명받은 부분을 기억하고 있어야 합니다. 또한 다른 사람들은 어떻게 독후감을 썼는지 남의 것을 읽어 보고, 자신의 것과 비교해 보며 자주 글을 써 보는 것이 중요합니다. 그렇게 하다 보면 자신만의 개성 있는 필치로 독특한 감상문을 쓸 수 있게 되지요. 학교에서 아무리 독후감 숙제를 내주어도 부담없이 즐거운 기분으로 끝낼 수 있을 겁니다!

그 밖에 알아두면 유익한 것들

┃ 독후감 쓰기 10대 원칙 ┃

1. 자신의 수준에 맞는 책을 선택합시다.

2. 독후감 쓰는 형식이 있기는 하지만 너무 거기에 구애받을 필요는 없습니다.

3. 자신이 작가라면 어떻게 글을 이끌어갈지를 생각하며 읽어 봅시다.

4. 평소 음악 평론이나 영화 평론을 많이 읽어 봅시다.

5. 읽으면서 마음에 와닿는 것이 있다면 따로 적어 둡시다.

6. 현대 사회의 문제점과 비교하면서 읽어 봅시다.

7. 모르는 것이 있으면 적어 두는 습관을 기릅시다.

8. 신문 사설이나 칼럼을 스크랩해서 필요할 때 사용합시다.

9. 요약하는 데에만 집착하지 말고 제대로 책을 읽읍시다.

10. 읽은 후에는 꼭 독후감을 직접 써 봅시다.

┃ 책을 읽는 10가지 방법 ┃

1. 아주 어릴 때부터 책과 친하게 지내는 습관을 기릅시다.

2. 너무 속독하려 하지 말고 담겨진 내용을 충실히 읽는 습관을 기릅시다.

3. 항상 작품이 나와 어떠한 상관 관계가 있는지 체크를 해 가

며 읽읍시다.

4. 무조건 책장을 넘길 것이 아니라 시시비비를 가려 가면서 읽읍시다.

5. 매일매일 조금씩이라도 책을 읽는 습관을 들입시다.

6. 책 속에 담긴 뜻을 음미하고 되새기면서 읽읍시다.

7. 너무 자신의 취향에 맞는 책만 읽지 말고 다양한 장르의 책을 골고루 읽도록 합시다.

8. 책 속에 담겨진 교훈을 깊이 생각하고 생활에 적용시킵시다.

9. 책에 따라 읽는 방법을 달리하는 습관을 들입시다. 모든 책이 만화책은 아니기 때문이죠.

10. 바른 자세로 앉아 눈과의 거리를 30cm 두고 밝은 곳에서 읽읍시다.

원고지 제대로 사용하기

┃ 제목 및 첫 장 쓰기 ┃

1. 제목은 석 줄을 잡아 둘째 줄 가운데에 씁니다.

2. 1행 2칸부터 글의 종별을 표시합니다. 가령 수필이면 '수필'이라고 씁니다. 간혹 글의 종별을 비워 두는 경우가 많은데 이는 적는 것을 잊었거나, 원고지 사용법에 무관심하기 때문입니다.

3. 제목을 쓸 때에는 마침표를 찍지 않고, 물음표와 느낌표는 붙이지 않는 것이 좋습니다.

4. 제목에 줄임표는 사용하지 않는 것이 상례입니다.

5. 이름은 넷째 줄 끝에 두 칸 정도를 남기고 씁니다. 특별한 경우에는 서너 칸을 남겨도 됩니다.

6. 성과 이름은 붙여 씁니다. 다만, 성과 이름을 분명히 구별할 필요가 있을 경우에는 띄어 쓸 수 있습니다. 예) 임채후(○), 남궁석(○), 남궁 석(○)

7. 본문은 여섯째 줄부터 쓰는 것이 좋습니다. 단, 특수한 작문인 경우는 넷째 줄부터 본문을 시작해도 상관없습니다.

8. 학교 이름이나 주소가 길 경우에는 세 줄로 쓸 수 있습니다.

9. 주소는 보통 표제지에 기재하고 원고지 첫 장에는 제목과 성명만 간단하게 적는 것이 상례입니다.

10. 성명의 각 글자는 시각적 효과를 위해 넓찍하게 한두 칸씩 비워 써도 무방합니다.

11. 학교 앞에 지명을 기입할 때는 학교명을 모두 붙여 써서 지명과 학교명의 구분을 명확히 해 주는 것이 좋습니다.

▍첫 칸 비우기 ▍

1. 각 문단이 시작될 때는 첫 칸을 비우고 씁니다.

2. 대화체의 경우는 첫 칸을 비우고 씁니다.

3. 인용문이 길 때는 행을 따로 잡아 쓰되, 인용 부분 전체를 한 칸 들여서 씁니다.

　4. 첫째, 둘째, 셋째 등으로 이야기를 전개해야 할 때는 시작할 때마다 첫 칸을 비울 수 있습니다. 단, 그 길이가 길거나 제시된 내용을 선명하게 하고자 할 때 비워 둡니다.

　5. 시는 처음 두 칸 정도 줄마다 비우고 씁니다.

▌줄 바꾸기 ▌

　1. 문단이 바뀔 때는 줄을 바꾸어 씁니다.

　2. 대화는 줄을 새로 잡아 씁니다.

　3. 인용문을 시작할 때는 줄을 바꾸어 씁니다. 단, 그 길이가 길 때 한해서입니다.

　4. 대화나 인용문 뒤에 이어지는 지문은 글이 다시 시작되는 것이므로 한 칸을 들여 씁니다. 단, 이어 받는 말로 시작되는 지문은 첫 칸부터 씁니다.

▌문장 부호 및 아라비아 숫자, 영문자 ▌

　1. 문장 부호는 한 칸에 하나씩 넣는 것이 원칙입니다.

　2. 아라비아 숫자는 한 칸에 두 자씩 넣습니다.

　3. 한자(漢字)로 쓸 때는 띄어 쓰지 않습니다. 그러나 한자와 한글이 함께 쓰이면 띄어 쓰기를 합니다.

4. 마침표(.)와 쉼표(,) 다음에는 통례상 한 칸을 비우지 않으며, 느낌표(!), 물음표(?) 다음에는 통례상 한 칸을 비웁니다.

5. 행의 첫 칸에는 문장 부호를 쓰지 않습니다. 첫 칸에 문장 부호를 써야 할 경우는 그 바로 윗줄의 마지막 칸에 글자와 함께 씁니다.

6. 영문자의 경우, 대문자는 한 칸에 한 글자, 소문자는 한 칸에 두 글자씩 넣습니다.

10 문장 부호 바로 알고 쓰기

1. 마침표 : 문장을 끝마치고 찍는 문장 부호로 온점(.), 물음표(?), 느낌표(!)를 이르는 말입니다.

2. 쉼표 : 문장 중간에 찍는 반점(,) 가운뎃점(·) 쌍점(:) 빗금(/)을 이르는 말입니다.

3. 따옴표 : 대화, 인용, 특별어구를 나타낼 때 쓰는 문장 부호로 큰따옴표(" ")와 작은따옴표(' ')를 씁니다.

4. 그 밖의 문장 부호 : 물결표(~)는 '내지(얼마에서 얼마까지)'라는 뜻에 씁니다. 줄임표(……)는 할말을 줄였을 때와 말이 없음을 나타낼 때 씁니다.

11 마치며

초등학교나 중학교에서는 독후감이라는 말을 사용하지만 고등학교에 가게 되면 독후감이라는 말보다는 아마 논술이라는 말을 더 많이 쓰고 더 많이 듣게 될 것입니다. 논술이란 말 그대로 어떠한 논제를 가지고 논리적으로 서술하는 것을 말하는데, 이는 하루아침에 이루어지지 않습니다. 다양한 분야의 많은 것을 폭넓고 깊이 있게 알고, 주관을 뚜렷이 할 때만이 논술을 잘 쓰게 되는 것이지요. 그러기 위해서는 중학교 시절부터 많은 책을 읽어 보고 스스로 글을 써 보는 훈련을 하는 것이 중요합니다.

실제로 고등학교에 가면 교과목 공부에도 시간이 모자라 제대로 책을 읽을 시간이 없거든요. 무엇을 알아야 글을 쓸 것이고, 자신의 주장을 피력할 것 아니겠어요? 그러니 중학생 시절부터 좋은 책을 많이 읽어 보고, 생각해 보며, 글을 써 보는 노력을 하는 것이 여러분의 미래를 더욱 밝게 해 줄 것입니다. 아마 그렇게 한 사람은 그렇지 않은 사람보다 10리쯤 앞서 나가지 않을까 생각되는데 여러분 생각은 어떠세요?

┃성낙수┃
한국교원대 교수, 연세대학교 졸업, 동 대학원에서 석사 · 박사 학위 받음.

┃임현옥┃
부여여자고등학교 교사, 공주대학교 졸업, 현재 한국교원대학교 대학원에 재학중.

┃이승후┃
경주 감포중학교 교사, 영남대학교 졸업, 현재 한국교원대학교 대학원에 재학중.

판권본사소유

중학생이 보는
파브르 곤충기

초판 1쇄 발행 2006년 6월 10일
초판 3쇄 발행 2009년 7월 30일

지은이 파브르
옮긴이 이범수
엮은이 성낙수 · 임현옥 · 이승후
펴낸이 신원영
펴낸곳 (주)신원문화사
책임편집 이선희

주   소 서울시 강서구 등촌 1동 636-25
전   화 3664-2131~4
팩   스 3664-2130

출판등록 1976년 9월 16일 제5-68호

＊잘못된 책은 바꾸어 드립니다.

ISBN 89-359-1369-3 04860

중학생 독후감 필독선

1	어린 왕자	26	님의 침묵
2	상록수	27	태평천하
3	젊은 베르테르의 슬픔	28	채근담
4	무 정	29	대위의 딸
5	로미오와 줄리엣	30	팡 세
6	마지막 잎새	31	청포도
7	메밀꽃 필 무렵	32	구운몽
8	주홍 글씨	33	햄 릿
9	붉은 산	34	논 어
10	작은 아씨들	35	허클베리 핀의 모험
11	하늘과 바람과 별과 시	36	맹 자
12	B사감과 러브레터	37	오만과 편견
13	그리스 로마 신화	38	무영탑
14	벙어리 삼룡이	39	여자의 일생
15	아버지와 아들	40	삼 대
16	로빈슨 크루소	41	춘향전
17	날 개	42	흥부전·옹고집전
18	독일인의 사랑	43	홍길동전·별주부전·장끼전
19	아Q정전	44	심청전·장화홍련전
20	마지막 수업	45	난중일기
21	진달래꽃	46	금오신화
22	동백꽃	47	양반전
23	인형의 집	48	백범일지
24	변 신	49	혈의 누·자유종
25	목걸이	50	금수회의록·추월색

중학생 독후감 필독선

51	국선생전		76	금강산유기
52	전원교향악		77	지킬 박사와 하이드
53	탈무드		78	한여름 밤의 꿈
54	삼국유사		79	만세전
55	모란이 피기까지는		80	레디메이드 인생
56	향 수		81	목민심서
57	이솝우화		82	인현왕후전
58	안네의 일기		83	도련님
59	리어 왕		84	삼국사기 열전
60	사씨남정기		85	홍당무
61	외 투		86	맥베스
62	큰 바위 얼굴		87	표본실의 청개구리
63	낙엽을 태우면서		88	오셀로
64	사람은 무엇으로 사는가		89	명심보감
65	보물섬		90	국경의 밤
66	베니스의 상인		91	파브르 곤충기
67	계축일기		92	요로원 야화기
68	야간 비행		93	노인과 바다
69	검은 고양이		94	오이디푸스 왕
70	박씨부인전			
71	유 령			
72	어린 벗에게			
73	동물농장			
74	사랑의 선물			
75	탈출기			